Science of Sports Motions from a Viewpoint of Biomechanics

バイオメカニクスで読み解く
スポーツ動作の科学

深代千之／川本竜史
石毛勇介／若山章信 ——［著］

東京大学出版会

Science of Sports Motions from a Viewpoint of Biomechanics
Senshi FUKASHIRO *et al.*
University of Tokyo Press, 2010
ISBN978-4-13-052705-7

はじめに

　近年，野球やサッカー，陸上・水泳競技，そしてスキー・スケートなどさまざまなスポーツ分野において，多くの日本人選手が世界の舞台で活躍している．その大きな理由の一つに，日本のスポーツ科学の大きな進展がある．従来の芸術としてのコーチングを，科学によってサポートできるようになってきたのだ．

　身体運動は基本的に主観で構築されるが，その結果現れた動作が目的に合った適切なものであるかどうかは客観的に評価しなければならない．たとえば，夜，校庭を走ると足が速くなったように感じるが，実際にタイムを計ってみると昼とほとんど変わらないはずである．これは主観と客観の違いによる．このように，身体運動の構築には，感覚と科学，意識と事実，主観と客観，暗黙知と形式知などの対立軸を，両方から見ることが大切なのである．

　スポーツバイオメカニクスは，客観性を軸とするスポーツ科学の主要な一分野であり，機能解剖学と力学を基礎とした応用科学である．客観性を確保するデータ収集と分析は，コンピュータを中心とするIT機器に支えられている．ここ十数年のIT機器の飛躍的な発展が，スポーツ科学の進歩にもつながり，一流スポーツ選手の動作がなぜ優れているのかという理由を，エビデンスを基に説明できるようになった．

　本書は，スポーツ動作をバイオメカニクスの観点から最近の研究成果を含めて解説するものであり，身体運動の根底にある普遍的な本質をみぬく目を養うことを目的として書かれている．換言すれば，主観によってつくられた動きが本当に理にかなっているのかどうかを自分で判断できるようになるための本である．

　本書を企画・執筆した私たち4名は，東京大学大学院でバイオメカニクスを学び，現在，それぞれ奉職する大学で，「身体運動メカニクス」「スポーツバイオメカニクス」といったタイトルでスポーツ科学の講義を行っている．今回の執筆にあたっては，学生や読者の理解を助けるアイデアを各所にちりばめた．たとえば，それぞれのテーマに入りやすくするために，各テーマの最初に例題

とその解答を述べ，その後で理由を解説するという「刑事コロンボ」あるいは「古畑任三郎方式」を用いた．また，用語がわからない場合には，テキストのどこをみれば詳しく解説されているかを示す「参照タイトル」を，各レクチャーの副題として挿入した．さらに，理系の観点から深く理解したい読者のために，巻末に発展編や付録を附した．

私たちは，本書によって，多くの読者がスポーツ科学，とくにスポーツバイオメカニクスを理解し，スポーツを客観的にエビデンスベースでみる目を育み，スポーツ場面や日常生活で広く応用してほしい，と強く願っている．

最後に，ハンマー投げをバイオメカニクスの観点から研究した論文で博士号を取得した室伏広治氏に本書の推薦文をいただいた．氏は，世界でもきわめてめずらしい博士号をもつオリンピック金メダリストで，スポーツ科学者としては私たちの仲間である．また，東京大学出版会の丹内利香氏には，企画から図表の出典確認や校正まで大変お世話になった．両氏に厚く御礼を申し上げる．

2010年3月　深代千之，川本竜史，石毛勇介，若山章信

目次

はじめに iii

序章　スポーツ動作を読み解く前に 1

第1講　北北西へ進路をとれ！——スカラーとベクトル　13
Lec. 1-1　単位が大切——物理量と単位 14
Lec. 1-2　量だけでなく方向も——スカラー量とベクトル量 16
Lec. 1-3　力の足し引き——ベクトルの合成 18
Lec. 1-4　力の成分分析——ベクトルの成分 20
Lec. 1-5　成分分析の基準——座標系 22

第2講　動きを描く——並進運動と回転運動　27
Lec. 2-1　まわりながら進む——並進運動と回転運動 28
Lec. 2-2　動きを描く——身体運動の運動学的記述 30
Lec. 2-3　A地点からB地点まで——変位・速度・加速度 32
Lec. 2-4　まわってまわる——角変位・角速度・角加速度 34
Lec. 2-5　ハンマーのゆくえ——角速度と並進速度の関係 36

第3講　ニュートンに挑戦！——並進運動の力学　41
Lec. 3-1　バイオメカニクスの原点——ニュートンの運動の法則 42
Lec. 3-2　力をみる視点——内力と外力 44
Lec. 3-3　やり投げのヒケツ——投射体の運動 46
Lec. 3-4　パンチの極意——運動量と力積の関係 49
Lec. 3-5　グッドジョブのみなもと——仕事と力学的エネルギー 51
Lec. 3-6　高さと速さの関係——力学的エネルギーの保存 53
Lec. 3-7　力強さ≠パワフルさ——パワー 55

第4講　オイラーに挑戦！——回転運動の力学　63
Lec. 4-1　ニュートン vs オイラー——並進運動と回転運動の物理量 64

Lec. 4-2	回転のミナモト──トルク（力のモーメント）	66
Lec. 4-3	関節の回転力──関節トルク	68
Lec. 4-4	スピンを操れ！──慣性モーメント	70
Lec. 4-5	回転のイキオイ──角運動量	72
Lec. 4-6	エネルギーは保たれる？──回転の運動エネルギー	74
Lec. 4-7	回転力を求める──回転の運動方程式	76
Lec. 4-8	そんなに強く引っ張らないで──遠心力	78

第5講　流れをよむ──流体力学　83

Lec. 5-1	風をとらえよ！──抵抗と揚力	84
Lec. 5-2	水のねばりけ──粘性	86
Lec. 5-3	スピードアップのさまたげ──摩擦抵抗と粘性抵抗	88
Lec. 5-4	クロール vs 平泳ぎ──形状と抵抗	90
Lec. 5-5	変化球の正体──マグヌス効果	92
Lec. 5-6	世紀の大ジャンプ──大気圧・水圧	94
Lec. 5-7	ヒトは浮くか？──浮力	97

第6講　人体の動く仕組み──運動生理学と解剖学の基礎　103

Lec. 6-1	身体運動のエンジン──筋の収縮メカニズム	104
Lec. 6-2	伸ばされたほうが縮む？──筋の収縮様式	107
Lec. 6-3	身体運動のガソリン──エネルギー供給系	110
Lec. 6-4	動きの骨組み──ヒトの骨格系	112
Lec. 6-5	ホネの中継点──関節	114
Lec. 6-6	からだの硬さの原因──関節運動と可動域	117
Lec. 6-7	筋肉の付きかた──ヒトの筋系	119
Lec. 6-8	"運動神経"って何？──ヒトの脳神経系	121

第7講　美しく立つには？──立位姿勢　127

Lec. 7-1	本当はない !?──身体重心	128
Lec. 7-2	バラバラ人間 !?──身体部分慣性係数	130
Lec. 7-3	転ばぬ先の杖 !?──立位姿勢の安定性	133
Lec. 7-4	まっすぐ立つのって難しい！──立位姿勢の制御	136

第8講　競歩≠マラソン──歩行と走行　　141

- Lec. 8-1　競歩とマラソンの境目──歩行と走行の違い ………………… 142
- Lec. 8-2　アスリートの驚異的能力──歩行と走行のスピード ………… 144
- Lec. 8-3　振り子のふり!?──歩行の効率性 …………………………… 146
- Lec. 8-4　歩幅でかせぐか，歩数でかせぐか──ストライド，ピッチの関係 …… 148
- Lec. 8-5　足は何歳まで速くなる？──走能力の発達 …………………… 151
- Lec. 8-6　走りの原動力──疾走中の筋活動 …………………………… 153
- Lec. 8-7　ももを上げても速く走れない!?──速く走るための科学的要点 …… 155
- Lec. 8-8　キレのあるターンとは？──走方向の変換 …………………… 157

第9講　バネを活かす──筋腱複合体　　163

- Lec. 9-1　跳びだせ，空へ！──跳躍の基礎 …………………………… 164
- Lec. 9-2　ノミに完敗!?──ヒトの跳躍能力 …………………………… 166
- Lec. 9-3　目指せジャンプ王！──垂直跳びのキネティクス …………… 168
- Lec. 9-4　より遠くへ！──走り幅跳びのバイオメカニクス …………… 170
- Lec. 9-5　より高く！──走り高跳びのバイオメカニクス ……………… 172
- Lec. 9-6　バネの正体──筋腱複合体 …………………………………… 175

第10講　巧みさは遺伝か？──スキル　　181

- Lec. 10-1　技術と技能の違い──スキル ………………………………… 182
- Lec. 10-2　運動は脳で覚えろ！──反射と随意運動 …………………… 185
- Lec. 10-3　しなやかな動作とは？──ムチ動作 ………………………… 188
- Lec. 10-4　運動センスは遺伝するか？──スキルと遺伝 ……………… 191
- Lec. 10-5　身体に気づく──古武術や身体技法・ボディワークを用いたワザの構築 …………………………………………………………… 194

第11講　ケガを防げ！──スポーツ外傷　　199

- Lec. 11-1　スポーツにはケガがつきもの──スポーツ外傷の概観 …… 200
- Lec. 11-2　O脚はケガをしやすい!?──スポーツ外傷とアライメント … 203
- Lec. 11-3　カナメのトラブル──腰痛のメカニクス …………………… 206
- Lec. 11-4　筋の自己損傷──肉離れのメカニクス ……………………… 209
- Lec. 11-5　ジンタイ損傷？──足関節捻挫のメカニクス ……………… 211

Lec. 11-6　ライスで治す!?──スポーツ外傷の予防と応急処置	214

第12講　動きをとらえよ！──測定と分析　　219

Lec. 12-1　動きをとらえよ！──映像分析とモーションキャプチャ	220
Lec. 12-2　立体は平面より難し──2次元分析と3次元分析	223
Lec. 12-3　床下のお宝──フォースプレート	226
Lec. 12-4　脳から筋へのメッセージ──筋電図の計測	228
Lec. 12-5　筋腱の動きを観察する──超音波法	230
Lec. 12-6　ヴァーチャル身体運動!?──シミュレーション	232
Lec. 12-7　アトムをつくれ！──ロボット	235

第13講　バイオメカニクスの夢──歴史と展望　　241

発展編	251
付録	265
引用文献	279
索引	282

序章
スポーツ動作を読み解く前に

【スポーツバイオメカニクスとは?】

　スポーツは，人類が長い年月をかけて築いてきた「身体文化」である．私たちは一流スポーツ選手による優れた技術を目の当たりにしたとき，力強さや美しさを感じ，時として感動さえ覚える．一方で，子どもの頃を思い出してみると，運動が得意な子がいれば不得意な子もいて，運動が得意な子のことを，よく「あの子は運動神経がいいね」などといったものである．さて，一流スポーツ選手の動きはいったいどこが優れているのであろうか？　また，運動が上手な子とそうでない子の動きには，どんな違いがあるのだろうか？　そして，これらの違いを客観的に「読み解く」ことは可能なのであろうか？

　「バイオメカニクス」という学問がある．おそらくほとんどの人々にとっては馴染みがなく，堅苦しい印象を抱く人も少なくないであろう．バイオメカニクスとは，バイオ（bio）＝生体と，メカニクス（mechanics）＝力学からなる造語で，「生体力学」と訳される学問分野である．この訳からも想像できるように，バイオメカニクスとは，「人間をはじめとする生体（生物）の構造や機能を，力学的な観点から解明しようとする学問」である．バイオメカニクスの研究対象は多岐にわたっているが，なかでも医学（とくに整形外科）やリハビリテーションの分野では，バイオメカニクスの研究が盛んに行われている．

　バイオメカニクスの大きな特徴は，基礎的な研究にとどまるだけでなく，実社会においてさまざまな応用がなされている点だといえる．この点でバイオメカニクスは，応用科学的な側面を強くもっている．たとえば，リハビリテーションの現場では，義肢装具のデザインや性能評価，リハビリによる日常生活動作の改善度判定などにバイオメカニクスが応用されている．そして，バイオメカニクスが有効活用されている私たちにとって身近な分野がもう1つある．それは「スポーツ」である．スポーツを対象としたバイオメカニクスを，文字通

り「スポーツバイオメカニクス」と呼ぶ．スポーツバイオメカニクスは，まさしく「スポーツ動作のサイエンス」なのである．

【スポーツバイオメカニクスの役割】

スポーツ分野において，バイオメカニクスはどのように役立っているのであろうか？　大きく次の2点をあげることができる．

① スポーツ動作の本質的理解

一流スポーツ選手の動作には，共通する特徴がみられる．野球の投球動作を例にとると，一流のピッチャーは体幹→肩→肘→手首といったように，身体の中枢から末梢へと速度を順々に高めることによって，最終的に時速150 kmにも及ぶ剛速球を投げることができる．このような運動パターンは「ムチ動作(Lec. 10-3)」とも呼ばれ，スポーツ動作の「上手さ（巧みさ）」を示す一例である（図10-3A）．一方で，身体が大きい割に速いボールを投げることができない子どもがいたとすると，その子は適切な「ムチ動作」を習得できておらず，いわゆる「手投げ」をしている可能性が考えられる．この投球における「ムチ動作」のように，巧みなスポーツ動作に共通する動きの特徴（この特徴のことを，一般には「コツ」と呼んだりする）を見つけだすことは，スポーツバイオメカニクスが果たすべき大きな役割である．

② スポーツ動作の客観的評価

巧みなスポーツ動作に共通する動きの特徴が分かれば，その特徴と照らし合わせて個々の選手による動作を評価することが可能となる．また，スポーツバイオメカニクスは，科学としての性質である「客観性」という強みをもっている．すなわち，バイオメカニクスを応用することで，言葉では完全に記述することの難しいスポーツ動作（少なくともその一部分）を「数値化」し，客観的に表現することができる．

たとえば，ゴルフのレッスンを受けていて，スウィングフォームを観察していたコーチから，「体重移動が不十分ですね」といわれたとする．経験豊富なコーチからの指摘は正しそうではあるが，このコーチの指摘から，体重移動が

どの程度不十分だったのかを理解できるだろうか？　バイオメカニクスの代表的な実験機材で，フォースプレートというものがある（図12-3, Lec. 12-3）．フォースプレートを使うと，体重移動の大きさを数値化したうえで，波形として観察することができる（図0-1）．こうした手法をスウィング練習へと活用できれば，「右，左，右，左」という自らの体重移動の感覚（主観）と実際の体重移動量（客観）を，効率よく一致させていくことが可能となる．スポーツ動作に関する「主観と客観の統合」は，技術習得においてはきわめて重要なキーポイントであり，スポーツバイオメカニクスはこの点に大きく貢献できる可能性を秘めている．

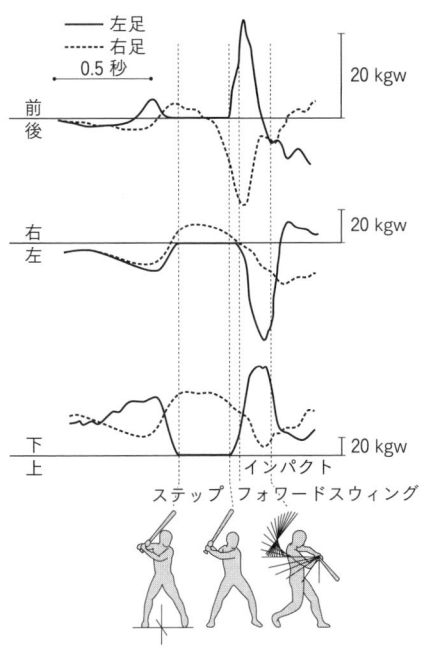

図 0-1　打撃時3方向地面反力（平野・宮下，1983）

　以上の2点をもとに，その応用性も考慮して要約すると，スポーツバイオメカニクスには，表0-1のような役割が期待される．

【スポーツバイオメカニクスのアプローチ法】

　客観性が求められるスポーツバイオメカニクスでは，スポーツ動作を定量的にとらえ，記述することが不可欠である．この手法としては，表0-2の3つのアプローチが代表的である．

① キネマティクス（運動学）

　キネマティクス（運動学）は，「動きの記述」を中心とした研究分野である．たとえば，自らのランニングフォームを他者のものと比較したり，トレーニング前後でのランニングフォームの変容を検討するといったことに主に利用され

序章　スポーツ動作を読み解く前に　　3

> **表 0-1　スポーツバイオメカニクスの役割**
>
> 【基礎】
> ● スポーツ動作の力学的メカニズムの究明
> ● 発育発達や加齢にともなうスポーツ動作の変容の究明
> ● スポーツ動作とけがとの関係の究明
>
> 【応用】
> ● 基礎研究から得られた知見の一般化・普及
> ● スポーツ技術の力学的評価
> ● スポーツ用具の設計・開発の支援
> ● トレーニング法考案の支援

> **表 0-2　スポーツバイオメカニクスの代表的アプローチ**
>
> ① キネマティクス（運動学）
> ② キネティクス（運動力学）
> ③ コンピュータシミュレーション

る．キネマティクスで扱う物理量は，身体各部の並進運動に関する変位・速度・加速度，ならびに回転運動に関する角変位・角速度・角加速度である（Lec. 2-1）．これらの変量は，ビデオ映像解析やモーションキャプチャ（図 12-1C）から間接的に求められたり，加速度センサやジャイロ（角速度）センサなどの小型センサを身体に貼付して，直接計測することで得られる（Lec. 12-1）．

　キネマティクス的な手法を用いることにより，スポーツ動作を客観的に記述することが可能となる．しかしながら，キネマティクスによって得られる情報はあくまで身体運動の「結果」を反映したものであり，その身体運動を生じた「原因」に関する情報までは得られない．この点には注意が必要である．

② キネティクス（運動力学）

　身体運動の原因となる物理量は「力」である．キネティクス（運動力学）と

は，「力」を主対象とした研究分野であり，スポーツバイオメカニクスの骨幹をなすものである．地球上でスポーツをする際の身体には，外界から重力，地面反力，空気抵抗などの力が作用する．これら外界から身体に作用する力を「外力」という（Lec. 3-2）．一方で，スポーツ中の身体には，その内部においてもさまざまな力が作用している．この代表が筋肉によって発揮される力，すなわち「筋力」である．筋力をはじめとする，身体内部において作用する力を「内力」という（Lec. 3-2）．あらゆるスポーツ動作は，身体にさまざまな外力や内力が複合的に作用した結果であり，この点からもスポーツバイオメカニクスにおける力の定量化の重要性が理解できる．

　スポーツ中の身体に作用する外力は，さまざまな機材を利用することで計測可能である．たとえば，スポーツ中に身体に作用する代表的な外力である地面反力は，フォースプレート（図 12-3, Lec. 12-3）を用いて計測可能である．また，「ひずみゲージ」と呼ばれるセンサを用いることで，インパクト時にテニスラケットやゴルフクラブに作用する衝撃力を計測することもできる．

　一方，スポーツ動作中に筋が発揮する力を直接計測しようとすると，皮膚を切開してセンサを埋め込むなど外科的措置が不可欠となる．このため，数多くのスポーツ選手を対象としてデータを蓄積することは現実的に不可能である．そこでスポーツバイオメカニクスでは，「リンクセグメントモデル」（図 0-2）と呼ばれる力学モデルを用いて，剛体の運動力学に基づいて身体内部で作用する力を推定するという代替的手法をとる．この手法を「逆ダイナミクス」と呼ぶ（図 0-3, 発展編）．逆ダイナミクスは，スポーツバイオメカニクスにおけるもっとも汎用的かつ有効な手法だといえる．

　逆ダイナミクスの具体的な方法としては，はじめに，ビデオ撮影やモーションキャプチャなどによって身体運動のキネマティクスを定量化し，フォースプレートなどを用いて外力を計測する．これらのデータをもとに，ニュートンの運動法則（Lec. 3-1）を応用することで動作の源である「生体内力」を推定する．この方法を用いれば，全力疾走中の下肢関節で発揮される回転力（トルク，Lec. 4-3）や投動作中の上肢の各関節トルクが明らかになり，運動している本人がどのように力を入れて動きを創出しているのかが客観的にわかる．力の出し方で運動を生成するという人間の機構を考えると，この情報はスポーツ動作

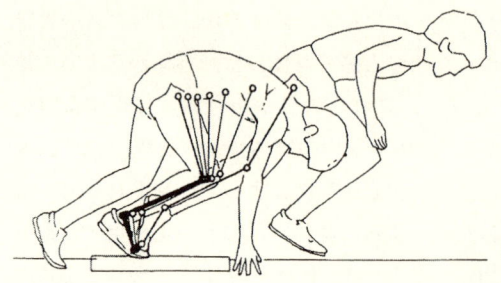

図 0-2 身体の動作とリンクセグメントモデル (Fukashiro, 1988)

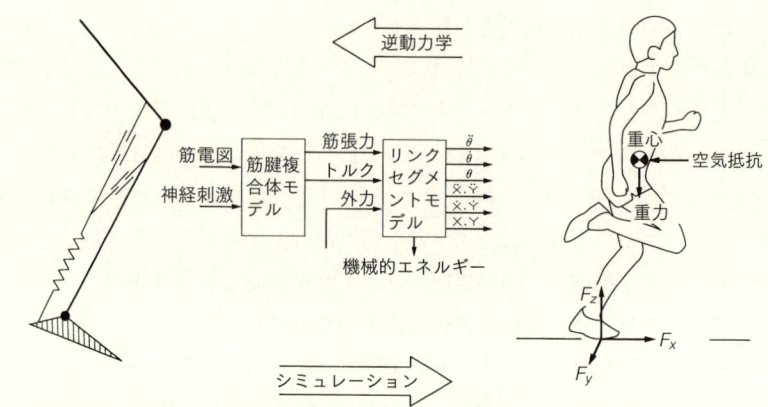

図 0-3 ダイナミクスと逆ダイナミクス（深代, 1995 より改変）

の指導などにおいて大変貴重なものとなる（深代ほか, 2000）.

③ コンピュータシミュレーション

　スポーツ動作をキネマティクス的あるいはキネティクス的に分析しようとする場合，実験やデータ計測が必要であるが，実験やデータ計測を必要としないスポーツバイオメカニクスの手法もある．（コンピュータ）シミュレーション（Lec. 12-6）がその代表例である．シミュレーションでは，コンピュータ上に人体モデル（数学あるいは計算モデルと呼ぶ）を構築し（図 12-6B），このモデルを用いて仮想的に身体運動を再現するという手法がとられる．人間は筋力を発揮して動きを創出するという順序をとっており，これが通常の身体運動の流れなので，これを「（順）ダイナミクス」という（図 0-3）．ちなみに，コン

ピュータ上で身体運動を仮想的に創出する方法がシミュレーションであるのに対して，ダイナミクスを応用して，人体モデルなど形ある「物理モデル」を通じて運動を具現化する代表が，いわゆる「ロボット」である（Lec. 12-7）．

　シミュレーションの発展は，スポーツバイオメカニクスの応用を考えるときに，大きな可能性を与えるものである．つまり，予測に基づいて行うコーチングを，シミュレーションで結果を確かめてから，実際の選手に適応できるという可能性がみえてきたのである（深代ほか，2000）．

　以上，スポーツバイオメカニクスにおける3つの代表的手法を紹介してきたが，たとえば，ランニング中に下肢3関節（足，膝，股）で発揮される回転力（トルク）をキネティクス的に推定しようとした場合，体節（足・下腿・大腿）の質量中心や関節中心に関するキネマティクス量が必要となる．また，シミュレーションによって，下肢筋力の左右差が跳躍パフォーマンスに及ぼす影響を予測するといった試み（図 12-6D，Yoshioka et $al.$, 2010）がなされているが，この予測が妥当であることを証明するためには，やはり実験が必要となる．すなわち，キネマティクス，キネティクス，シミュレーションといったバイオメカニクス的手法は，互いに独立しているわけではない．むしろこれらを有効に組み合わせて活用することによって，身体運動メカニズムの理解はさらに深まり，新たな視点に立ったスポーツ指導の可能性も広がるのである．

【スポーツバイオメカニクスの魅力】

　スポーツバイオメカニクスにふれたことのある者にとって，「その魅力は？」といった問いに対する回答はそれぞれであろう．ここでは，とくに初学者のみなさんに，スポーツバイオメカニクスの魅力を紹介したい．

魅力1　謎が解けること

　スポーツを行ったり，観戦したりしていると「なぜ？」と疑問を抱くことが少なくない．たとえば，ボウリングのプロボウラーは，必ずといっていいほどバックスウィングでボールを高く上げてから，投球を行っている．これはなぜだろうか？　この問いに対するスポーツバイオメカニクス的な回答は，「ボー

ルを高い位置に保つことで位置エネルギー（Lec. 3-6）を蓄え，これを有効利用することで投球スピードを高めやすくなり，正確性が増すため」であると説明できる．また，ゴルフの初心者によるドライバーショットでは，「スライス」と呼ばれるように，ボールが身体と逆方向へそれていくことが多い．この原因は，インパクトの瞬間のボールに対するクラブヘッドの進行方向とフェイス角度によって説明がつく．ところがヘッドスピードが時速 200 km をも超えるインパクトの様子を肉眼でとらえることは不可能である．そこで，スポーツバイオメカニクスの実験でよく利用されるハイスピードカメラという機材がある（図 12-1A, Lec. 12-1）．一般的なビデオカメラの撮影速度が毎秒 30 コマであるのに対して，高性能なハイスピードカメラでは毎秒 1000 コマ以上での高速撮影が可能である．ハイスピードカメラを使って，クラブとボールとのインパクトの様子を撮影することによって，肉眼ではとらえきれない視覚情報を得ることができる（図 12-1B）．こうした情報は，自身がもっている「イメージ」や「主観」の正しさを確認したり，反対に誤りを修正するうえで役立つ．このように，その手法を活用して，スポーツ動作に関する「謎」の解明に迫れるところが，スポーツバイオメカニクスの魅力である．

魅力 2　意外な発見があること

　スポーツ技術を習得あるいは向上させるうえで，「主観と客観の統合」を支援することが，スポーツバイオメカニクスの担うべき一使命である．ところがこの両者は，必ずしも一致するわけではない．こうした矛盾を発見することも，スポーツバイオメカニクスの大きな魅力の 1 つである．
　たとえば，野球でカーブを投げる際，ボールに対してどのように回転を与えるのが効果的であろうか？　ドアノブを回す方向，すなわち小指側へ手首（前腕）をひねる動作を「回外」といい，反対に親指側へとひねる動作を「回内」という（図 0-4）．カーブの投球リリースの瞬間，前腕は回外と回内のいずれの方向へ運動しているのだろうか？　ピッチング練習を行うピッチャーがよくとるポーズ（図 0-5）にも表れているように，従来，カーブの投球では，前腕を回外させることによってボールに横回転を与えるという考え方が主流であった．ところが，直球とカーブ投球時の上肢運動をキネマティクス的に比較分析

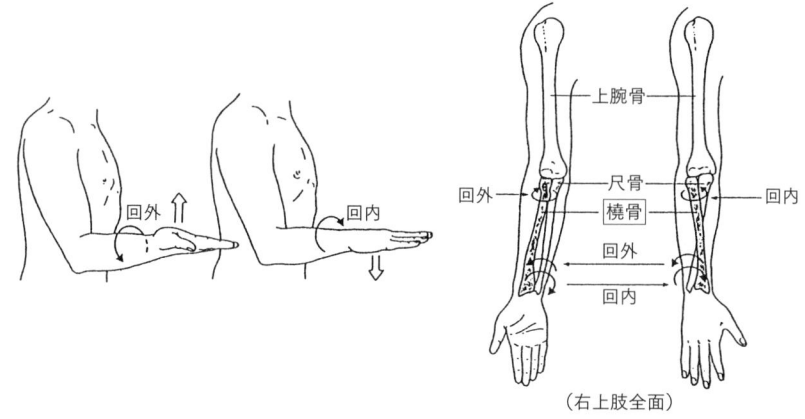

図 0-4 前腕の回内/回外運動（東京大学身体運動科学研究室，2000）

した研究（桜井ほか，1990）によると，カーブの投球リリースの瞬間，前腕は回内方向へと運動していることが明らかとなった．このようにスポーツの中では，自分のもっているイメージと実際に起きている現象が一致しないことも少なくない．いわゆる「思いこみ」の一端であるが，こうした思いこみを，客観的根拠を示してくつがえすような研究は，学術的にも高く評価されるのである．

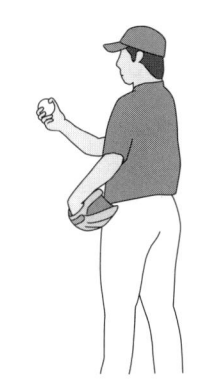

図 0-5 ピッチャーによるカーブのサイン

魅力3　応用科学であること

　応用科学であること．やはりこの点がスポーツバイオメカニクスの最大の魅力であろう．スポーツバイオメカニクスの研究の中にも，およそスポーツの現場とはほど遠く感じるような基礎的研究も少なくない．シミュレーションを例にとると，コンピュータ上に構築した詳細な3次元人体モデルを用いて，ダイナミクスによって創出できる動作は，現在ではせいぜい，歩く・跳ぶといった基本動作である．野球のピッチングやサッカーのキック動作といった代表的なスポーツ動作を創出するのは難しい．それでも，近年進境著しいシミュレーシ

ョンというアプローチが「将来，スポーツ指導を劇的に変えるかもしれない」という夢を与えてくれることは確かであるし，シミュレーションに取り組んでいる研究者には，「スポーツトレーニングに革命を起こしてやる！」と意気込んでいる者も少なくないだろう．当然ではあるが，「スポーツバイオメカニクス」と名乗るからには，スポーツという実世界を無視することは許されない．自分の仕事（研究）がスポーツという実世界の中でどこに位置しているのか？　どう貢献できるのか？　スポーツバイオメカニクスを志す者（スポーツバイオメカニスト）は，少なくともこの問いから逃れるわけにはゆかない．

魅力4　確かさが求められること

　スポーツバイオメカニクスは純然たる「科学」である．科学であるがゆえ，つねに「確かさ」が求められる．この点は，厳しくもあるが楽しい部分でもある．たとえば，スポーツ技術に関する何らかの仮説をもっていたとする．この仮説が正しいことを証明するためには，「独自の理論をとうとうと語る」よりも「シンプルにデータに語らせる」ほうが有効である．ところが，このデータが信頼できるものでなければ，事実はねじ曲げられてしまうことになる．このため，スポーツバイオメカニストは，さまざまなデータ計測スキルや分析スキルを確実に身につけることを求められる．また，データから真実を正しく読みとる「眼」を養うことも必要となる．そして，これらの能力は，研究のみならずスポーツ選手を科学的にサポートするうえでもおおいに役立つのである．

　スポーツバイオメカニクスは，ニュートン力学をもとに体系化されている．このため，スポーツ動作をバイオメカニクス的に考察するうえでは，物理的な根拠が求められることになる．たとえば，スポーツの解説者が「あの選手は身体の重心が安定してますね」といったり，「あの選手は身体の軸が安定していますね」といったりするのを耳にする．少し堅苦しくなるが，「重心」は「物体の各部分に働く重力の合力が作用すると考えられる点．質量中心．重力中心」と物理的に定義できる（『広辞苑』）．したがって，スポーツバイオメカニクスでも，重心という物理的概念をもとにスポーツ動作を考察したり，スポーツ中の身体重心そのものを研究対象ともする．一方，「身体の軸」という表現は，スポーツの現場では普及しているかもしれないが，物理的な根拠がなく明

確に定義することは困難である．このため，「身体の軸」という概念をもとに，スポーツ動作を考察することは，スポーツバイオメカニクスの範疇ではない（スポーツバイオメカニクスでも，空間中での身体各部の姿勢を記述するために，身体部位に軸（座標系）を定義することはあるが（Lec. 1-5），あくまでもこれは分析上の便宜的な定義である）．

　競争原理から逃れられないスポーツの現場は日進月歩であり，あらゆることに確かな裏付けをもっている時間的余裕はない．また，そもそもスポーツには科学の対象とはしづらい側面が多い．このため，スポーツ技術やその指導法，トレーニング法などが，hypothesis driven（仮説追随的）に進行していく点はやむを得ない．それでも，科学者としてのスポーツバイオメカニストは，スポーツという実世界において，確かな情報を提供していく責任がある．そして，スポーツ界において「動作の正しい理解」を広め深めるために，確かな情報を提供できるのは，スポーツバイオメカニストに他ならないのである．
　それでは，いよいよスポーツバイオメカニクスの世界に入ることにしよう．

第1講
北北西へ進路をとれ！
スカラーとベクトル

　スポーツバイオメカニクスでは，"ベクトル"が頻繁に登場する．初学者にとっては，"ベクトル"という概念を理解することはなかなか難しい．とはいえ，運動やスポーツを力学的に考察したり，そのメカニズムを検討するといった場合，"ベクトル"は避けて通れないものであり，その考え方を理解し，さらには，しっかりと使いこなせるようになることが重要である．たとえば，ランニング中の身体に作用する力はどれくらいなのか？　歩行と比較してどれくらい大きいのか？　といったことを知りたいとする．そうした場合，身体に作用する力の大きさと方向を知る必要がある．この大きさと方向をもつ「力」こそ，ベクトルそのものであり，力をベクトルによって表示することによって，疑問に対する解決の糸口が見つかるのである．

　本講では，具体的な事例をもとに，スカラーやベクトルといった物理量の概念を理解し，さらにベクトルの性質を理解したうえでスポーツに応用するという観点から説明する．

力の大きさと方向は OK!?

Lecture 1-1　単位が大切　～物理量と単位～

【例題】　ピッチャーが全力でボールを投げたとき，ボールのスピードが時速 90 km であったとする．また，他のピッチャーがボールを投げたとき，そのスピードが秒速 30 m であったとする．では，両者のボールのスピードはどちらが大きいか？
　　ア）等しい　　イ）時速 90 km のほうが大きい
　　ウ）秒速 30 m のほうが大きい

【解答】
　　ウ）秒速 30 m のほうが大きい

---- 1-1 KEY POINT ----
●スポーツバイオメカニクスでは，物理量の関係を問題にするため，<u>単位が非常に大切</u>．

【解説】　時速 90 km，秒速 30 m はいずれもボールのスピードを表している．何が異なるかというと，時速何 km（km/h），秒速何 m（m/s）というスピードの**単位**が異なっている．そこで，単位をどちらかに統一することを考える．単位を m/s に統一する場合，90 km/h を m/s に変換することになる．まず，1 km が 1000 m であることから，90 km は 90 km＝90×1000 m＝90000 m となる．次に 1 時間（1h）は 60 分（min）であり，1 分は 60 秒（s）なので，1 時間＝60 分＝60×60 秒＝3600 秒となる．結局，3600 秒の間に 90000 m 進んだことになるので，1 秒あたりに進んだ距離，すなわち秒速は

$$90000 \text{ m} \div 3600 \text{ 秒} = 25 \text{ m/s}$$

となる．よって，時速 90 km（25 m/s）よりも秒速 30 m のほうがスピードが大きいといえる．ここでは，時速（km/h）を秒速（m/s）に変換したが，秒速を時速に変換し単位を時速に合わせても同様である．
　ここで，なぜ単位の変換が必要であるかを考えてみよう．「私の体重は

60 kg です」という場合に，体重 ＝60 kg は質量を意味する**物理量**である．一方，60 は数（数字）であり，量を意味するものではない．スポーツバイオメカニクスでは，量の間の関係を問題にするのであって，数の間の関係を問題にするのではない．つまり，単位が非常に重要である．60 kg と 60 cm などのような単位の異なるものを足し合わせたり，引いたりすることはできない．これは，同じ長さの大きさを表す物理量である 1 フィートと 0.3048 m では，数字が異なるということを考えても明らかである．同じ単位のもの同士であってはじめて足し算・引き算が可能である．例題の場合でも，スピードの比較を行っているので，単位を変換して統一する必要がある．スポーツバイオメカニクスでよく用いられる質量，速度，加速度，力，慣性モーメント（Lec. 4-4），角速度（Lec. 2-1），時間など，さまざまな量もすべて物理量であり，それぞれ，異なる単位をもっている．

　自然科学の分野には，さまざまな単位系が存在するが，国際的には **SI 単位系**という単位系を用いることが推奨されている（表 1-1，付録）．スポーツバイオメカニクスの分野でも，特別な場合を除いてこの単位系を用いる．

表 1-1　スポーツバイオメカニクスでよく扱われる量と単位

量		量記号	SI 単位記号
質　量	mass	m	kg
密　度	density	ρ	kg/m^3
運動量	momentum	p	kg・m/s
慣性モーメント	moment of inertia	I, J	kgm^2
力	force	F	N
重　量	gravity	G, P, W	N
力のモーメント	moment of force	M	N・m
トルク	torque	T	N・m
圧　力	pressure	p	Pa, N/m^2
応　力	stress	σ	Pa, N/m^2
粘　度	viscosity	η, μ	Pa・s
動粘度	kinematic vicosity	ν	m^2/s
表面張力	surface tension	σ, γ	N/m
仕　事	work	A, W	J
エネルギー	energy	E, W	J
仕事率・工率	power	P	W
流　量	flow	q_v, q, Q	m^3/s

Lecture 1-2　量だけでなく方向も
〜スカラー量とベクトル量〜

【例題】　次の物理量の中でスカラー量はどれか，またベクトル量はどれか？
　ア）力　　イ）トルク　　ウ）加速度　　エ）速度
　オ）質量　カ）体積　　　キ）変位　　　ク）面積
　ケ）長さ　コ）スピード

【解答】
　スカラー量：オ），カ），ク），
　　　　　　　ケ），コ）
　ベクトル量：ア），イ），ウ），
　　　　　　　エ），キ）

> **1-2 KEY POINT**
> ●大きさのみをもつ物理量を**スカラー量**という（スカラー量の例：距離，質量，速さ，長さ，面積，体積など）．
> ●大きさと方向をもつ物理量を**ベクトル量**という（ベクトル量の例：位置，力，トルク，速度，加速度，角速度など）．

【解説】　物理量には**スカラー量**と**ベクトル量**がある．スカラー量は大きさだけをもつ量であり，一方，ベクトル量は大きさだけではなく，向きをもつ量である．たとえば，距離，質量，速さ，時間，温度などはスカラー量であり，位置，速度，加速度，力などはベクトル量である．

　スカラー量とベクトル量の違いを理解するには，速さ（スピード）と速度という2つの量を考えるとわかりやすい．ある物体が運動している際に，その速さは時速100 kmとか，秒速10 mなどのように，大きさのみ指定すればよい．すなわち，速さはスカラー量である．一方，速度については，大きさと向きを指定する必要がある．すなわち，速度はベクトル量ということになる．たとえば，野球のピッチャーが投げたボールの速度は，ピッチャーからキャッチャーに向かって +150 km/h といった具合である（図1-2A）．一方，速さはその大きさのみを指定すればよいので，ボールがどの向きに移動していようと，その方向には関係なく，150 km/h などのように表すことが可能である．なお，距

離と位置の関係も，速さと速度の関係と同様である．

フォースプレートという計測機材を用いると，スポーツ動作中に地面を踏みしめる力の反力（地面反力）が計測できる（Lec. 12-3）．図 1-2B はスプリント走の接地期における全身の骨格モデルと地面反力である．力はベクトルであるため，地面反力の大きさは矢印の長さによって，作用方向は矢印の向きによって表すことができる．地面反力を計測し，動作にともなう地面反力の作用をベクトルとして図示することによって，競技やトレーニング中に肉眼でとらえることは難しい「力」に関する情報を，選手や指導者へとフィードバックできるのである．

なお，一般に，物理量であるということを強調する場合には，スカラー量，ベクトル量という呼び方をするが，とくに必要のない場合は，単にスカラー，ベクトルと呼ぶ．本書でも，そのように表示することにする．

また，ベクトルを表記する場合，太文字のイタリックを使用することが一般的である．本書でもそのように表記する．

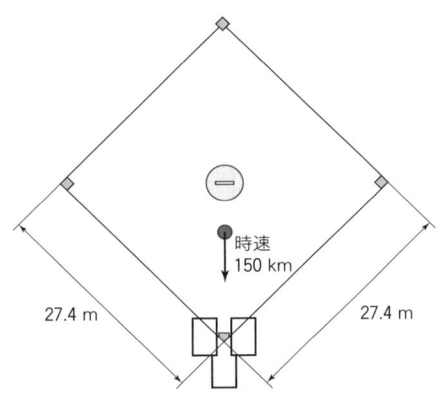

図 1-2A ボールの速度

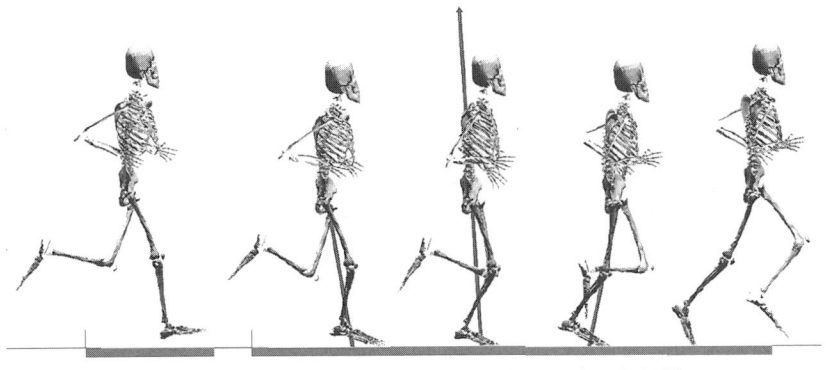

図 1-2B ジョギング中の地面反力ベクトル（松尾氏（JISS）提供）

Lecture 1-3　力の足し引き　〜ベクトルの合成〜

【例題】　下の図は，柔道の組み手の様子を示したものである．両者の力が拮抗していて，組んだまま静止している（つり合っている）状態であるとする（図1）．右側の選手に作用する力をベクトルで考えた場合（図2），重力，地面から受ける反力，左側の選手から作用する力の3つの力がつり合うことになる．正しいと思われるものを次の中から1つ選べ．

　ア）$A+B=C$　　イ）$A+B=-C$　　ウ）$A-B=C$

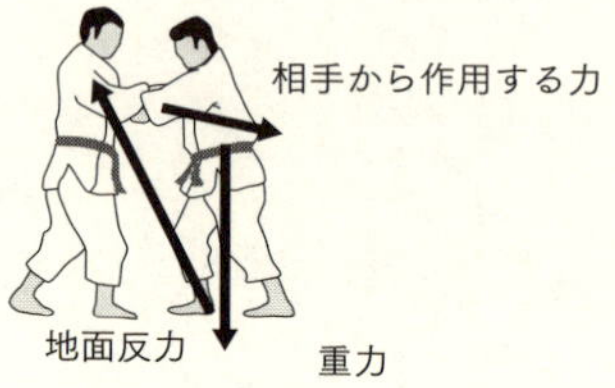

図1

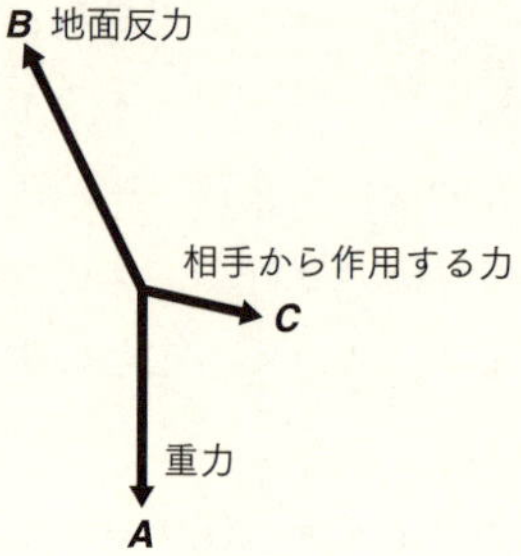

図2

【解答】
　イ）$A+B=-C$
　（図1-3A）

- 1-3 KEY POINT -
●大きさと方向をもつベクトル量も足し引き(**合成**)が可能．

【解説】　質量などのスカラー量は単位が同じであれば容易に足すことができる（たとえば，10 kg＋20 kg＝30 kg など）．一方，力をはじめとするベクトル量は向きをもっているので，単純に足すことができない．2つのベクトル A, B の足し算を**合成**といい，図

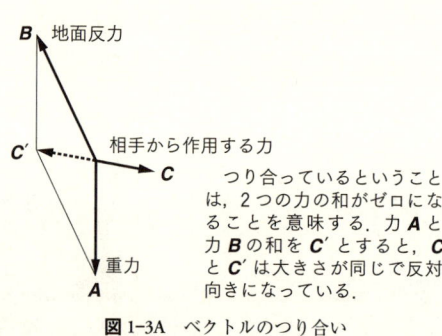

つり合っているということは，2つの力の和がゼロになることを意味する．力 A と力 B の和を C' とすると，C と C' は大きさが同じで反対向きになっている．

図1-3A　ベクトルのつり合い

1-3B (a) のように, 2つのベクトルによってできる平行四辺形の対角線 (ベクトル C) として求めることができる. また, 一方のベクトルの始点をずらして図 1-3B (b) のように作図し, ベクトル C を求める方法もある. また, 3つ以上のベクトルを足し合わせる場合には, 2つのベクトルの足し算を順次くり返せばよい. このように, 幾何学的にベクトルを足し合わせる場合は, 比較的イメージをすることが容易である. ここでは2次元 (平面) でベクトルを考えているが, 3次元 (空間) でベクトルを扱う場合にも, 基本的には2次元と同様にベクトルを足し合わせることができる. ただし, 3次元でのベクトルの扱いは2次元よりも複雑である (Lec. 12-2). 一方, 計算により2つのベクトルの和を数値的に求める際には, 2つのベクトルが直交している場合には, ピタゴラスの定理 (付録) を使って解を求めることができる. 2つのベクトルが直交していない場合には, 余弦定理 (付録) を用いてベクトルの和を計算する.

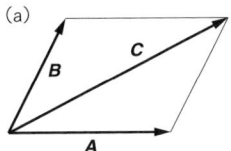
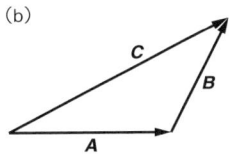
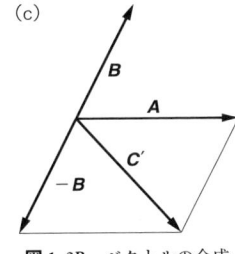

図 1-3B ベクトルの合成

ベクトルの引き算は, 基本的に足し算と同じ手順によって解を求めることができる. 注意すべきは, マイナスのついたベクトルの扱いである. たとえば, 2つのベクトル A, B の引き算 $A-B$ を求めたいとする. この場合は, ベクトル A にマイナスのついたベクトル $-B$ を加えるというように考える (図1-3B (c)). ベクトルにマイナスをつけるということは, ベクトルにスカラー量である -1 をかけるということを意味するが, これは, 幾何学的にはベクトルの大きさが同じで方向が逆になるということである. このようにベクトルの引き算も, 基本的にはベクトルの足し算と同等に扱うことが可能である.

第1講 北北西へ進路をとれ！ 19

Lecture 1-4　力の成分分析　〜ベクトルの成分〜

【例題】　ジョギングの着地時の地面反力が 1400 N，地面とのなす角が 60 度であったとする．このとき，進行方向に対して前後方向（水平方向）に作用する力の大きさはどれくらいか？　また，鉛直方向に作用する力はどれくらいか？　ただし，$\sin 60°$ を 0.866，$\cos 60°$ を 0.5 とする．

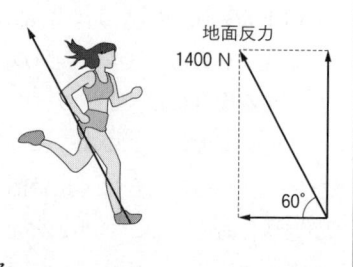

【解答】

前後方向に作用する力：
　1400 N×$\cos 60°$
　＝1400 N×0.5＝700 N

鉛直方向に作用する力：
　1400 N×$\sin 60°$
　＝1400 N×0.866＝1212 N

1-4 KEY POINT
● 2次元（平面）のベクトルは任意の2方向，3次元（立体）のベクトルは任意の3方向への成分に**分解**できる．
● ベクトルの成分は，合成することができる．

【解説】　2次元でベクトルを考える場合，ベクトルは任意の2つの方向に**分解**することができる．これは，ベクトルの始点と終点を通る平行四辺形を作れば，どんな平行四辺形であれ，その2辺の方向にベクトルを分解できるということである（図1-4A）．

たとえば，図1-4Bのように，前腕に作用する上腕二頭筋（肘の屈曲筋，Lec. 6-7）による筋力ベクトル F_M を前腕に平行な方向と前腕に垂直な方向の2つの**成分**に分解してみよう．すると，F_M は前腕に平行な成分 F_P と前腕に垂直な成分 F_R に分けられる．この F_P と F_R は，F_M を分解した成分なので，F_M を置き換えたものとして，以降，この2つの成分のみを考えればよいことになる．つまり，成分に分解した後は，もとのベクトルを考慮する必要がないということである．

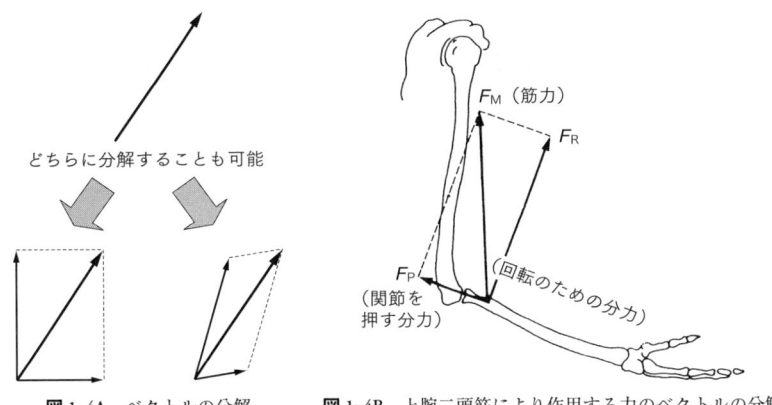

図 1-4A ベクトルの分解　　**図 1-4B** 上腕二頭筋により作用する力のベクトルの分解

　さて，ここで，F_P と F_R の働き（作用）を幾何学的に考えてみると，F_P は肘関節で前腕を上腕に押しつけ安定させるための分力，F_R は肘を回転させるための分力として作用するということがわかる．このように，ベクトルを成分に分解することによって，身体に作用する力の意義を検討することが可能となる．

　一方，ベクトルの成分を合成することによって，合成ベクトル（絶対値としてのベクトル）を得ることもできる．例題をもとにこのことを確認しておこう．

　ピタゴラスの定理（付録）より，

$$\sqrt{(700^2+1212^2)} \fallingdotseq 1400$$

$\sin 60°=0.866\cdots$ を小数点第 3 位で切り捨てているため，完全には一致しないが，前後方向に作用する力のベクトルと鉛直方向に作用する力のベクトルを合成したベクトルの大きさが，地面反力ベクトルの大きさ（1400 N）とほぼ一致することが確認できる．

Lecture 1-5　成分分析の基準　〜座標系〜

【例題】　ホームベースを基準として，バッターが打ち上げた野球ボールの"ある瞬間"の位置を完全に特定するためには，いくつの方向の情報が必要？
　ア）1方向　　イ）2方向　　ウ）3方向

【解答】
　ウ）3方向
　　（ホームベースを基準として，打ち上げたボールの①前後，②左右，③垂直方向の情報がわかれば空間でのボールの位置を完全に特定できる.）

> **1-5 KEY POINT**
> ●ベクトルを成分へと分解する際の基準となる軸の組み合わせを<u>座標系</u>という.
> ●地球上に定義された，慣性の法則が成立する座標系を<u>慣性系</u>という.
> ●スポーツバイオメカニクスでは，身体セグメントに<u>移動座標系</u>を定義することが多い.

【解説】　ベクトルを成分へと分解するためには，分解の基準となる方向（軸）が必要である（Lec. 1-4）．この，ベクトルを分解するうえでの基準となる軸の組み合わせ（システム）のことを**座標系**という．座標系を決定すれば，いかなるベクトルもその成分により決定することができる．なお，2次元（平面）の場合，直交座標系は2方向の軸（X軸とY軸）によって構成される（図1-5A（a））．3次元（立体）の座標系は，3方向の軸によって構成される（X軸，Y軸，Z軸，図1-5A（b））．座標系にはさまざまなものがあるが，スポーツバイオメカニクスでは，**右手系**の**直交座標系**を用いることが多い．右手系の直交座標系とは，右手の親指，人差し指，中指を自然にそれぞれ直交させた状態の親指の方向をX軸，人差し指の方向をY軸，中指の方向をZ軸にとる座標系である（図1-5A（c））．
　スポーツバイオメカニクスでも，適当な座標系を設定してベクトルの成分を

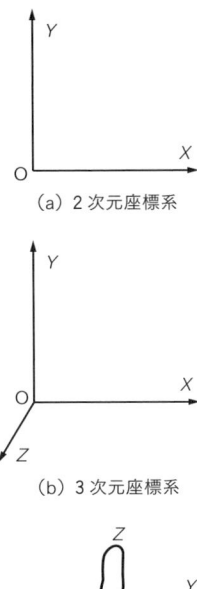

(a) 2次元座標系

(b) 3次元座標系

(c) 右手系

図1-5A 座標系

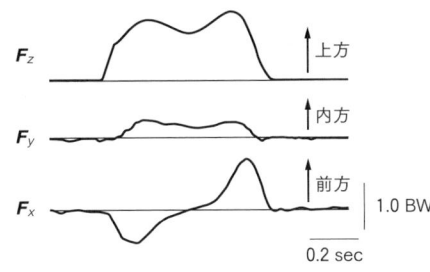

図1-5B 歩行接地期の地面反力3成分（F_x：前後成分　F_y：左右成分　F_z：垂直成分）（深代ほか，2000）

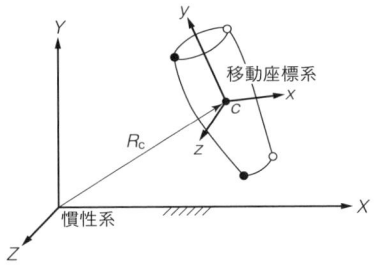

図1-5C 身体セグメントに定義した移動座標系（Winter, 2005を改変）．c：身体セグメントの質量中心，R_C：慣性系原点からみた質量中心の位置．

得ることを通じて，さまざまな検討がなされる．たとえば，図1-5Bは，歩行の接地期（Lec. 8-1）における地面反力ベクトルを，垂直方向（z軸），横方向（y軸），前後方向（x軸）に分解した際の，各成分の対時間波形である．この分解の基準となっているのは，地球上のある点を原点として設定（定義）された座標系である．この座標系を**慣性系**といい，慣性系では，ニュートンの第2法則（Lec. 3-1）が成立する．慣性系は，スポーツバイオメカニクスにおけるもっとも代表的な座標系といえる．また，スポーツバイオメカニクスでは，身体の各体節（セグメント）の質量中心（Lec. 7-1）を原点として，**移動座標系**と呼ばれる座標系を定義することも多い（図1-5C）．身体セグメントに移動座標系を定義することによって，空間における身体セグメントの姿勢や運動状態を，慣性系を基準として相対的に記述することが可能となる．

Lecture 1　確認テスト

問題 1　文中の空欄を埋めよ．
(1) スポーツバイオメカニクスでは，物理量の関係を問題にするため［①］が大切である．
(2) 大きさのみをもつ物理量を［②］といい，大きさと方向をもつ物理量を［③］という．
(3) 2つのベクトルは1つのベクトルへと［④］でき，1つのベクトルは2つ以上のベクトルへと［⑤］できる．
(4) ベクトルを成分へと分解する際の基準となる軸の組み合わせ（システム）を［⑥］といい，とくに地球上に定義され，第2法則が成立するものを［⑦］という．

問題 2　ランナーの走スピード 5 m/s を分速（m/min）および時速（km/h）に直せ．

問題 3　次のうち，スカラー量はどれでベクトル量はどれか？
　ア）距離　　イ）位置　　ウ）質量　　エ）力　　オ）長さ　　カ）面積
　キ）速度　　ク）速さ　　ケ）加速度　　コ）体積

問題 4　サッカーのキックにともなう軸足の地面反力ベクトル F を水平方向と垂直方向へ分解せよ．

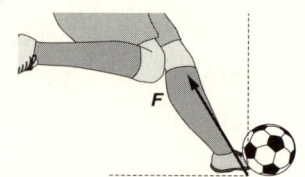

問題 5　槍投げの槍の初速度 $v=30$ m/s を，水平成分 v_h と垂直成分 v_v に分解せよ．ただし，$\sin 30° = 0.50$，$\cos 30° = 0.87$ とする．

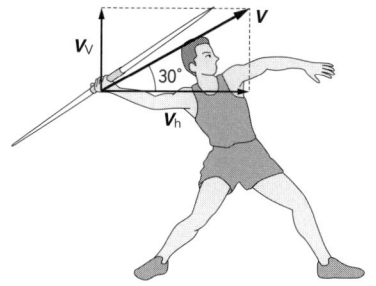

解 答

問題 1

① 単位　② スカラー量　③ ベクトル量　④ 合成
⑤ 分解　⑥ 座標系　⑦ 慣性系

問題 2

1 時間＝60 分＝3600 秒，1 km＝1000 m より，
5 m/s＝5×60＝300 m/min
5 m/s＝5×3600÷1000＝18 km/h

問題 3

スカラー量：ア）距離　ウ）質量　オ）長さ　カ）面積
　　　　　　ク）速さ　コ）体積
ベクトル量：イ）位置　エ）力　キ）速度　ケ）加速度

問題 4

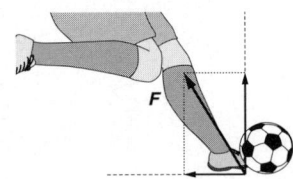

問題 5

水平速度 v_h＝30×cos 30°＝30×0.87＝26.1 m/s
垂直速度 v_v＝30×sin 30°＝30×0.50＝15.0 m/s

第2講

動きを描く

並進運動と回転運動

　あらゆる物体の運動は，重心の平行移動（並進運動）と重心まわりの回転運動（角運動）との組み合わせとして表される．このため，スポーツ中の身体や道具の運動を客観的に分析したり，分析結果を記述するためには，これらの運動に関する知識が不可欠である．そこで，本講では，さまざまなスポーツや身体運動を例に，物体の並進運動と回転運動の記述，すなわち並進と回転の運動学（キネマティクス）について学ぶ．

運動は並進と回転の組み合わせ？

Lecture 2-1　まわりながら進む　〜並進運動と回転運動〜

【例題】　投球されたラグビーボールは，平行移動するか？　それとも回転運動するか？
　ア）平行移動のみ　　　イ）回転運動のみ
　ウ）回転しながら平行移動する

【解答】
　ウ）回転しながら平行移動する

―― 2-1 KEY POINT ――
●物体の運動は，**並進運動**と**回転運動**が合成されたもの．
●並進運動の状態は，**変位・速度・加速度**で記述可能．
●回転運動の状態は，**角変位・角速度・角加速度**で記述可能．

【解説】　スポーツバイオメカニクスにおける運動とは，物体がその位置や向きを変えることである．一般的な物体の運動は，**並進運動**と**回転運動**が組み合わさった（合成された）ものである（図2-1）．

　物体が向きを変えることなく，位置だけを変える（変位する）運動を並進運動という．並進運動における，単位時間あたりの変位を**速度**という．また，単位時間あたりの速度の変化率を**加速度**という．つまり，物体の並進運動の状態は，変位・速度・加速度によって表すことができる．なお，変位はベクトル（Lec. 1-2）であるため，速度と加速度もまたベクトルである．

　物体がその位置を変えることなく，向きだけを変える（角変位する）運動を回転運動という．回転運動における，単位時間あたりの角度変化（角変位）を**角速度**という．また，単位時間あたりの角速度の変化率を**角加速度**という．つまり，物体の回転運動の状態は，角変位・角速度・角加速度によって表すことができる．角変位もまたベクトルであるため，角速度と角加速度もまたベクトルである（表2-1）．

並進運動

回転運動

並進運動＋回転運動

図 2-1 並進運動と回転運動

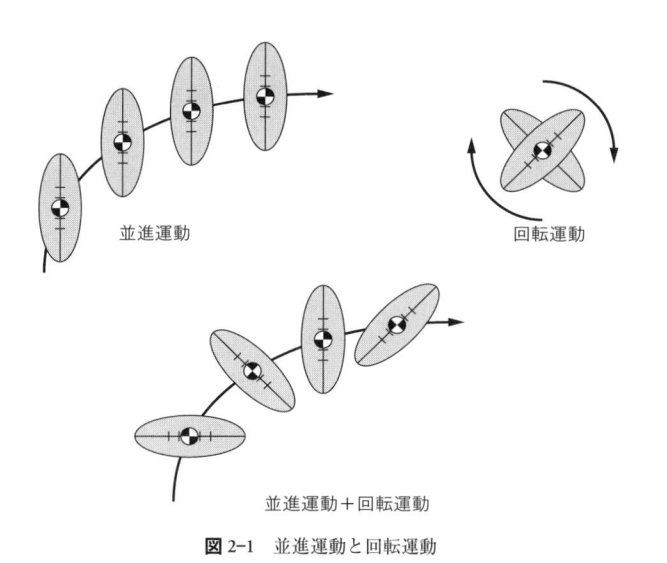

表 2-1 並進運動と回転運動の対比

運動の種類：	並進運動	⟷	回転運動
位置・角位置（角度）の変化：	変位	⟷	角変位
単位時間あたりの（角）変位：	速度	⟷	角速度
単位時間あたりの（角）速度：	加速度	⟷	角加速度

　スポーツにおいても，道具や身体の運動は，一般には並進運動と回転運動が組み合わさった（合成された）ものである．図2-1は，ラグビーボールの運動状態の模倣であるが，競技中にキックされたラグビーボールは，ボールの重心まわりに回転しながら（回転運動），かつ目標方向へと平行移動してゆく（並進運動）．これは野球のピッチングにおける直球やカーブなどでも同様である．一方，フォークボールは，無回転に近く並進運動が主である．レース中のF1マシンの車両重心の運動は並進運動であるが，ハンドル操作の失敗による車両重心まわりのスピンは回転運動である．そして，あらゆるスポーツ動作にともなう身体重心の運動は並進運動であるが，関節運動は，「すべり」と呼ばれる若干の並進運動はともなうものの，主に回転運動である．

Lecture 2-2　動きを描く　～身体運動の運動学的記述～

【例題】 空間内での身体各部（たとえば頭部）の運動状態を完全に記述するためには，いくつの情報（変数）が必要？
　ア）6変数　　イ）12変数　　ウ）18変数

【解答】
　ウ）18変数

2-2 KEY POINT
- 空間にある物体の運動を完全に記述するためには，18個の変数が必要．
- 物体の重心の変位，速度，加速度と，重心まわりでの角変位，角速度，角加速度の6変数×3方向で計18変数．

【解説】 空間にある物体の運動状態を完全に記述するためには，物体の重心の並進運動における変位，速度，加速度，ならびに物体の重心まわりでの回転運動における角変位，角速度，角加速度という6つの情報（変数）が必要である．さらに，実際の身体運動は，3次元空間内で行われているため，身体各部の運動を完全に記述するためには，

$$6\text{変数} \times 3\text{平面（方向）} = 18\text{変数}$$

と，計18個もの変数が必要となる．

　以上からわかるように，空間内での身体運動を完全に記述するためには，基準となる3平面，あるいは3方向を設けておく必要がある．この基準となるのが座標系である．座標系はさまざまに定義することができるが，スポーツバイオメカニクスでは，右手系の直交座標系として定義するのが一般的である（Lec.1-5）．また，スポーツ動作を分析する場合，運動の主要な動作面を，矢状面・前額面・水平面の3平面として定義することが多い（図2-2，表2-2）．

　実際の身体運動は3次元空間で行われるが，歩行や走行のように，主に矢状

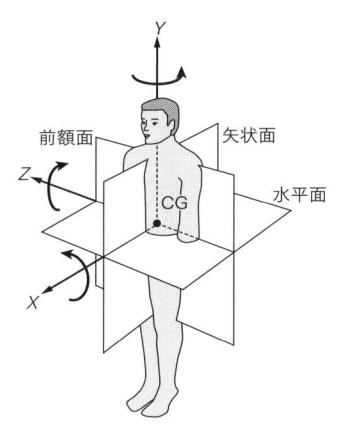

図 2-2　身体の 3 次元平面（深代ほか，2000 より改変）

表 2-2　身体運動の主要動作面

① **矢状面**(sagittal plane)
：身体を前後に貫く線で鉛直に切った縦断面．
② **前額面**(frontal plane)
：矢状面に垂直な縦断面．
③ **水平面**(horizontal plane)
：直立位で地面に平行する横断面．
横断面(transverse plane)ともいう．

面内で行われる運動は，簡便性を考慮して 2 次元的に分析されることもある．この場合，身体各部の運動の記述に要する変数は 9 つ（変位・速度・加速度 ×2 方向 + 角変位・角速度・角加速度 ×1 軸まわり）と 3 次元分析に要する変数から半減される．

このように，2 次元分析は 3 次元分析と比べるときわめて平易となるが，動作を 2 次元的に近似することによって重要な情報（たとえば，回旋運動の影響など）を見過ごすことがないよう注意しなければならない（Lec. 12-2）．

Lecture 2-3　A 地点から B 地点まで
～変位・速度・加速度～

【例題】 スプリンターが 100 m レースを 10 秒フラットで走ったとする．直線コースで，スタートからゴールへの方向を正（＋）と定義する．

Q1：変位は何 m ？

Q2：平均速度は何 m/s ？

Q3：スタートから 0.5 秒後の速度が 3.0 m/s に達していたとすると，この間の平均加速度は何 m/s² ？

【解答】

Q1：＋100 m

Q2：＋10.0 m/s

Q3：＋6.0 m/s²

　　［（＋3.0 m/s－0.0 m/s）

　　÷0.5 秒 ＝＋6.0 m/s²］

2-3 KEY POINT

- 並進運動する物体の位置の変化が<u>変位</u>．
- 変位の時間変化率が<u>速度</u>．
- 速度の時間変化率が<u>加速度</u>．
- 速度/加速度には，<u>瞬間速度/加速度</u>と<u>平均速度/加速度</u>がある．

【解説】 並進運動する物体の始点と終点の直線距離，すなわち位置の変化量のことを**変位**という（図 2-3A）．物体の変位は移動した距離だけでなく，方向をもっているため，ベクトル量である．また，変位を所要時間で除して求められる，変位の時間変化率が**速度**である．ベクトル量である変位をもとに求められる速度もベクトル量である．例題では，スタートからゴールへの方向が正（＋）と定義されているので，平均速度は ＋10 m/s である．仮に，ゴールからスタートへと同じタイムで逆走したら，平均速度は －10 m/s となる．

一方，並進運動における物体の移動経路の長さが（移動）**距離**である（図 2-3A）．距離は大きさだけで方向をもたないため，スカラー量である．さらに，距離を所要時間で除して求められる，単位時間あたりの距離が**速さ（スピード）**であり，移動距離と同じくスカラー量である．本例題では，移動距離は 100 m であり，速さは走方向にかかわらず 10 m/s である．

図 2-3A　変位と移動距離　　　図 2-3B　瞬間速度と平均速度

図 2-3C　変位・速度・加速度の関係

表 2-3　変位・速度・加速度の関係

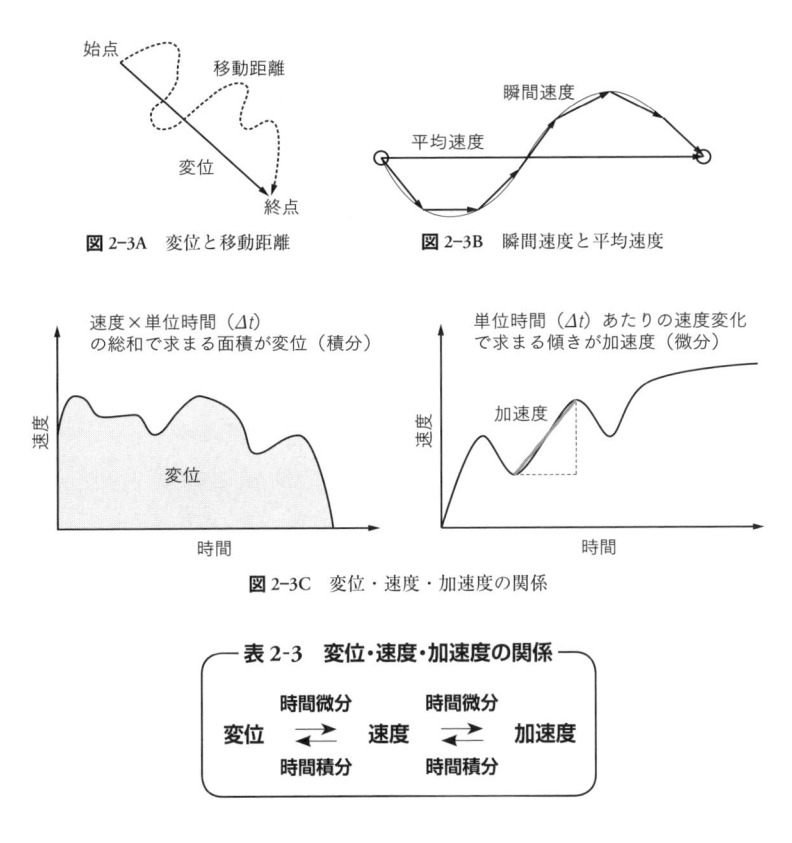

$$\text{変位} \underset{\text{時間積分}}{\overset{\text{時間微分}}{\rightleftarrows}} \text{速度} \underset{\text{時間積分}}{\overset{\text{時間微分}}{\rightleftarrows}} \text{加速度}$$

　ベクトル量である速度は2種類に大別される．1つは，物体の変位を移動に要した時間で除して求めた速度である**平均速度**である．一方，変位を時間で微分（付録）することによって求める瞬間的時間における速度を**瞬間速度**という（図 2-3B）．例題では，100 m レース中の平均速度を求めたが，実際の100 mレースでは，走速度は時々刻々と変化している．この時々刻々の速度を求めるために，時間間隔を限りなく0に近づけた際の速度が瞬間速度である．

　速度の時間変化率が**加速度**である．速度と同様に，加速度も**平均加速度**と**瞬間加速度**に分類される．変位，速度とともに加速度にも方向（加速や減速）があるため，加速度もまたベクトル量である．加速度の変化は運動の変化を表す．すなわち加速度の変化は，物体に力（Lec. 3-1）が作用したことを意味する．

　変位・速度・加速度の関係をまとめると，図 2-3C，表 2-3 のようになる．

第2講　動きを描く　33

Lecture 2-4　まわってまわる　〜角変位・角速度・角加速度〜

【例題】 フィギュアスケート選手が反時計まわりに 2.0 秒間で 6.5 回転していたとする．
　Q1：総回転距離（角距離）は何度？
　Q2：回転前後の角度変化（角変位）は何度？　ただし，反時計まわりを正方向（＋）とする．
　Q3：回転中の平均角速度（度/s）は？
　Q4：角速度 +3.0 度/s の回転から 0.05 秒後に急激に停止したとしたら，この間の平均角加速度（度/s^2）は？

【解答】
　Q1：2340 度
　　　[6.5 回転×360 度＝2340 度]
　Q2：+180 度
　　　[+0.5 回転×360 度＝180 度]
　Q3：+90 度/s
　　　[+180 度÷2.0 秒＝+90 度/s]
　Q4：−60 度/s^2
　　　[(0−3.0) 度/s÷0.05 秒
　　　＝−60 度/s^2]

─── 2-4 KEY POINT ───
●角運動する物体の角度位置の変化が角変位．
●角変位の時間変化率が角速度．
●角速度の時間変化率が角加速度．
●角速度/角加速度には，瞬間角速度/角加速度と平均角速度/角加速度がある．

【解説】 物体が一定の中心線や軸まわりの円周上を動くことを**角運動**という．角運動における位置は**角度位置**で表され，一般に角度はギリシャ文字 θ（シータ）で表記される．角度を表す単位には，度（degree，略名 deg）とラジアン（radian，略名 rad）の 2 つがある（表 2-4A）．

　角度位置が変化することを**角変位**という．慣例的に，角変位の方向は反時計まわりが正（＋）で，時計まわりが負（−）と定義される（図 2-4）．このように，角変位は方向をもっているためベクトル量である．一方，ある時間内に

表 2-4A　度(deg)とラジアン(rad)の関係

180(deg)＝π(rad) **より**,
θ(deg)＝θ÷180×π(3.14…) rad
θ(rad)＝θ÷π(3.14…)×180 deg

表 2-4B　角変位・角速度・角加速度の関係

角変位 ⇄(時間微分/時間積分) 角速度 ⇄(時間微分/時間積分) 角加速度

反時計まわりが＋　　時計まわりが－

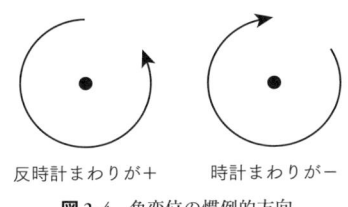

図 2-4　角変位の慣例的方向

回転した総角度を角距離という．角距離は大きさのみで方向をもたないためスカラー量である．

　角運動にも，並進運動における変位－速度－加速度と同様の関係がある（Lec. 2-3）．すなわち，角変位の時間変化率が**角速度**であり，角速度の時間変化率が**角加速度**である．これらの関係をまとめると，角変位を時間で微分することによって角速度が求まり，角速度を時間で微分することによって角加速度が求まる．反対に，角加速度を時間で積分することによって角速度が求まり，角速度を時間で積分することによって角変位が求まるという関係になる（表2-4B）．また，角速度には**平均角速度**と**瞬間角速度**があり，角加速度には**平均角加速度**と**瞬間角加速度**がある．この点も並進運動における速度・加速度と同様である．

　例題では，角距離は 2340 度であるが，最終的な角位置の変位は反時計まわり方向への 0.5 回転のみなので，角変位は＋180 度となる．角速度は角変位の時間変化率なので＋90 度/s である．一方，単位時間あたりの角距離は**角スピード**と呼ばれ，本例題では 1170 度/s である．ベクトル量である角速度とスカラー量である角スピードとの違いには注意が必要である．停止直前の平均角加速度は －60 度/s^2 である．回転方向が正である場合，負（－）の加速度はすなわち減速を意味する．

Lecture 2-5　ハンマーのゆくえ　〜角速度と並進速度の関係〜

【例題】　ハンマー投げ選手がリリース直前の瞬間に角速度 15.0 rad/s で回転していた．回転半径（選手の腕の長さ＋チェーンの長さ）は 1.8 m とする．
　Q1：ハンマーの接線方向の並進速度は何 m/s ?
　Q2：この瞬間の平均角加速度が 6.0 rad/s^2 だとすると，接線加速度の大きさは何 m/s^2 ?
　Q3：この瞬間の求心（向心）加速度の大きさは何 m/s^2 ?

【解答】
　Q1：27.0 m/s
　　　[1.8 m × 15.0 rad/s = 27.0 m/s]
　Q2：10.8 m/s^2
　　　[1.8 m × 6.0 rad/s^2 = 10.8 m/s^2]
　Q3：405 m/s^2
　　　[1.8 m × (15.0 rad/s)^2
　　　 = 405 m/s^2]

> **2-5 KEY POINT**
> ●角運動する物体の接線速度は，回転半径と物体の角速度との積に等しい．
> ●角運動する物体の接線加速度は，回転半径と物体の角加速度との積に等しい．
> ●角運動する物体の求心加速度は，回転半径と物体の角速度の2乗値との積に等しい．

【解説】　回転する物体の接線方向の瞬間並進速度は，物体の瞬間角速度に回転半径をかけたものと等しい（式 2-5A）．なお，この関係は，平均角速度と平均並進速度との間にも同様に成り立つ．
　Q1 では回転半径 $r = 1.8$ m に角速度 15.0 rad/s をかけることで，ハンマーの接線方向の瞬間並進速度（v）の大きさが 27.0 m/s と求まる．
　回転する物体がもつ加速度の接線方向成分を**接線加速度**という．回転する物体が角速度を増大させるとき，物体の速度も同様に増大する．また，**求心（向心）加速度**は，回転軸に向かって作用する並進加速度である．回転する物体の角速度と角加速度，回転半径，および接線加速度と求心加速度には，式 2-5B の関係が成り立つ．それぞれの単位，とくに角速度と角加速度の単位が度

式 2-5A　瞬間角速度と瞬間並進速度との関係式

$$v = r \cdot \omega$$

v：瞬間並進速度(m/s)
r：回転半径(m)
ω：瞬間角速度(rad/s)

式 2-5B　角速度，角加速度，回転半径と接線加速度，求心加速度の関係式

$$a_T = r \cdot \alpha$$
$$a_r = r \cdot \omega^2 = v^2/r$$

a_T：接線加速度(m/s)
a_r：求心加速度(m/s²)
r：回転半径(m)
ω：角速度(rad/s)
α：角加速度(rad/s²)
v：接線速度(m/s)

(deg) ではなく，ラジアン（rad）に基づく点には注意が必要である（Lec. 2-4）．

　Q2では回転半径（r）=1.8 m に角加速度（α）=6.0 rad/s² をかけることで，接線加速度（a_T）の大きさが 10.8 m/s² と求まる．Q3では回転半径（r）=1.8 m に角速度（ω）=15.0 rad/s の2乗値をかけることで，ハンマーの求心加速度（a_r）の大きさが 405 m/s² と求まる．リリース直前のハンマーは，選手に力強く引っ張られて，チェーンと腕の方向（求心方向）へと大きく加速されながら回転していることがわかる．

　ハンマー投げは，重さ 16 ポンド（7.26 kg）の金属球が先端についたワイヤーを，直径約 2.1 m のサークル内で回転することによって加速させ，より遠くへと放り投げる能力を競うダイナミックな競技である．ちなみに，男子ハンマー投げの世界記録は 86.74 m（日本記録：室伏広治 84.86 m）で，女子は 77.96 m である（2010 年 2 月現在）．

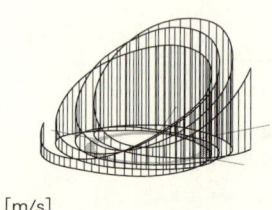

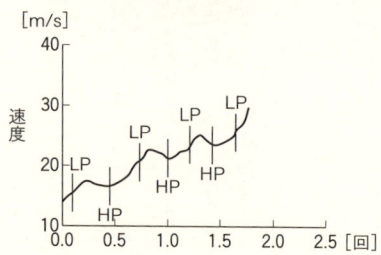

図 2-5A　一流選手の投てきにおけるハンマーヘッドの軌跡（上段）とスピード変化（下段）．LP：ローポイント，HP：ハイポイント（深代ほか，2000）．

図 2-5B　室伏広治選手のハンマー投げ
©フォート・キシモト

　ハンマー投げの競技記録を決定する最大の要因はリリース時のハンマーのスピードである．そこで，数多くの研究者がこのヘッドスピードの増加のしかたに注目し，さまざまな分析をしている（図 2-5）．一流選手ではリリース直前のハンマーのスピードが 30 m/s にも及ぶが，ハンマーのスピードを高めるためには，回転時に身体を大きく傾けることによって身体の回転半径を大きくするのが有効である．また，踵とつま先が交互にターンの回転軸となる投法（heel-toe turn）で，しかも両足接地期が長ければ長いほどよい投法であるといった報告（Lapp, 1935）もなされている．

Lecture 2 　確認テスト

問題 1 並進運動と回転運動の対比について，以下の空欄を埋めよ．
運動の種類：　　　　　　　　　並進運動 ⇔ 回転運動
位置・角位置の変化：　　　　　（①）　⇔　（②）
単位時間あたりの（①），（②）：（③）　⇔　（④）
単位時間あたりの（③），（④）：（⑤）　⇔　（⑥）

問題 2 次の文章のうち，正しいものには○，誤っているものには×をつけよ．
(1) 身体を前後に貫く線で垂直に切った縦断面を前額面という．
(2) 空間にある物体の運動を完全に記述するためには，12個の変数が必要．
(3) 2次元分析において身体各部の運動を記述するのに必要な変数は，3次元分析と比べて半減する．

問題 3 以下の文中の①と②に当てはまる語句を答えよ．
(1)（角）変位を時間で［①］すると（角）速度が得られ，さらに（角）速度を時間で［①］すると（角）加速度が得られる．
(2) 一方，（角）加速度を時間で［②］すると（角）速度が得られ，さらに（角）速度を時間で［②］すると（角）変位が得られる．

問題 4 徒競走でスタートから10m地点までの区間タイムが2.0秒だったとする．なお，スタートからのゴールへの方向を正（＋）と定義する．以下の問いに答えよ．
(1) 平均スピード（m/s）はいくらか？
(2) 平均速度（m/s）はいくらか？
(3) スタートから0.5秒後の瞬間速度が＋3m/sだったとすると，この間の平均加速度（m/s^2）はいくらか？

問題 5 回転半径15mの走路を走っているランナーの瞬間並進速度が4.0m/sであったとする．このときのランナーの求心加速度は何m/s^{2}になるか？

解　答

問題 1

① 変位　② 角変位　③ 速度　④ 角速度　⑤ 加速度　⑥ 角加速度

問題 2

(1) ×

【解説】前額面ではなく矢状面．前額面は矢状面に垂直な縦断面である．

(2) ×

【解説】12 個ではなく，変位・速度・加速度・角変位・角速度・角加速度の 6 変数×3 平面の計 18 変数が必要．

(3) ○

問題 3

① 微分　② 積分

問題 4

(1) 5 m/s

(2) +5 m/s

(3) +6 m/s^2

【解説】$(+3.0\,\mathrm{m} - 0.0\,\mathrm{m}) \div 0.5\,秒 = +6\,\mathrm{m/s^2}$

問題 5

1.07 m/s^2

【解説】式 2-5B より，$4.0^2/15 = 1.0666\cdots$

第3講
ニュートンに挑戦！
並進運動の力学

　前講でも学んだように，物体の運動は並進運動と回転運動の組み合わせとして表される．このうち，並進運動の力学を考える際に，まず，最初におさえる必要がある項目は，ニュートンの運動の法則である．これは，スポーツにおけるさまざまな運動（たとえば，身体重心の運動やボールの運動，打具の運動等々）を考えるうえでも，もっとも基本的な部分であり，ぜひとも理解すべきものである．そこで，本講では，ニュートンの運動の法則をもとに，運動量，力積，仕事量，パワー，力学的エネルギーといった概念についてふれ，さらに，そうした概念がスポーツバイオメカニクスにおいてどのように応用されるのかを，具体例をもとに学習する．

運動は「力」で決まる！

Lecture 3-1　バイオメカニクスの原点
～ニュートンの運動の法則～

【例題】　ボブスレー競技において，選手とそりを含めた質量が600 kgであった．選手がそりを押した際に990 Nの推進力を得たとする．このときの加速度は何 m/s² となるか？

　　ア）1.65 m/s²　　　イ）390 m/s²
　　ウ）1590 m/s²　　　エ）594000 m/s²

【解答】
　　ア）1.65 m/s²

　　ニュートンの第2法則 $F=ma$ より，$a=F/m$．よって，加速度 $a=990\ \mathrm{N}/600\ \mathrm{kg}=1.65\ \mathrm{m/s^2}$．

―― 3-1 KEY POINT ――
● あらゆる物体の運動は，<u>ニュートンの運動の法則</u>にしたがう．
● 力，質量，加速度の関係を示す $F=ma$ という式を，並進の<u>運動方程式</u>という．
● 運動方程式は慣性系においてのみ成り立つ．

【解説】　**ニュートンの運動の法則**は，その名の通り"運動"に関する法則である．そこでは，次のように運動がある法則に則って記述されている．

　第1法則：いかなる物体も，外力が作用しない限り静止し続けるか，等速直線運動をし続ける．
　第2法則：物体に力が作用したとき，物体はその質量に反比例し，作用した力に比例する加速度をもつ．
　第3法則：2物体間に作用し合う力は大きさが等しく，かつ方向が正反対である．

　第1法則は**慣性の法則**とも呼ばれる．ここで，**慣性**とは，「物体は静止していればその状態を維持しようとし，逆に動いていればその状態を維持しようとする」という性質のことである．たとえば，止まっている重いものを動かす場合には大きな力が必要であるし，逆に動いている重いものはなかなか止められ

> **式 3-1　並進運動の運動方程式**
>
> $$F = ma$$
>
> F：**力**(N)，m：**質量**(kg)，a：**加速度**(m/s^2)

ない．軽いものはその逆である．私たちは，日々の経験により重いものは慣性が大きく，軽いものは小さいということを知っている．物体の**質量**を計測するということは，その物体の慣性を計測するということに他ならない．質量は通常 kg 単位で表示される（SI 単位系，付録）．人間の質量は 40‐100 kg 位である．一方，**重量**（重さという場合もある）は質量に**重力加速度** $g = 9.8 \text{ m/s}^2$ をかけたものになるという点に注意が必要である．すなわち，重量は力であるということになる．慣性の法則をよく眺めてみると，外力（Lec. 3-2）が作用しない場合に物体が静止し続けるか，もしくは等速直線運動をし続けるとある．つまり，力と運動との関係を記述している．ニュートンの運動の法則はすべて，力と運動との関係を述べたものであるが第 1 法則もその例外ではない．

　第 2 法則を式で書くと $F = ma$ となる．この式は，並進の**運動方程式**と呼ばれ，質量 m の物体に力 F が作用した際に，加速度 a が生まれるということを示している（式 3-1）．力と加速度との関係を示しているこの式は，力学の要ともいうべき式である．ここで，加速度は設定する座標系によって異なるため，運動方程式は特定の座標系においてのみ成り立つということを知っておく必要がある．この特定の座標系は慣性系と呼ばれている（Lec. 1-5）．一般に慣性系以外の座標系においては，運動方程式は成り立たない．

　第 3 法則は**作用・反作用の法則**と呼ばれる．テニスラケットに衝突するボールの例を考えればわかりやすい．衝突の瞬間にボールからラケットに作用する力とラケットからボールに作用する力は，大きさが同じで向きが反対である．

　いずれにせよ，ニュートンの運動の法則を適用する際には，まず座標系を慣性系にとり物体に作用する力や加速度を考えるという手順をふむ．

Lecture 3-2　力をみる視点　〜内力と外力〜

【例題】　下図は，ランニングをしている人に作用する力を図示したものである．左図は全身に作用する力，右図は膝関節に作用する力を表している．これらの力のうち，身体外部から作用する力はどれで，身体内部で作用する力はどれであろうか？

　　ア）空気抵抗　イ）重力　ウ）地面反力　エ）関節中心に作用する力

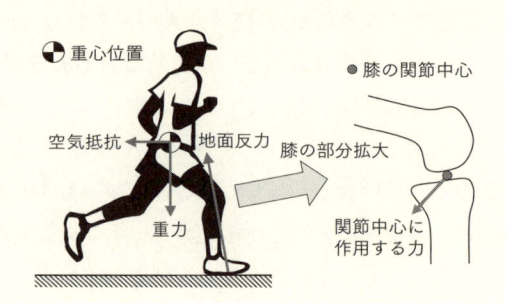

【解答】

身体外部から作用する力：
　　ア）空気抵抗
　　イ）重力
　　ウ）地面反力
身体内部で作用する力：
　　エ）関節中心に作用する力

---- 3-2 KEY POINT ----
●外から系に加わる力を**外力**と呼び，系の内部で作用する力を**内力**と呼ぶ．
●身体全体を1つの系と考えた場合，空気抵抗や重力，地面反力などが外力となる．一方，関節間力や筋力などが内力となる．

【解説】　ニュートンの運動法則は慣性系という特定の座標系において成り立つものであった．ヒトの運動を考える場合には，座標系以外にも**内力**と**外力**の区別が重要となる．身体を1つのかたまり（物理学的には**系**と呼ぶ）と考えた場合，外から系に加わる力を外力と呼ぶ．上の例題では，空気抵抗，重力，地面反力が外力ということになる．一方，身体の各セグメントを1つの系と考えた場合，たとえば，膝関節について考えると，膝関節を関節中心（回転の中心）

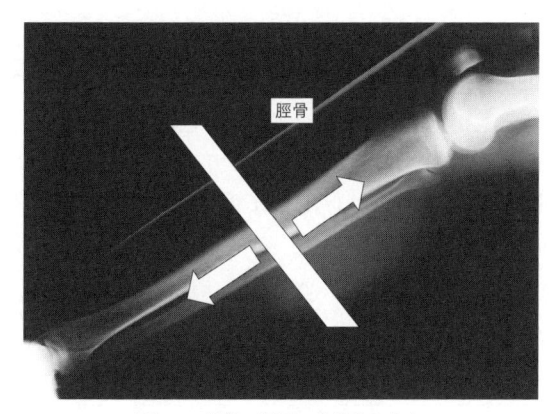

図 3-2 脛骨の断面に作用する内力

が1点である理想的な状態としてモデリングした場合，たしかに関節中心にはある力が働いている．ランニングの例では，下腿（ここでは脛骨としてもよい）に対して大腿より上の部分から鉛直下向きにこうした力が作用するであろうことは容易に想像することができる．この場合の膝に作用する力は内力であり，外から系に加えられた外力とは区別される．また，脛骨のみを考えても，脛骨のある部分を仮想的な断面で切断した場合，その仮想表面に作用する力を考えることができる．この力は系内では作用・反作用として打ち消されることになるが，この力こそが内力である．内力は物体の変形を議論する際に重要な概念であるが，物体の変形を考える場合には物体を剛体ではなく変形するものとして扱う必要があるので，剛体を考える場合より複雑な考察が必要となる．

　身体を1つの系として考えた場合には，空気抵抗，重力，地面反力が外力であったが，下腿と足を1つの系と考えた場合には，下腿と足に作用する空気抵抗，下腿と足に作用する重力，地面反力，膝の関節中心に作用する力，大腿四頭筋などの膝関節をまたいで下腿に作用する筋力などが外力となる．また，内力としては足関節の関節中心に作用する力，足関節をまたいで作用する筋力などが内力ということになる．同様に，下肢を1つの系として考えた場合には，膝関節の関節中心に作用する力や膝関節をまたいで作用する筋力が内力となる．

　このように，内力と外力を考える場合には，どの系で力を考えているかという視点に留意する必要がある．

Lecture 3-3　やり投げのヒケツ　～投射体の運動～

【例題】 初速度 30 m/s で投げ出されたやりの到達距離は，初速度 15 m/s で投げ出されたやりの到達距離の何倍になるか？　ただし，やりを投げ出す角度（投射角）は一定とし，空気抵抗は無視する．

ア）1.5 倍　　イ）2 倍　　ウ）4 倍

【解答】

ウ）4 倍

> **3-3 KEY POINT**
> ● 空中に投げ出された投射体（ボールや身体重心など）の運動は，運動方程式にしたがう．
> ● 投射体の到達距離には，投射高，投射角度，初速度が影響するが，初速度の影響がもっとも大きい．

【解説】 ニュートンの運動法則の応用例として，投げ出されたボール（投射体）の運動について考えよう．空気抵抗を無視すれば，空気中に投げ出された投射体に作用する力は重力のみである．図 3-3A のように，初速度 v，投射角 α で投げ出された質量 m の投射体の運動を考える．空気抵抗を無視すれば，投げ出された投射体に作用する力は重力 mg のみである．したがって，鉛直方向には重力 mg が作用し，重力の影響を受けない水平方向では力が作用しないということになる．ニュートンの第 1 法則から，投射体は水平方向では，ある初速度（$v \cos \alpha$）で等速直線運動をし続けることになる．

以上をもとに，時間 t における投射体の水平方向の位置（x）を式で表すと式 3-3A のようになる．

一方，鉛直方向では，投射体の運動は以下の運動方程式にしたがう．

$$ma_y = -mg \qquad a_y：鉛直方向の加速度$$

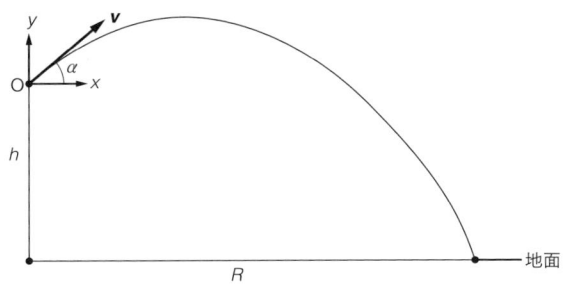

図 3-3A 投げ出された物体の運動

式 3-3A　時間 t における投射体の変位

水平方向：$x = v \cos \alpha \cdot t$

鉛直方向：$y = -\dfrac{1}{2}gt^2 + v \sin \alpha \cdot t$

　　v：初速度(m/s)
　　α：投射角度(rad)
　　g：重力加速度(m/s^2)
　　t：時間(s)

　この式を時間で積分（付録）し，初期条件を考慮すると，結局，時間 t における投射体の鉛直方向の位置（y）は式 3-3A のように表される．

　これらの式に基づくと，投射位置と着地点の高さが等しい場合の投射体の到達距離（R）が求められる（式 3-3B）．さらに，少し複雑にはなるが，投射位置と着地点の高さが異なる場合でも，到達距離を求めることも可能である（式 3-3C）．

　複雑な計算はしなくても，式 3-3B, C から，スポーツにおける投射体（たとえば，遠投されたボールや踏み切り後の幅跳び選手の身体重心など）の到達距離は，初速度 v の 2 乗に比例することが読みとれる．

　このように，投射体の到達距離には，投射角度に比べて，初速の影響が非常に大きいことがわかる（図 3-3B，図 3-3C）．例題では，投げ出されたやりの初速度に 2 倍の差があることから，到達距離は 4 倍となるわけである．

式 3-3B　投射体の到達距離
（投射高と着地高が一致）

$$\frac{2v\sin\alpha}{g} \times v\cos\alpha = \frac{2v^2\sin\alpha\cdot\cos\alpha}{g}$$

（滞空時間×水平速度）

v：初速度 (m/s)
α：投射角度 (rad)
g：重力加速度 (m/s^2)

式 3-3C　投射体の到達距離（投射高と着地高が不一致）

$$\frac{v\sin\alpha}{g} + \frac{\sqrt{(v\sin\alpha)^2 + 2gh}}{g} \times v\cos\alpha = \frac{v^2\sin\alpha\cdot\cos\alpha + \sqrt{(v\sin\alpha)^2 + 2gh} \times v\cos\alpha}{g}$$

（最高到達点までの時間＋着地高までの時間）×水平速度

v：初速度 (m/s)
α：投射角度 (rad)
g：重力加速度 (m/s^2)
h：投射高と着地高の差 (m)

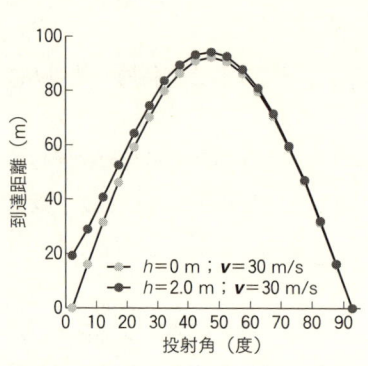

図 3-3B　投射角による到達距離のシミュレーション

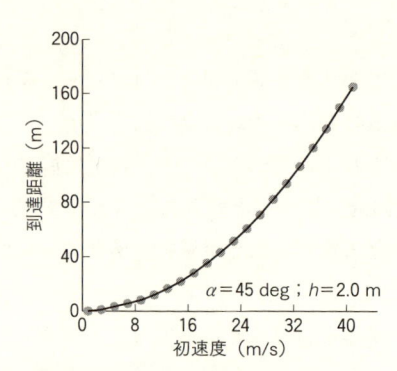

図 3-3C　初速度による到達距離のシミュレーション

Lecture 3-4　パンチの極意　～運動量と力積の関係～

【例題】　時速 120 km/h で飛んできた野球ボール（質量 144.5 g）をバットで打った際に，ボールが時速 125 km/h で跳ね返ったとする．このとき，ボールとバットとの衝突時間を 0.01 秒として，衝突時にバットからボールに作用した平均の力はどれくらいか？

　ア）およそ 100 N　　イ）およそ 1000 N　　ウ）およそ 10000 N

【解答】

　イ）およそ 1000 N

3-4 KEY POINT
- 質量と速度の積として定義される物理量が運動量．
- 運動量は物体の「勢い」を表す．
- 力とその作用時間の積として表される物理量が力積．
- 物体に力が作用した際の運動量の変化は力積に等しい．

【解説】　質量と速度との積で定義される物理量を**運動量**という．一般に，運動量は物体の「勢い」を表す．なお，運動量はベクトル量（Lec. 1-2）である．物体に力が作用すると運動量が変化するが，このときの運動量の変化は，力とその作用時間との積である**力積**に等しいという関係が成り立つ（式 3-4）．

　バットでボールを打つ際にボールには衝撃力が作用する．この衝撃力はバットとボールが接触している短い時間にのみ働く．ボールに作用する力は図 3-4A のように一定ではない．しかし，非常に短い時間間隔では作用する力 F が一定であると仮定する（平均化する）ことで，式 3-4 を適用できる．

　以上をもとに，例題を考えてみよう．

　　バットとの衝突前のボールの運動量（mv_2）
　　　$= 0.1445$ kg $\times 120 \times 1000$ m/3600 秒 $= 4.8$ kgm/s
　　バットとの衝突後のボールの運動量（mv_1）

第 3 講　ニュートンに挑戦！　49

> **式 3-4　運動量の変化と力積の関係**
>
> $$mv_2 - mv_1 = F \cdot t$$
>
> m：質量(kg)
> v_1：初速度(m/s)
> v_2：終速度(m/s)
> F：力(N)
> t：力の作用時間(s)

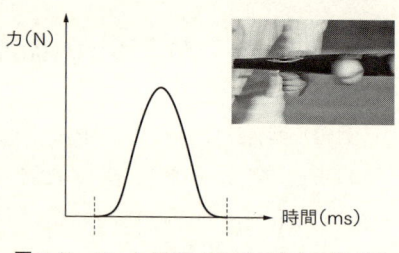

図 3-4A　バットがボールに及ぼす力の模式図

$= 0.1445 \text{ kg} \times -125 \times 1000 \text{ m}/3600 \text{ 秒} = -5.0 \text{ kgm/s}$

したがって，運動量の変化分は，$4.8 - (-5.0) = 9.8 \text{ kgm/s}$ となる．一方，運動量の変化分＝力積（$F \cdot t$）となるので，$9.8 \text{ kgm/s} = F \times 0.01$ 秒，よって，$F = 9.8 \text{ kgm/s} \div 0.01$ 秒 $= 980 \text{ N}$ となり，およそ 1000 N が正解となる．

一般に，力の作用時間（t）を長くすると衝撃力は小さくなり，短くすれば衝撃力は大きくなる．台から飛び降りる際の着地の衝撃を和らげる場合などでは，膝のクッション作用などを使って接触時間を長くすることで衝撃力を小さくすることができる（図 3-4B）．野球のバントやサッカーのトラッピング，テニスのドロップショットなどのスポーツ技術では，衝突にともなう力の作用時間を長くし，衝撃力を小さくすることが成功の秘訣だといえる．また，格闘技では「重いパンチ」と「鋭いパンチ」があるといわれる．バイオメカニクス的には，力積が大きいパンチが「重いパンチ」であり，一方，作用時間が短く衝撃力が大きいパンチが「鋭いパンチ」である．鋭いパンチはピンポイントで相手に衝撃を与えるのに有利なパンチである（図 3-4C）．

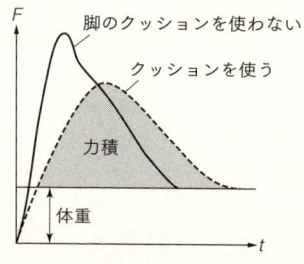

図 3-4B　着地時の力積とクッションの効果（金子，2006）

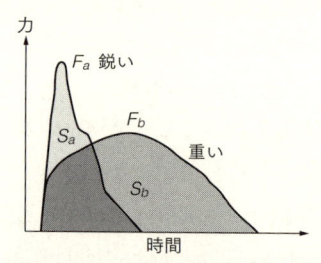

図 3-4C　力積からみた鋭いパンチと重いパンチ（金子，2006）

Lecture 3-5　グッドジョブのみなもと
〜仕事と力学的エネルギー〜

【例題】　ある力士（図では左の力士）が対戦相手（右の力士）に対して，水平方向に一定の力（1000 N）を発揮し，1.5 m 右に進んだとする．このときの仕事量はどれくらいか？

　　ア）150 Nm　　　イ）1000 Nm　　　ウ）1500 Nm

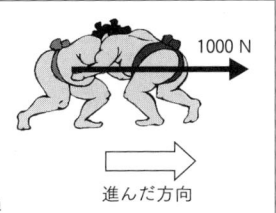

【解答】

　　ウ）1500 Nm

　　　仕事量＝1000 N×1.5 m
　　　　　　＝1500 Nm

3-5 KEY POINT
- 力を物体に加えて移動させたとき，<u>力学的仕事</u>をしたという．
- 力と移動方向が一致する条件での力学的仕事量は，力と移動距離との積．
- 力と移動方向が一致しない条件での力学的仕事量は，力ベクトルと変位ベクトルとの内積．
- 力学的仕事をすることができる潜在的な能力が<u>力学的エネルギー</u>．

【解説】　一般的には，働いてお金を稼いだとき「仕事をした」というが，スポーツバイオメカニクスでは，力を物体に加えて移動させたとき**力学的仕事**をしたという．力学的仕事量は，物体に作用した力の方向と物体の移動方向が同じ場合は両者の積として表される（式 3-5A）．しかし，これらの方向は必ずしも一致するわけではない．この場合，力のベクトルを物体の移動方向と平行な成分と垂直な成分に分解して（Lec. 1-4），平行な成分と移動距離との積を仕事量とする．これをベクトルの内積と呼ぶ（式 3-5B，付録）．

　例題では，左側の力士が力を発揮した方向と進んだ方向が一致しているので，式 3-5A を用いて仕事量を計算すればよい．もし，一致しない場合は，ベクトルの内積を表す式 3-5B で仕事量を計算する必要がある（図 3-5）．

　相撲の立ち合いでは，相手との駆け引きがあるため一概にはいえないが，た

式 3-5A　仕事量(力と移動方向が一致する場合)

$$W = F \cdot s$$

W：仕事量(Nm, J)
F：力(N)
s：移動距離(m)

式 3-5B　仕事量(力と移動方向が一致しない条件)

$$W = \boldsymbol{F} \cdot \boldsymbol{s} = |\boldsymbol{F}||\boldsymbol{s}|\cos\theta$$

W：仕事量(Nm, J)
$|\boldsymbol{F}|$：**力 F の大きさ**(N)
$|\boldsymbol{s}|$：**変位 s の大きさ**(m)
θ：**力の作用方向と変位方向とのなす角度**(rad)

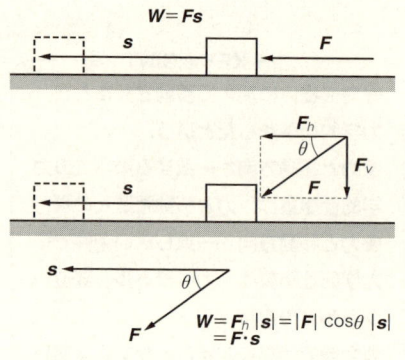

図 3-5　力と仕事(ベクトルの内積)

とえばボブスレーのスタートダッシュを考えると，選手がボブスレーを押す力の垂直成分をできる限り小さくして，水平成分を最大化させて推進力を得るような押し方がよい(すなわち仕事の効率がよい)ということになる．

一般的には，不眠不休で働き続けられるような人のことを，「エネルギーがある」などという．しかし，スポーツバイオメカニクスでは，力学的仕事をすることができる潜在的な能力のことを**力学的エネルギー**という．力学的エネルギーの大小は，成し得る仕事量で表す．このため，仕事と力学的エネルギーの単位は同じである(ジュール：J，もしくは Nm)．一般に他の物体に対して仕事をした物体の力学的エネルギーは減少する．一方，仕事をされた物体のエネルギーは増加する．仕事と力学的エネルギーはこうした相互関係にある．

エネルギーには，力学的エネルギーの他にも化学エネルギーや熱エネルギーなどさまざまな形態があるが，エネルギーを使うことによって多様な仕事をすることができる．たとえば，ある高さまで物体を持ち上げる，バッテリーをチャージする，物体をある温度まで温める，お湯を沸かす，物体をある速度まで加速する，といったことは，すべて仕事として考えることができる．

Lecture 3-6　高さと速さの関係　～力学的エネルギーの保存～

【例題】　標高 10 m のところにいる体質量 60 kg のスキーヤー A と，標高 15 m のところにいる体質量 50 kg のスキーヤー B が，同じ姿勢の直滑降で滑り降りたとき，ふもとで速度がより大きくなるのはどちらか？　ただし，初速度は 0 m/s とし，空気抵抗は無視する．また，力学的エネルギーは保存されるものとする．
　ア）スキーヤー A　　イ）スキーヤー B　　ウ）どちらも同じ

【解答】
　イ）スキーヤー B

3-6 KEY POINT
- 質量 m の物体が速度 v で動いている際の運動エネルギーは，$\frac{1}{2}mv^2$．
- 質量 m の物体が高さ h の位置にある際の位置エネルギーは，mgh．
- 運動エネルギーと位置エネルギーの和を，**力学的エネルギー**という．
- 力学的エネルギーは保存される．すなわち，運動エネルギー＋位置エネルギー＝一定．

【解説】　スポーツ動作ととくに関係の深いエネルギー（Lec. 3-5）には，**運動エネルギー**と**位置エネルギー**がある．また，運動エネルギーと位置エネルギーの和を**力学的エネルギー**という．力学的エネルギーは，その系が外界と独立している場合，すなわち，外力（Lec. 3-2）が作用しない限りは変化しない．これを力学的エネルギー保存の法則という．つまり，運動エネルギー＋位置エネルギー＝一定である（式 3-6）．

　ある速度で動いている物体は，他の物体に対して仕事をすることができるのでエネルギーをもっている（Lec. 3-5）．質量 m の物体が速度 v で動いているとき，この物体のもつ運動エネルギー（E_k）は，$E_k = \frac{1}{2}mv^2$ となる．この式

> **式3-6 力学的エネルギーの保存**
>
> $E_p = mgh$, $E_k = \dfrac{1}{2}mv^2$, $E_p + E_k =$ **一定**
>
> E_p：**位置エネルギー**(Nm, J)
> E_k：**運動エネルギー**(Nm, J)
> m：**質量**(kg)
> g：**重力加速度**(9.8 m/s²)
> h：**高さ**(m)
> v：**速度**(m/s)

から，物体のもつ並進運動の運動エネルギーは，質量と移動速度の2乗に比例することがわかる．すなわち，重いものが速く動いている場合に運動エネルギーが大きくなり，2乗に比例することからとくに速度の影響が大きいことが読みとれる．

一方，高いところにある物体は低いところにある物体よりもより大きなエネルギーをもっており，その差分を位置エネルギーという．質量 m の物体が高さ h の位置にあるとき，位置エネルギー（E_p）は，$E_p = mgh$ となる（g は重力加速度）．この式から，物体のもつ位置エネルギーは，質量と高さに比例することがわかる．すなわち，重いものが高い位置にあるほど，位置エネルギーが大きくなる．

スキーの直滑降を例に考えると，体質量の大きいスキーヤーがゲレンデの高い位置にいるときほど，初期状態での位置エネルギーが大きくなる．現実には，摩擦などにより，エネルギーが熱や音に変換されるので，力学的エネルギーは保存されず，その和は一定とはならないが，理想的な状態では力学的エネルギーは保存される．こうした理想的な状態では，ゲレンデの頂上からふもとまでの標高差分だけ位置エネルギーが減少し，その分運動エネルギーが増大することになる．すなわち，スキーヤーが大きな速度をもつことになる．

以上をふまえて，例題を考えてみよう．

頂上でのスキーヤー A の位置エネルギー $= 60\,\text{kg} \times 9.8\,\text{m/s}^2 \times 10\,\text{m} = 5880\,\text{J}$．空気抵抗や摩擦を無視した理想的な状態で，これがすべて運動エネルギーに変換されたとすると，スキーヤー A のふもとでの運動エネルギー $= 5880\,\text{J} = 1/2 \times 60\,\text{kg} \times v^2$ より，$v = 14\,\text{m/s}$．

同様に，頂上でのスキーヤー B の位置エネルギー $= 50\,\text{kg} \times 9.8\,\text{m/s}^2 \times 15\,\text{m} = 7350\,\text{J}$．スキーヤー B のふもとでの運動エネルギー $= 7350\,\text{J} = 1/2 \times 50\,\text{kg} \times v^2$ より，$v = 17.14\cdots\,\text{m/s}$．

以上より，スキーヤー B のほうがふもとでの速度は大きくなる．

Lecture 3-7　力強さ≠パワフルさ　～パワー～

【例題】　質量 80 kg のバーベルを 0.7 秒で 50 cm 持ち上げたとき，発揮したパワーはどれくらいか？　ただし，重力加速度の大きさを 9.8 m/s^2 とする．

ア）56 W　　イ）560 W
ウ）5600 W

【解答】

イ）560 W

　　パワー ＝ 仕事量÷時間
　　　　　 ＝ 質量×重力加速度×持ち上げた距離÷時間

この式より，

パワー＝$80 \text{ kg} \times 9.8 \text{ m/s}^2 \times 0.5 \text{ m} \div 0.7$ 秒 ＝560 W

─── 3-7 KEY POINT ───
● 単位時間あたりの仕事量を<u>パワー</u>（<u>仕事率</u>）という．
● パワー＝力×速度．
● 「力が大きい」ことと「パワーが高い」ことは物理的には別もの．

【解説】　パワーは「単位時間あたりの仕事量」として定義される．そのため物理学ではパワーは**仕事率**と訳される．ある仕事を行う際の仕事率，すなわち「単位時間あたりの仕事量」は，仕事量をその仕事を遂行するために要した時間で割ることによって求めることができる．つまり，

　　　　単位時間あたりの仕事量（パワー）＝仕事量÷時間

である．

　一方，仕事量は力×距離として定義される（Lec. 3-5）．

　ここで，先ほどの式にこの関係を代入すると，

　　　　　パワー＝仕事量÷時間＝力×距離÷時間

となり，さらに，距離÷時間＝速度であることを考えると，

> **式 3-7　パワー(仕事率)**
>
> $$P = \Delta W / \Delta t$$
> $$= F \cdot \Delta s / \Delta t$$
> $$= F \cdot v$$
>
> P：パワー(W)
> $\Delta W/\Delta t$：単位時間あたりの仕事量(J/s)
> F：力(N)
> $\Delta s/\Delta t$：単位時間あたりの変位(m/s)
> v：速度(m/s)

パワー＝仕事量÷時間＝力×距離÷時間＝力×速度

となり，パワーが力と速度との積となることがわかる（式3-7）．したがって，パワーを大きくするには，力のみ，もしくは速度のみが大きくてもダメで，両者が大きくなる必要があることが理解できる．

　図3-7Aは力，速度，パワーの関係を模式化した図である．一般的に，力が大きくなれば速度が小さくなり，逆に速度が大きくなれば力が小さくなる．その関係は筋肉では直角双曲線になるとされており，ヒトがさまざまな運動を行う際には直線的な関係になることが知られている．いずれにしてもパワーは力と速度の積なので，上に凸の曲線となる．力と速度の関係が決まれば，上に凸となるパワー曲線の極大値（山の頂上）を求めることができ，パワーが最大となるときの力の大きさや速度がわかる．筋肉ではパワーが最大となるときの力の大きさは最大筋力の約30％であるとされている．パワートレーニングの負荷強度を設定する際に30％近辺の負荷が選択される理由の1つがここにある．また，力－速度－パワーの関係には，筋線維組成（Lec. 6-2）や競技種目による差があることも知られている（図3-7B, C）．

　よく力とパワーを混同している例をみかけるが，物理学では力とパワーはまったく別の物理量であるということをしっかり認識する必要がある．たとえば吊り輪で水平支持をするには大きな力が必要であるが，パワーが高いとは限らない．また，軽い野球のボールを遠くに投げた場合，スピードは高くても，パワーが高いとは限らない．では，実際の競技場面では何が要求されるのか．多

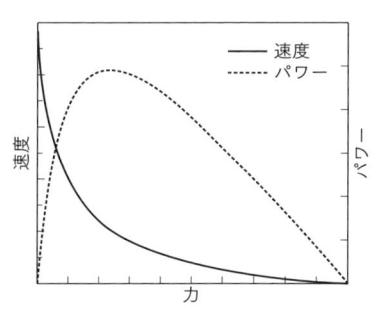

図 3-7A 力, 速度, パワーの関係

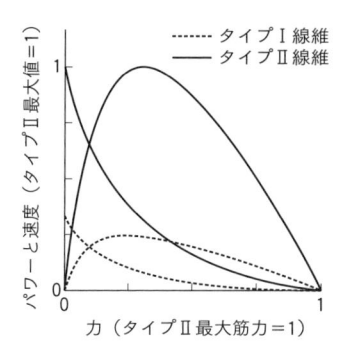

図 3-7B 筋線維タイプによる力－速度関係の違い（金子・福永, 2004）

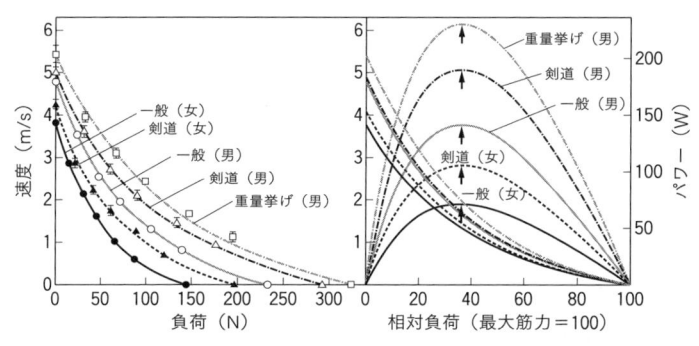

図 3-7C スポーツ種目による肘屈曲動作での力－速度関係の違い（金子・渕本, 1981）

くの場合，要求されるのは力やスピードのみではなく，両者の積であるパワーである．走るスピードを競う陸上競技の100m競争でも，自分の体重という重さを移動させるためにそれなりの力が必要であり，力とスピード両面，すなわちパワーが必要である．

Lecture 3　確認テスト

問題 1　ニュートンの運動法則について，以下の空欄を埋めよ．
　第1法則：いかなる物体も［①］が作用しない限り静止し続けるか，等速直線運動をし続ける．
　第2法則：物体に力が作用したとき，物体はその［②］に反比例し，力に比例する［③］をもつ．
　第3法則：2つの物体間に作用しあう力は［④］が等しく，かつ［⑤］が正反対である．

問題 2　質量 20 kg のカーリングストーンを 100 N で押し出したとする．このときの加速度は何 m/s^2 になるか？

問題 3　身体を1つの系として考えた場合，以下の力を内力と外力に分けよ．
　（ア）摩擦抵抗　　（イ）地面反力　　（ウ）靭帯の張力
　（エ）筋力　　（オ）骨の応力　　（カ）重力

問題 4　投射体の運動について，以下の記述のうち正しいものはどれ？　ただし空気抵抗は無視して考えてよい．
　(1) 初速度と投射角度が同じであれば，物体の質量が違っても到達距離は同じになる．
　(2) オーバーハンドで野球ボールを投げたとき，到達距離が最大になる投射角度は 45 度である．
　(3) 到達距離は，投げ出された際の初速度に比例する．

問題 5　以下の解説に一致する物理量を答えよ．
　(1) 質量と速度の積として定義され，一般に物体の「勢い」を表す．
　(2) 力とその作用時間との積．
　(3) 物体に力を加えて移動させること．力と距離の積．
　(4) 力学的仕事をすることができる潜在的な能力．
　(5) 単位時間あたりの仕事量．

解　答

問題 1

① 外力（あるいは力）　② 質量　③ 加速度　④ 大きさ　⑤ 向き

問題 2

$5\,\text{m/s}^2$

【解説】$F=ma$ より，$a=F/m$．したがって，$a=100\,\text{N}/20\,\text{kg}=5\,\text{m/s}^2$．

問題 3

内力：（ウ）靱帯の張力　　（エ）筋力　　（オ）骨の応力

外力：（ア）摩擦抵抗　　（イ）地面反力　　（カ）重力

問題 4

(1) ○

(2) ×

【解説】腕の高さのぶんだけ，投射角度を小さくしたほうが遠くへ投げられる．

(3) ×

【解説】到達距離は初速度の2乗に比例する．

問題 5

(1) 運動量

　たとえば，ほぼ同じ大きさであるバレーボールとボーリングのボールが転がってきた．どっちを止めるほうが大変か？　もちろん，質量の大きいボーリングのボールである．では，同じ質量のボーリングのボールが，違う速度で転がってきたら？　この場合は，もちろん速いほうが大変である．つまり，物体の勢いは質量×速度（mv）で表すことができ，これを運動量という．7 kgのボールが5 m/sで転がっている場合（回転は無視する），運動量は35 kgm/sとなる．

(2) 力積

　上の例でいえば，ボーリングのボールを止めるため，大きな力を瞬間的に

発揮してもよいし（衝撃も大きい），小さな力でじわじわと減速させてやってもよい（衝撃は小さいが時間がかかる）．物体の勢いを変える（運動量を変化させる）のは力×時間（Ft）であり，これを力積という．35 kgm/s のボールを 0.1 秒かけて止める（運動量の変化は -35 kgm/s）ためには，$F×0.1=-35$ より $F=-350$ N の力（衝撃）が必要である（ボールの進行方向が $+$）．走る・泳ぐ・跳ぶなど，移動速度の変化には，すべて力積が関係している．

(3) 力学的仕事

どれだけの重量をどれだけの距離，移動させたかが力学的仕事である．重量と力は同じ概念である（どちらも単位はニュートン：N）．したがって力×距離＝力学的仕事となる．下図に示したように，移動距離は速度と時間の積となるため，等加速度運動での移動距離は三角形の面積（底辺×高さ÷2）となるため，ボーリングのボールは $0.1×5÷2$ で 0.25 m 進むことになる．ボールを止めるためにした仕事は $-350×0.25=-87.5$ J となる．

もう少しわかりやすい例でいえば，ベンチプレスで 50 kgw のバーベルを 0.5 m の高さに持ち上げた場合，$50×9.8×0.5=245$ J の仕事をしたことになる．

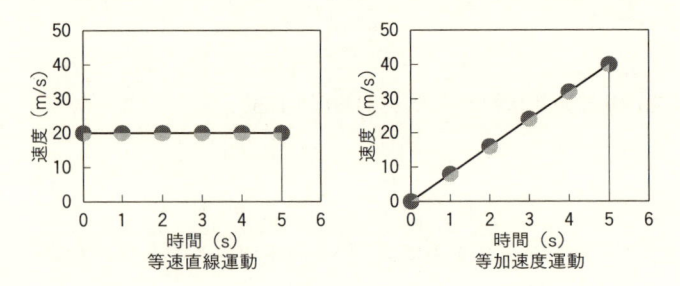

(4) 力学的エネルギー

エネルギーとは「仕事をする能力」を意味し，力学的エネルギーには「位置エネルギー」と「運動エネルギー」がある．位置エネルギーは mgh で与えられ，mg は重力であるため，より重い物がより高い位置にあれば，大きな仕事ができる．鉄球を落として車をスクラップにするという仕事をすることを思い浮かべてほしい．なお，上述のように重力と力は同じ概念であるた

め，「重力×高さ」は「力×距離」とも書ける．つまり，力学的仕事と力学的エネルギーは同じ概念であり，どちらも単位はJ（ジュール）である．（245 Jの仕事により 50 cm 持ち上げた 50 kgw のバーベルのもつ位置エネルギーも 245 J）．このバーベルが落下することにより成し得る仕事は 245 J であるが，落下した瞬間の位置エネルギーはゼロである（高さゼロ）．しかし，このときはバーベルに速度が加わっている．これを運動エネルギーといい $\frac{1}{2}mv^2$ で与えられる．50 cm 自由落下した物体の速度は $\sqrt{2gh}$ より，3.13 m/s であり，運動エネルギーは $\frac{1}{2}×50×3.13^2=245$ J となる．つまり，位置エネルギーはすべて運動エネルギーに変換されたことになる．この位置エネルギーと運動エネルギーとの交互変換においてエネルギーが損失しないことを「力学的エネルギー保存の法則」という（真空中で摩擦のない糸にぶら下げられた振り子は永久的に揺れ続ける）．

なお，位置エネルギーの項には g があり，運動エネルギーにはない．つまり，無重力空間に位置エネルギーは存在しないが，運動エネルギーは存在する（宇宙船に隕石は落下してこないが，自身の運動エネルギーにより，ぶつかれば大変なことになる）．

(5) パワー

パワーは日本語で仕事率と訳される．つまり，仕事の効率であり，仕事率＝仕事量/時間となる．50 kgw のバーベルを 50 cm 持ち上げる 245 J の仕事を，1秒でこなせば 245 W，5秒かかれば 49 W のパワーとなる．なお，これは平均パワーであり，バーベルの挙上では速度ゼロから加速し，減速して挙上を終えるため，瞬間的な最大パワーはもっと大きい．これを算出するためには，仕事量/時間＝力×距離/時間＝力×速度となることから，バーベルに対して発揮している力（バーベルが等速であれば 50 kgw＝490 N であるが，加減速がある場合は 490 N とは限らない）とバーベルの移動速度を乗ずる必要がある．

第4講
オイラーに挑戦！
回転運動の力学

　前講では，質点の運動について学んだ．ここでは，形や大きさをもつ物体（剛体*）の運動を考える．剛体の運動は並進運動と回転運動が組み合わさった運動であるということができる．前講が質点の力学であったのに対して，本講は剛体の力学といえる．実際の運動では物質が剛体でなく変形するという場合も多々ある．そうした場合には，剛体の力学よりもさらに複雑で，運動を記述することが厄介になる．スポーツバイオメカニクスでは物体の変形が問題となる課題も数多く存在するが，ここでは，物体が変形しない剛体に限って話を進める．さらに，本講では固定軸のまわりの回転のみを扱う．もちろん，固定点のまわりの回転などを考える必要があるケースもあるが（オイラー角などの知識が必要），そうした場合には，専門書を参考により理解を深めていただければと思う．

　スポーツバイオメカニクスにおいては，いたずらに複雑なモデリングをして物事の本質をとらえづらくするよりは，よりシンプルなモデリングを行い運動を考えれば必要十分である場合も多い．

車輪の回転のミナモトは？

---

* 剛体とは大きさをもち，変形を無視することができる物体を指す．変形しないということで，物体内のどの2点の距離も時間に対して変わらないものと定義することができる．

Lecture 4-1　ニュートン vs オイラー
〜並進運動と回転運動の物理量〜

【例題】並進運動の運動方程式（$F=ma$）を体系化したのはニュートン．それでは，回転運動の運動方程式（$N=I\beta$）を発見した物理学者は誰？
　ア）ケプラー　　イ）テイラー
　ウ）オイラー

【解答】
　ウ）オイラー

---- 4-1 KEY POINT ----
- 剛体の回転運動における物理量や公式は，質点の並進運動に対比させて考えることが可能．
- 並進運動方程式（$F=ma$）を**ニュートンの運動方程式**と呼び，回転運動方程式（$N=I\beta$）を**オイラーの運動方程式**と呼ぶ．

【解説】物体（質点）が向きを変えることなく，位置だけを変える運動を並進運動，物体（剛体）が位置を変えることなく，向きだけを変える運動を回転運動という（Lec. 2-1）．並進運動における物理量・方程式と回転運動における物理量・方程式を比較したものが表4-1である．

並進運動を記述する物理量を，適宜回転運動を記述する物理量に置き換えることによって，回転運動における公式などを導くことができる．

並進運動における変位・速度・加速度は，回転運動における角変位・角速度・角加速度に対応する（Lec. 2-1）．並進運動における状態変化の源を**力**と呼ぶのに対して（Lec. 3-1），回転運動における状態変化の源（回転力）のことを**トルク**と呼ぶ．トルクは**力のモーメント**あるいは単に**モーメント**とも呼ばれる（Lec. 4-2）．並進運動における慣性（動かしにくさ）のことを，**質量**と呼ぶのに対して（Lec. 3-1），回転運動における慣性（まわしにくさ）のことを，

表 4-1　並進運動と回転運動の物理量・方程式の対比

並進運動		回転運動	
変位	s	角変位	θ
速度	v	角速度	α
加速度	a	角加速度	β
質量	m	慣性モーメント	I
力	F	トルク（力のモーメント）	N
運動量	mv	角運動量	$I\alpha$
運動エネルギー	$\frac{1}{2}mv^2$	回転運動エネルギー	$\frac{1}{2}I\alpha^2$
並進運動方程式	$F=ma$	回転運動方程式	$N=I\beta$

慣性モーメントと呼ぶ（Lec. 4-4）.

　並進運動における運動量 mv は質量 m と速度 v の積である（Lec. 3-4）．これに対応する回転運動の**角運動量**は，質量に対応する慣性モーメント I と速度に対応する角速度 a との積 $I\alpha$ となる．基本的には，並進運動の力学におけるニュートンの運動法則を拡張することによって，回転運動の力学を考えることが可能である．並進運動における運動エネルギー $\frac{1}{2}mv^2$ から（Lec. 3-6），回転運動における運動エネルギー $\frac{1}{2}I\alpha^2$ を導くことができる．

　並進運動の力学の要ともいえる運動方程式 $F=ma$ は，アイザック・ニュートン（Isaac Newton, 1642-1727，例題の左写真）によって体系化された．このためこの式は，ニュートンの運動方程式とも呼ばれる．一方，回転運動に関する運動方程式 $N=I\beta$ は，レオンハルト・オイラー（Leonhard Euler, 1707-1783，例題の右写真）によって体系化された．このため，この式は**オイラーの運動方程式**とも呼ばれる．ニュートンは並進運動力学の，オイラーは回転運動力学の生みの親ともいえよう．

Lecture 4-2　回転のミナモト　〜トルク（力のモーメント）〜

【例題】　肘の関節中心まわりの回転力（トルク）を考える．ダンベルの重さが 100 N，前腕の長さを 0.3 m，前腕の向きとダンベルの重力のなす角を 90 度とすると，ダンベルによって肘の関節中心まわりに作用するトルクの大きさはどれくらいか？

ア）3 Nm　　イ）30 Nm　　ウ）300 Nm

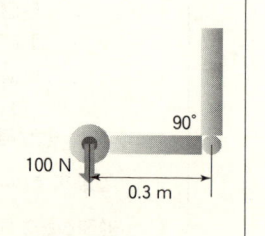

【解答】

イ）30 Nm

　　肘の関節中心まわりに作用する回転力（トルク）は，「てこの長さ×作用した力」となる．肘関節角度が 90 度であるので，肘関節中心からダンベルまでのてこの長さは腕の長さ＝0.3 m と等しい．

　　これより，てこの長さ×作用した力 ＝0.3 m×100 N＝30 Nm となる．したがって，回転力（トルク）は 30 Nm である．

---- 4-2 KEY POINT ----
- 「並進運動における状態変化の源」が力であるのに対して，「回転運動における状態変化の源」のことを**トルク**という．
- トルクは**力のモーメント**あるいは単に**モーメント**とも呼ばれる．
- トルクは力の作用点の位置ベクトルと力ベクトルとの外積で表される．

【解説】　「並進運動における状態変化（すなわち，加速度の変化）を生む源」が力であったのに対して，「回転運動における状態変化（すなわち，角加速度の変化）を生む源」のことを，**トルク**という．トルクは**力のモーメント**あるいは単に**モーメント**とも呼ばれる．力のモーメントは大きさと方向をもつベクトル量であり（Lec. 1-2），単位は Nm である．モーメントの方向は，慣例的に反時計まわりの方向をプラス（＋），時計まわりの方向をマイナス（－）で表すことが多い（Lec. 2-4）．

　ボーリングのピンアクションを例に考えてみよう．なお，フロアとピン，ピン同士の摩擦は無視する．倒れてきたピンによる水平方向の力の作用線が，立

> **式 4-2　トルク**
>
> $$N = r \times F = |r||F|\sin\theta$$
>
> N：トルク(Nm)
> r：回転軸から力の作用点までの位置(m)
> F：力(N)
> θ：回転軸から力の作用点までの位置ベクトル
> 　　とカベクトルとのなす角度(rad)
> $|r|\sin\theta$：腕の長さ＝モーメントアーム(m)
> $|F|$：力の大きさ(N)

っているピンの中心（重心，Lec. 7-1）を通った場合を考える（図 4-2 (a)）．ピンは右向きの加速度を受け，そのまま右へ並行移動するだけで倒れない．

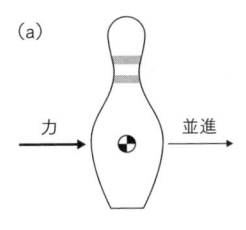

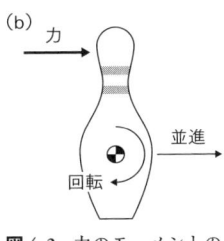

図 4-2　力のモーメントの概念

一方，倒れてきたピンによる力が立っているピンの重心を外れて重心よりも上部へ作用すると，ピンは右へ動きながら時計まわりに回転し倒れる（図 4-2 (b)）．このように回転運動を生じる力の効果のことを力のモーメントという．

　一般化した形で力のモーメントを表現すれば，力のモーメント N は，$N = r \times F$ となる．ここで，r は回転中心を始点とし，力の作用点を終点とした位置ベクトルであり，F は作用する力のベクトルである．定義から，

$$N = r \times F = |r||F|\sin\theta$$

となるが，$|r|\sin\theta$ を腕の長さ（**モーメントアーム**という）と考えれば，力のモーメントの大きさは，(腕の長さ)×(力の大きさ) となる（式 4-2）．結果的に，力のモーメントは，力の作用点の位置ベクトルと力の**ベクトルの外積**（付録）として表すことができる．

　図 4-2 (a) のように，力が回転中心に作用し，モーメントアームが 0 となった場合は，いかに大きな力が作用しても回転は生じない．また，力の大きさが同じであっても，回転軸から力の作用点までの位置ベクトルと力のベクトルとの角度によって，力のモーメントは変化する．この角度が 0 度か 180 度のとき力のモーメントは 0 になり，90 度のときに最大となる．

第 4 講　オイラーに挑戦！

Lecture 4-3　関節の回転力　〜関節トルク〜

【例題】　陸上競技のクラウチングスタートの姿勢から，右膝が伸展する場合，右膝の関節トルクはどちら向きに作用するであろうか？

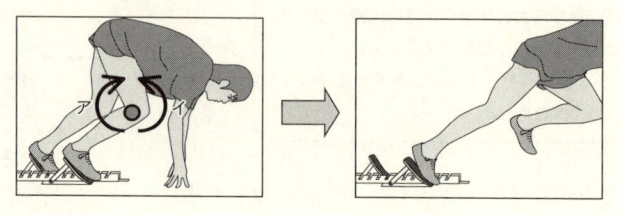

　　ア）時計まわり　　イ）反時計まわり

【解答】

　イ）反時計まわり

　　膝が伸展（Lec. 6-6）するので，伸展トルクが作用することになる．この場合，伸展トルクは反時計まわりに作用する．

4-3 KEY POINT

- 関節中心まわりに発揮されるトルクを関節トルクと呼ぶ．
- 関節トルクは，関節において筋をはじめとする組織によって発揮される総合的な回転力である．
- 身体運動中の関節の回転方向と関節トルクの発揮方向は，つねに一致するわけではない．

【解説】　力のモーメントは「ある点（回転の中心）まわりに回転を引き起こす作用」であった（Lec. 4-2）．力のモーメントとトルクは同義語であるので，トルクもある点のまわりに回転を引き起こす作用として考えることができる．膝関節で考えれば，ある点とは関節中心ということになる．このように，関節中心まわりに発揮されるトルクを**関節トルク**と呼ぶ．関節トルクは，関節において筋をはじめとする組織によって発揮される総合的な回転力だといえる．膝関節トルクに影響を及ぼす要因として考えられるのは，関節をまたいで下腿に付着し作用している大腿四頭筋や大腿二頭筋などの筋力や，下腿や足に作用する重力などである．

大腿四頭筋は太ももの前側にある大きな筋肉で，この筋肉が収縮すると膝が伸展することになる．一方，大腿二頭筋は太ももの裏側にあり，膝を屈曲する作用がある．こうした筋肉が収縮することによって膝関節まわりに回転が生まれる．例題のクラウチングスタートでは，大腿四頭筋の収縮により，膝関節には反時計まわり（伸展方向）のトルクが生まれるわけである．

　また，人間は筋肉に力を入れなくても，重力の作用によって，膝の関節中心まわりの回転運動を起こすことができる．たとえば，椅子に座って片脚の膝を伸ばした状態から太ももの前側の筋肉の力を抜くことによって，膝の関節中心まわりの回転が起こり，膝が屈曲することになる．これは，太ももの前側の筋肉によって伸ばされていた膝が，筋肉の緊張を緩めることで，下腿と

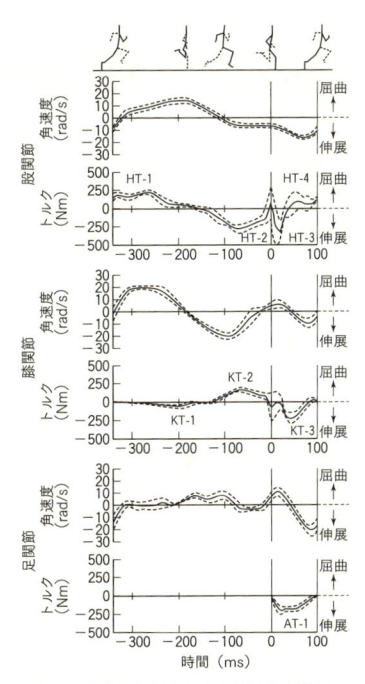

図4-3　短距離疾走における下肢関節の角速度および関節トルク（5名の平均値，馬場ほか，2000）

足の重さ，すなわち重力により膝が曲がるということから説明される．このように，重力は筋力と同様，ヒトの関節まわりの回転運動において非常に重要な役割を果たしている．

　関節トルクに関して注意すべきは，身体運動中の関節の回転方向（角速度）とトルクの発揮方向がつねに一致するわけではないという点である（図4-3）．身体運動中に膝が伸展方向に動いていても，屈曲トルクが発揮されていることもある．例題の場合も，クラウチングスタートの姿勢から膝が伸展してゆく局面の大部分では伸展トルクが作用していると考えることができるが，膝伸展の最終局面（膝が伸びきる直前から伸びきるまで）では，膝が伸展しているにもかかわらず，膝が伸びきってしまわないように，屈曲トルクが作用するということも考えられる．スポーツバイオメカニクスの実際では，リンクセグメントモデルなどを用いて関節トルクを算出し検討することになる（発展編）．

第4講　オイラーに挑戦！　69

Lecture 4-4　スピンを操れ！　〜慣性モーメント〜

【例題】　バットのグリップを通常どおりに握ってバットを振ったときと，グリップの反対側の太い部分を握って振ったときを比較すると，どちらのほうがスウィングスピードが速くなるだろうか？
　ア）通常どおり握ったとき
　イ）太い部分を握ったとき
　ウ）どちらも変わらない

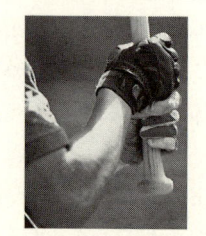

【解答】
　イ）太い部分を握ったとき

---- 4-4 KEY POINT ----
● 並進運動における慣性（動かしにくさ）を質量というのに対して，回転運動における慣性（まわしにくさ）を慣性モーメントという．
● 物体の慣性モーメントは，より大きな質量が回転軸（重心）からより遠いところに存在するほど大きくなる．
● 身体の慣性モーメントは，姿勢を変えることによって変化させられる．

【解説】　グリップの太さと手のひらの大きさの関係から考えると，明らかに通常どおりグリップを握ったほうがバットをもちやすい．したがって太いものを無理に握って振るよりは通常のグリップを握って振ったほうが振りやすいであろう．しかし，これは振りやすさということであってスウィングスピードに対して絶対的な影響を及ぼすものではない．では，スウィングスピードにより大きな影響を与えると考えられる要素は何であろうか？　それが**慣性モーメント**である．

　物体に力を加えて動かそうとするとき，一般に重いものほど動かしにくい．並進運動におけるこの動かしにくさ，すなわち慣性が「質量」である（Lec. 3

回転させやすい
(慣性モーメントが小さい)

回転させにくい
(慣性モーメントが大きい)

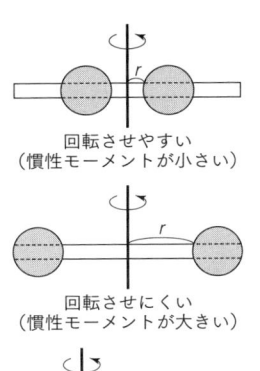

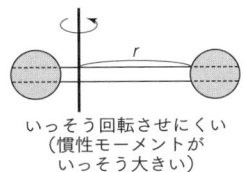

いっそう回転させにくい
(慣性モーメントが
いっそう大きい)

図 4-4A 質量の分布と慣性モーメント(日本体育協会,2005)

慣性モーメント⇒ 1 $\frac{1}{2}$ $\frac{1}{3}$ 3倍

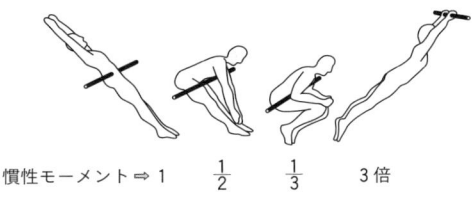

図 4-4B 身体の姿勢,回転軸による慣性モーメントの大きさ(Wirhed, 1986を改変)

-1).これと対応させると,回転運動における慣性,すなわち「まわしにくさ」が慣性モーメントである.

慣性モーメントは物体が回転軸からどれくらい遠いところに,どれくらいの質量をもつかによって決まり,より大きな質量が回転軸からより遠いところに存在するほど大きな値をとる(図4-4A).したがって,バットの先端の太い部分を握った場合には,バットを通常どおり握った場合に比べて慣性モーメントが小さいということになる.この慣性モーメントが小さいということによってスウィングスピードがより大きくなると考えられる.

身体の慣性モーメントは,関節を曲げるなど姿勢を変えることによって変化させることができる.スポーツの中では,無意識あるいは意識的に身体の慣性モーメントを変化させて有利に運動しようとすることが少なくない.たとえば,体操や水泳の飛び込みでは,膝をかかえこんだ姿勢をとることによって,回転速度(角速度,Lec. 2-4)を高めやすくなる.鉄棒では,棒を抱え込むような姿勢をとることによって回転しやすくなる(図4-4B).フィギュアスケーターは,回転軸に対して腕を広げたり縮めたりする,すなわち腕の質量分布を変えることによって,スピンの回転速度を調節している(Lec. 4-5 例題図).ランニングやサッカーのキックでは,膝を曲げて脚をたたむことによって,股関節を中心とした脚全体の振り出し角速度を高めやすくなる.野球のバッティングやテニスのショットでは,バットやラケットを短くもつことでスウィング時の角速度を高め,剛速球に対応する,といったことが行われる場合がある.

Lecture 4-5　回転のイキオイ　〜角運動量〜

【例題】　腕を広げていたフィギュアスケーターが腕を縮めることによって，慣性モーメントが $\frac{1}{3}$ になったとする．このとき，角速度は何倍になるか？　ただし，スピンを続けている間の角運動量は保存されるものとする．

　　ア) $\frac{1}{9}$ 倍　　イ) $\frac{1}{3}$ 倍　　ウ) 変わらない　　エ) 3 倍　　オ) 9 倍

【解答】

エ) 3 倍

―― 4-5 KEY POINT ――
● 並進運動における物体の質量×速度を運動量というのに対して，回転運動における物体の慣性モーメント×角速度を**角運動量**という．
● 角運動量は，回転の勢いを表す．
● 物体にトルクが作用しない限り，その物体の角運動量は変化しない．この法則を，**角運動量保存の法則**という．

【解説】　並進運動において，物体の質量×速度として定義される物理量を運動量といった（Lec. 3-4）．これに対して，回転運動において，物体の慣性モーメント×角速度として定義される物理量のことを，**角運動量**という（式 4-5）．物体の「まわしにくさ」を表す慣性モーメント（Lec. 4-4）と角速度との積である角運動量は，「回転の勢い」を表すと考えられる．

　一般に，物体にトルク（Lec. 4-2）が作用しない限り，その物体の角運動量は変化しない．この法則を，**角運動量保存の法則**という．例題では，フィギュアスケーターの角運動量が腕を広げた状態と腕を縮めた状態で変化しない（保存される）という前提がある．このため，角運動量＝慣性モーメント×角速度

> **式 4-5　角運動量**
>
> $$H = I\alpha$$
>
> H：角運動量 $(\mathrm{kgm^2/s})$
> I：慣性モーメント $(\mathrm{kgm^2})$
> α：角速度 $(\mathrm{rad/s})$

(a) 上方からみたところ

円盤の水平速度

身体重心

Z軸まわりの
正の角運動量

座標系

(b) 後方からみたところ

円盤の鉛直速度

Y軸まわりの
負の角運動量

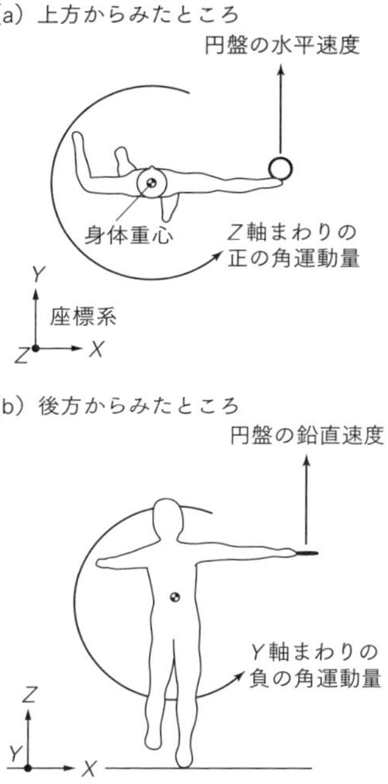

図 4-5　円盤投げ動作と角運動量
(金子・福原, 2004)

より, 慣性モーメントが $\frac{1}{3}$ になると, 角速度は3倍となる. スポーツにおける実際のスピンでは, 氷面からスケーターの靴に力（主に摩擦力）が作用したり, 空気抵抗が作用するので, 結果としてトルクが作用することになり, 厳密には角運動量保存の法則は成り立たない. しかし, 腕を広げた状態から縮める瞬間のほんの短い時間を考えれば, 力のモーメントを無視してもよいと考えることができるので, 例題のような仮定が成り立つと考えてもよい.

　角運動量保存の法則が成り立つ条件での, 慣性モーメントと角速度との関係は以下のように要約できる. すなわち, 物体にトルクが作用しない限り, 慣性モーメントを大きくすると角速度は小さくなり, 一方, 慣性モーメントを小さくすると角速度は大きくなる. このため, 例題のように, 慣性モーメントが $\frac{1}{3}$ になれば, 角速度は3倍となるわけである.

　角運動量という観点から, 多くのスポーツ競技のメカニズムに迫ることができる. たとえば, 図4-5は円盤投げ競技における身体の角運動量と円盤の速度との関係を模式的に示したものである. これまでの研究によって, 円盤の水平速度の増大には円盤を含む身体の鉛直軸まわりの角運動量が, 鉛直（上方）速度の増大には前後軸まわりの角運動量が大きく貢献することが明らかとなっている. 円盤投げのように, 回転運動を主体とするスポーツ競技において, 回転の勢いを表す角運動量は, 競技成績を決定づける重要な物理量であるといえる.

Lecture 4-6 エネルギーは保たれる？
～回転の運動エネルギー～

【例題】　フィギュアスケーターがスピンを行った際の回転の運動エネルギーを求める．スケーターがスピンをしているときの回転の慣性モーメントが $0.9\,\mathrm{kgm^2}$，そのときの角速度が $15\,\mathrm{rad/s}$ であったとすると，回転の運動エネルギーはどれくらいになるであろうか？

【解答】

回転の運動エネルギーは $\frac{1}{2}I\alpha^2$ なので，

$$\frac{1}{2} \times 0.9\,\mathrm{kgm^2} \times (15\,\mathrm{rad/s})^2 = 101\,\mathrm{J}$$

─── 4-6 KEY POINT ───
- 並進運動における物体の運動エネルギー（$\frac{1}{2}mv^2$）に対して，回転の運動における物体の運動エネルギーは，$\frac{1}{2}I\alpha^2$ となる．
- 回転の運動エネルギーは，腕を広げたり，縮めたりするといった，身体の部分を動かすことによって変化する．

【解説】　並進運動における運動エネルギー $\frac{1}{2}mv^2$（Lec. 3-6）に対して，**回転の運動エネルギーは，$\frac{1}{2}I\alpha^2$ となる**（式 4-6）．これは，軸から半径 r_i のところにある点 m_i の速度の大きさは $r_i\alpha$ であることから，全体の運動エネルギーは，$\sum \frac{1}{2}m_i v_i^2 = \sum \frac{1}{2}m_i(r_i\alpha)^2$ となり，α はすべての点に対して同じなので，$\sum \frac{1}{2}m_i(r_i\alpha)^2 = \alpha^2 \sum \frac{1}{2}m_i r_i^2 = \frac{1}{2}I\alpha^2$ となることより理解できる（発展編参照）．

たとえば，氷上の位置を変えずにスピンを続けているフィギュアスケーターは，重心の移動がないと考えてよいので，運動エネルギーはゼロである．しかし，回転の運動エネルギーは，$\frac{1}{2}I\alpha^2$ により求めることができ，たしかにエネルギーをもっているということがわかる．Lec. 4-5 では角運動量の保存についてふれたが，たとえば，フィギュアスケーターがスピンをしている最中に腕を広げたとすると，慣性モーメント I が大きくなるので，角運動量保存の法則から角速度 α は小さくなる．腕を広げる前の慣性モーメント，角速度をそれぞ

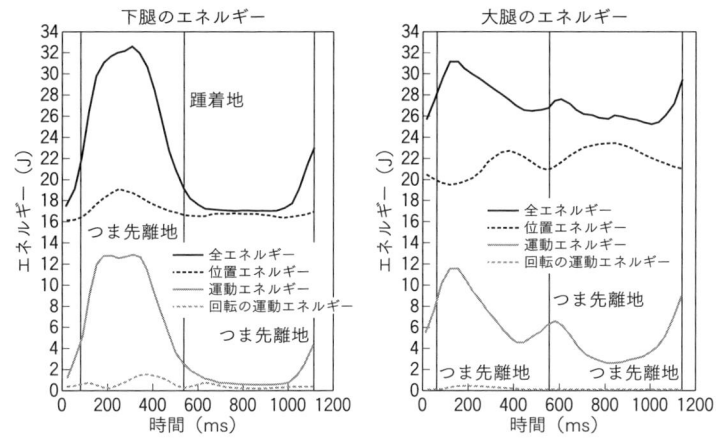

図 4-6 歩行中の下腿および大腿のエネルギー変化（Gordon *et al.*, 2004 を改変）

れ I_1, α_1, 広げた後を I_2, α_2 とすると, $I_1 < I_2$, $\alpha_1 > \alpha_2$ となる. 角運動量が保存されるとすると, $I_1\alpha_1 = I_2\alpha_2$ となる. 一方, 回転の運動エネルギーは, それぞれ $\frac{1}{2}I_1\alpha_1^2$, $\frac{1}{2}I_2\alpha_2^2$ であるが, ここで, 角運動量を L とすると, $\frac{1}{2}I_1\alpha_1^2 = \frac{1}{2}L\alpha_1$, $\frac{1}{2}I_2\alpha_2^2 = \frac{1}{2}L\alpha_2$ となり, $\alpha_1 > \alpha_2$ より, 広げた後の回転の運動エネルギーが小さくなることがわかる. なぜ, このようなことが起こるのか. 回転中には遠心力が働いている（Lec. 4-8）. したがって, スケーターは遠心力に任せて手を広げることが可能である. つまり, 手を広げることによって, 回転の運動エネルギーを失うのである. 逆に腕を広げた状態から腕を縮めた場合には, 回転の運動エネルギーが大きくなる. これは, 遠心力に逆らって, スケーターが筋力を発揮して腕を縮めるために, こうした現象が起こる.

スポーツバイオメカニクスでは身体各部（足, 下腿, 大腿など）をセグメントという剛体としてモデリングした場合などに, 各セグメントのもつ回転の運動エネルギーを計算し, セグメント間で比較するといったことを行う（図4-6）.

式 4-6　回転の運動エネルギー

$$E = \frac{1}{2}I\alpha^2$$

E：**回転運動エネルギー**(J)
I：**慣性モーメント**(kgm^2)
α：**角速度**(rad/s)

Lecture 4-7　回転力を求める　〜回転の運動方程式〜

【例題】 サッカーのフリーキックで，ボールの中心からの距離（d）が 15 cm のところに 500 N の力（F）が加わったとする．同じ力で中心からの距離 10 cm のところを蹴った場合と比べると，ボール中心まわりの角加速度は何倍になるか？

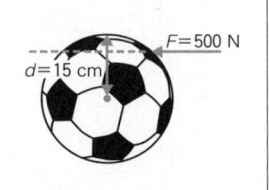

ア）0.5 倍　　イ）変わらない　　ウ）1.5 倍　　エ）2 倍

【解答】

ウ）1.5 倍

4-7 KEY POINT

- 並進運動方程式 $F=ma$ に対して，回転運動方程式は $N=I\beta$．
- 回転運動方程式の意味は，ある基準点まわりに作用する力のモーメント N によって，角加速度 β が生じるということ．
- 回転運動方程式を適用する場合，どの点のまわりの回転を考えているのかということに注意が必要．

【解説】 並進運動に関する運動方程式は $F=ma$ であった（Lec. 3-1）．これに対して，回転運動に関する運動方程式は $N=I\beta$ である（式 4-7）．ここでは，この応用を考えてみよう．

回転の運動方程式の意味は，たとえば重心（Lec. 7-1）や関節の回転中心など，ある基準点のまわりに作用する力のモーメント N（Lec. 4-2）によって，角加速度 β（Lec. 2-4）が生じるということである．例題のように，サッカーボールの中心を距離 d だけ外れて力 F が作用したとすると，ボールは反時計まわりに回転を始める．どれくらいの角加速度で回転するかというと，$N=I\beta$ より，$|\beta|=|N|/I=d\times|F|/I$ として求めることができる．

例題について考えると，ボールの慣性モーメント（I）は一定であるため，角加速度 β はボールに作用するトルク N によって決まる．トルクの大きさ

(a) 慣性モーメントが一定の場合　(b) 角加速度が一定の場合　(c) 関節トルクが一定の場合

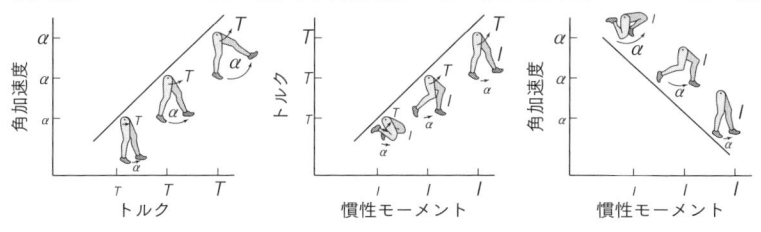

図 4-7　角加速度，慣性モーメント，関節トルクの相互関係（Kretghbaum and Barthels, 1996 より改変）

$|N|$ は，ボール中心からの距離 d と力の大きさ $|F|$ のかけ合わせによって決まる．例題では，$|F|$ を一定と仮定していることから，$|N|$ は，d に比例して大きくなることがわかる．

式 4-7　回転運動の運動方程式

$$N = I\beta$$

N：力のモーメント(Nm)
I：慣性モーメント(kgm^2)
β：角加速度(rad/s^2)

このことから，ボール中心からインパクト位置までの距離が1.5倍になれば，ボールに加わる角加速度も1.5倍となる．ちなみに，映像の分析などから，ボールの角加速度を計測すれば，例題とは反対に，角加速度からボールに作用したトルク N を求めることも可能である．角加速度と慣性モーメント，トルクの関係は図 4-7 のようにまとめられる．

回転の運動方程式を適用する場合には，どの点のまわりの回転を考えているのかということに対して，つねに注意を払う必要がある．なぜなら，基準点が変われば，作用するトルクのモーメントアーム（Lec. 4-2）や慣性モーメント（Lec. 4-4）の値が変わり，運動方程式が成り立たなくなってしまうからである．

スポーツバイオメカニクスでは，スポーツ動作を撮影した映像から身体各部の位置の情報を取り出して，その情報をもとに角度を算出し，さらにその角度を2階微分（付録）することによって，角加速度を求めることが多い．また，先行研究によって得られた身体各部の慣性モーメントの値（Lec. 7-2）を，角加速度とともに式 4-7 に代入し，関節まわりの力のモーメント（トルク）である関節トルク（Lec. 4-3）を計算するという手法が一般的である．このような手法を応用することによって，肉眼ではとらえることの難しい，身体内部で起こっているであろう力学現象を定量的に扱うことができる．

Lecture 4-8　そんなに強く引っ張らないで　～遠心力～

【例題】　ハンマー投げでの回転の様子を回転軸の真上からみた場合，ハンマーに加わる遠心力の方向は，右図のどれにあたるか？　また，この位置でハンマーが放たれた場合の飛行方向は，どれにあたるか？

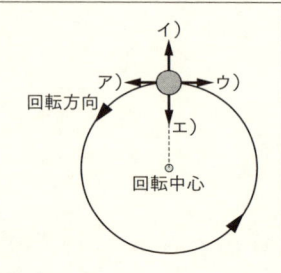

ア）回転するハンマーの軌跡の接線方向
イ）回転するハンマーの軌跡の接線方向に垂直外向き
ウ）回転するハンマーの軌跡の接線方向と逆向き
エ）回転するハンマーの軌跡の接線方向に垂直内向き

【解答】

遠心力の方向　イ）
飛行方向　ア）

―― 4-8 KEY POINT ――
● 遠心力は，質量と速度の2乗の積に比例，回転半径に反比例し，回転の接線方向に対して垂直外向きに働く．
● 遠心力に耐える逆向きの力を**求心力（向心力）**という．

【解説】　**遠心力**は，質量と速度の2乗の積に比例し，回転半径に反比例し，回転の接線方向に対して垂直外向きに働く．つまり遠心力は，回転運動をする物体（身体）の質量が大きく速度が速いほど，回転半径が小さいほど大きくなり，回転軸からみてつねに外向きに生じる．そして，その遠心力に耐える逆向きの力は，**求心力**や**向心力**と呼ばれる（図4-8）．なお，ハンマーが放たれた瞬間から，遠心力も求心力も働かなくなるため，ニュートンの第1法則「物体に力が作用しない限り，物体はそのままの運動を続ける＝慣性の法則（Lec. 3-1）」にしたがい，その瞬間のハンマーの進行方向に向かって飛行することになる．

ハンマー投げでは投てき者自身は回転中心付近にいるため，ハンマーヘッドに大きな遠心力が加わる．スピードスケートや自転車のトラック競技は競技者

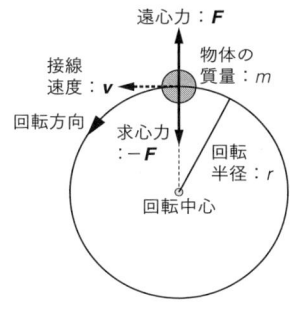

図 4-8 遠心力と求心力

式 4-8 遠心力

$$F = \frac{mv^2}{r}$$

F：遠心力(N)
m：質量(kg)
v：接線速度(m/s)
r：回転半径(m)

表 4-8 ハンマー投げの飛距離と遠心力のシミュレーション

(kgw)

記録	30 m	40 m	50 m	60 m	70 m	80 m	85 m
男子 (7.26 kg)	120	165	200	240	280	320	350
女子 (4.00 kg)	65	90	110	130	150	180	190

自身の回転速度が高いため，身体に大きな遠心力が加わることになる．この遠心力に耐えるために，遠心力とは逆向きに体を大きく傾けることで，地面反力の求心力成分（求心力）を大きくし，遠心力とのバランスを保つことが，ハンマー投げやスピードスケートでは要求される（背筋力や脚筋力）．なお，自転車競技のトラックには，カーブに傾きがあるため，路面との垂直抗力が大きくなり，摩擦（Lec. 5-3）も大きくなるため遠心力に耐えやすくなっている．

室伏広治選手が，7.26 kg のハンマーを 84.86 m（日本記録）投げる場合の遠心力をシミュレートしてみよう．初速度 29 m/s，投射角度 38 度（0.663 rad），投射高 1.5 m で投じられたハンマーは，式 3-3C より 85.14 m の飛距離となる（空気抵抗を無視しているためこの程度の値と予想される）．

ハンマーのワイヤーの長さは 1.2 m であるが，腕の長さも入れると回転半径は 1.8 m ほどとなるため，式 4-8 より，

$$遠心力: F = \frac{m \times v^2}{r} = \frac{7.26 \times 29^2}{1.8} = 3392$$

と計算でき，3392 N（346 kgw）となる．ハンマーを加速させる技術はさておき，遠心力に耐える力のみで距離が決まると仮定すると，概算は表 4-8 のようになる．投てき選手の背筋力レベルときわめて近い値であることに驚く．

Lecture 4　確認テスト

問題1　並進運動と回転運動の力学の対比について，以下の空欄を埋めよ．
(1) 並進運動における状態変化の源が［①］であるのに対して，回転運動における状態変化の源を［②］という．
(2) 並進運動における慣性（動かしにくさ）が［③］であるのに対して，回転運動における慣性（まわしにくさ）を［④］という．
(3) 並進の運動方程式（$F=ma$）をニュートンの運動方程式というのに対して，回転の運動方程式（$N=I\beta$）を［⑤］の運動方程式という．

問題2　右図のような装置で筋力測定を行った．下腿の長さが40 cm，足首付近のセンサーで計測された力が61.2 kgw，膝関節の角度が90度だったとする．
(1) 膝関節で発揮された伸展トルクは何Nmになるか？
(2) 膝下20 cmの位置で計測した場合，何Nの力が計測されるか？

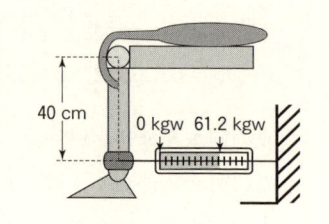

問題3　フィギュアスケーターのスピンターンについて，正しいものはどれか？　ただし，空気抵抗と摩擦抵抗は無視して考えよ．
(a) 腕を広げるより，体に近づけたほうが回転速度（角速度）は大きくなる．
(b) 腕を体に近づけても広げても，慣性モーメントは変化しない．
(c) 腕を体に近づけても腕を広げても，角運動量は変化しない．

問題4　慣性モーメント6 kgm^2，角速度7 rad/sで回転しているハンマー投げ選手Aと，慣性モーメント8 kgm^2，角速度5 rad/sで回転しているハンマー投げ選手Bでは，回転の勢い（角運動量）はどちらが大きい？

解　答

問題 1

① 力　　② トルク（力のモーメントあるいはモーメント）
③ 質量　　④ 慣性モーメント　　⑤ オイラー

問題 2

(1) 240 Nm

【解説】トルク＝てこの長さ×作用した力である．
作用した力は
　61.2 kgw×9.8 m/s＝600 N（61.2 kg×9.8 m/s^2）
トルクは
　0.4 m×600 N＝240 Nm

(2) 1200 N

【解説】$0.2 \times x = 240$，$x = 1200$，よって 1200 N，9.8 で除せば 122.4 kgw．つまり，膝下 40 cm では 61.2 kgw のおもりしか支えられないが，膝下 20 cm では 122 kgw のおもりを支えられる（筋の発揮するトルクはどこで計測しても同じであるが，力としては遠位で測るほど小さくなる）．

問題 3

(a) ○

(b) ×

【解説】腕を体に近づけると慣性モーメントは小さくなり，広げると大きくなる．

(c) ○

問題 4

選手 A

【解説】角運動量＝慣性モーメント×角速度である．これより，
　選手 A の角運動量＝6 kgm^2×7 rad/s＝42 kgm^2/s．
　選手 B の角運動量＝8 kgm^2×5 rad/s＝40 kgm^2/s．
したがって，選手 A のほうが大きい．

第5講
流れをよむ
流体力学

　空気や水などの流れや,そこから受ける力を研究する分野を「流体力学」という.「流体」とは,空気や水のように一定の形をもたず,小さな力でも容易に変形し,そして方向によってその性質が変わらないような連続した物質をさす.スポーツのほとんどは,空気中か水中(水上)で行われるため,空気や水の流れをよむことはとても重要なのである.

　流体から受ける力として,空気抵抗や揚力・浮力がある.空気の影響を大きく受けるのは,スキー,スケート,自転車競技など速度の高い種目である.また,流れがなくとも,大気圧や水圧という形で流体からの力を受けている.なお,流体力学にはあてはまらないが,空気抵抗との比較のために摩擦抵抗についてもふれる.

海にも風にも「ねばりけ」がある!?

Lecture 5-1　風をとらえよ！　～抵抗と揚力～

【例題】　右の図は，スキーのジャンプの軌跡を示している．空気抵抗のない真空状態での着地地点をイ）とした場合，空気中での成功ジャンプの着地地点はア），イ），ウ）のいずれか？

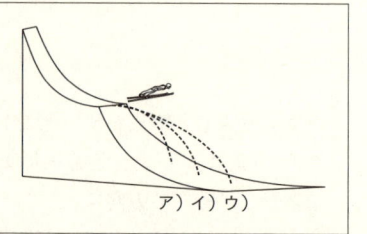

【解答】
ウ）

5-1 KEY POINT
- 空気や水などの流れや，そこから受ける力を研究する分野を流体力学という．
- 空気や水などの流体中を進む物体には，進行方向と逆向きの力である**抵抗（抗力）**と進行方向に垂直な力である**揚力**が作用する．
- **迎え角＝姿勢角－投射角**．

【解説】　スキーのジャンプ，その勝敗を分ける要因は何か？　もちろん，アプローチのスピードや踏み切りのタイミングも重要である．しかし，一流選手ともなれば，その部分での差はほとんどない．空中に飛び出した後に，いかにうまく風をとらえるかが，勝敗のカギを握っているといっていいだろう．仮に無風状態であっても，その中を 30 m/s ものスピードで飛んでゆくジャンパーからみれば，相対的には 30 m/s の向かい風を受けていることになる．

　このように，空気や水などの流れや，そこから受ける力を研究する分野を**流体力学**という．**流体**とは，空気や水のように一定の形をもたず，小さな力でも容易に変形し，そして方向によってその性質が変わらないような連続した物質をさす．スポーツのほとんどは，空気中か水中（水上）で争われるため，空気や水の流れをよむことはとても重要なのである．

　空気中を猛スピードで進めば，空気からの力を大きく受ける．この空気力は，図 5-1A のように，ジャンパーを後ろに押しもどす**抵抗（抗力）**と，ジャンパ

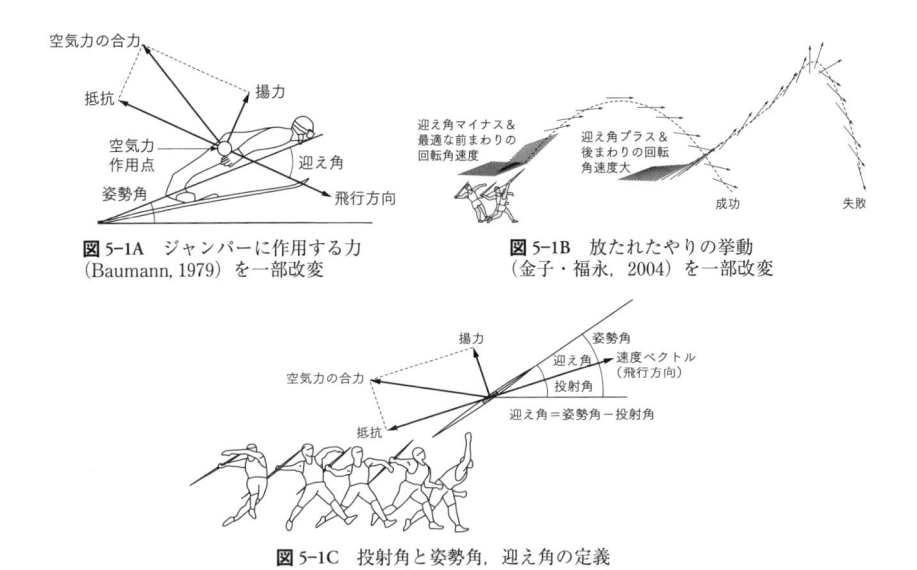

図 5-1A ジャンパーに作用する力
（Baumann, 1979）を一部改変

図 5-1B 放たれたやりの挙動
（金子・福永, 2004）を一部改変

図 5-1C 投射角と姿勢角，迎え角の定義

ーを上に押し上げる**揚力**に分解して考えることができる．抵抗が少なく揚力が大きい，風をうまくとらえたジャンプでは，真空中での予測着地点よりも遠くまで飛べる．ジャンパーがスタートゲートで向かい風を待っているのは，風による抵抗も増えるが，それ以上に揚力が増すからである．なお，図 5-1B のように，やり投げの「やり」も同じように，風をうまくとらえれば予測落下地点よりも数メートル飛距離が伸びる．

抵抗と揚力のバランスを決定するのは，水平線に対する飛行方向の角度である**投射角**と，水平線に対する物体の**姿勢角**の差であり，これを**迎え角**と呼ぶ（図 5-1C）．やりの姿勢角が飛行方向に対して水平（0 度）のとき，抵抗は最小，揚力ゼロとなる．そこから迎え角が大きくなるにしたがって，抵抗，揚力とも増え続け，揚力は 45 度で最大となる．ただし，最大飛距離を得るのは姿勢角 45 度で投げ出した場合とは限らない．なぜなら，揚力が飛行距離にプラスに働くのは，やりの飛行の後半であり，また飛行方向と迎え角との関係は時々刻々変化するからである．コンピュータシミュレーションや実際の投てき試技の分析から，やり投げや円盤投げでの最適な迎え角（投射時）は，図 5-1B 左のようにマイナスという結果がでている．

Lecture 5-2　水のねばりけ　〜粘性〜

【例題】　水泳で，水を後方へ押して推進力を得るのに適した手の形はどれか？
　ア）グー　　イ）指先閉じパー
　ウ）ちょい開きパー　　エ）全開パー

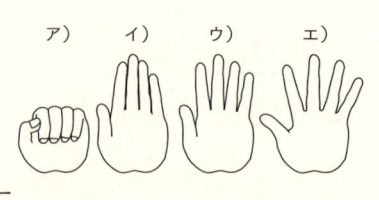

【解答】
　イ）指先閉じパー
　ウ）ちょい開きパー

---- 5-2 KEY POINT ----
●流体内における物質同士の引きつけ合う性質を**粘性**という．

【解説】　水とサラダ油を比べると，サラダ油のほうがベトベトしている．このベトベト感（ねばりけ）を**粘性**といい，「流体内における物質同士の引きつけ合う性質」を表している．そして，同じ物質でも濃度（密度）が高くなれば粘性も高まる．

　ところで，「流れるプール」では，プールの水すべてをジェット噴射しているわけではなく，一部の水を勢いよく噴射しているだけだが，その周りの水も引きずられるため大きな水流ができる．これは水に粘性があるからである．また，ろうそくの炎の少し上で手を水平に振っても，炎はゆれる（図5-2A）．つまり，空気にも粘性がある（ただし水の約1/100）．

　泳ぐ推進力を決めるのは，水を後方に押す力の反作用である．より大きな推進力を得たければ，より多くの水をとらえることが重要である．水泳での推進力は，下肢ではなく主に上肢によって生み出されている（Lec. 5-4）．この点からも，推進力を大きくするための手の使い方の重要性が理解できる．上述のように，水には粘性があるため，少々指が開いていても，その周りの水もいっしょに後方に押されるため，指先が1 cmほど開いているくらいがよいとされてきた．しかし，最近では，指の開き方の異なる手部を模型化して，揚力や抗力（Lec. 5-1）の違いを検討するといった流体力学的な研究も行われている

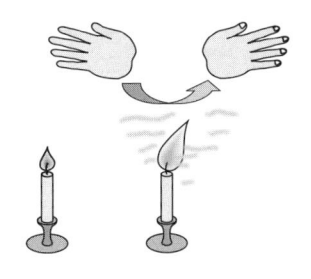

図 5-2A 空気の粘性

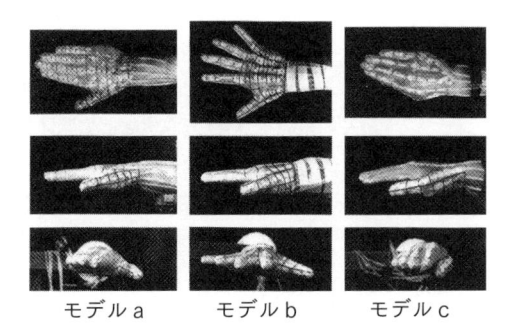

図 5-2B 3種類の人体手部モデル（清水ほか，2000）

（図5-2B）．このシミュレーションからは，手の形や大きさには個人差があるものの，指の開き加減は水を押す力に対してはほとんど差がないことが確かめられている．

　水を押す（かく）という点で共通するカヌーやボートにおいても，選手が用いるパドルやオールのブレードの差はほとんどないといえる．しかし，初心者と熟練者を比べると，水泳のクロールでは，初心者は手の入水直後から水を下に押す力（揚力を得る）が大きいのに対し，熟練者は入水中盤から後半にかけて水を後方に押す（推進力を得る）力が大きい．また，ボートでは，初心者はブレード入水後前半に水を外方に押す力（無駄な力）が大きいのに対し，熟練者ではやはり後方に押す力が大きい．重要なのは形ではなく，水を押す技術といえよう．

Lecture 5-3　スピードアップのさまたげ
～摩擦抵抗と粘性抵抗～

【例題】　スキーダウンヒルの選手が急斜面を直滑降で滑っている．右図は滑走速度の増加に対する，スキー板と雪面との間の摩擦抵抗と空気抵抗の大きさを模式的に示したグラフである．摩擦抵抗と空気抵抗はそれぞれア）-エ）のどれにあたるか？

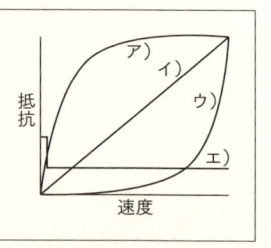

【解答】
　　摩擦抵抗：エ）
　　　（最初が静止摩擦抵抗，
　　　　後は動摩擦抵抗）
　　空気抵抗：ウ）

> **5-3 KEY POINT**
> ●接触する2つの物体の表面に働き，物体の移動を妨げる力を**摩擦抵抗**という．
> ●空気や水などの流体から受ける抵抗を**粘性抵抗**という．
> ●粘性抵抗は，流体密度，物体の形状（抵抗係数），投影面積（投射断面積）と速度の2乗に比例する．

【解説】　「接触する2つの物体の表面に働き，物体の移動を妨げる力」が**摩擦抵抗**である．これは，物体を押しつける力の垂直抗力と物体の表面固有の**摩擦係数**との積により決定される．摩擦係数には，物体の静止時に作用する**静止摩擦係数**と運動中に作用する**動摩擦係数**がある．一般に，静止摩擦係数＞動摩擦係数であり，運動中に働く動摩擦抵抗は並進速度や回転速度にかかわらず一定である（揚力が生じない場合）．

　一方，空気や水などの流体から受ける抵抗を**粘性抵抗**と呼ぶ．これは，流体の密度（ρ），流線型に代表される物体の形状（$C=$抵抗係数），物体の投影面積（$S=$投射断面積）と，速度（v）の2乗に比例する（式5-3）．つまり，速度が2倍になれば粘性抵抗は4倍に，速度が3倍になれば粘性抵抗は9倍になる．

　摩擦抵抗と粘性抵抗の大きな違いは，摩擦抵抗に速度は影響しないが，粘性抵抗では速度が2乗で効いてくることである．

　ここで，図5-3Aを例に摩擦抵抗と粘性抵抗についてもう少し考えてみよう．

式 5-3　粘性抵抗

$$R = \frac{1}{2}\rho C S v^2$$

R：粘性抵抗 (N)
ρ：流体密度 (kg/m³)
C：抵抗係数
S：投射断面積 (m²)
v：速度 (m/s)

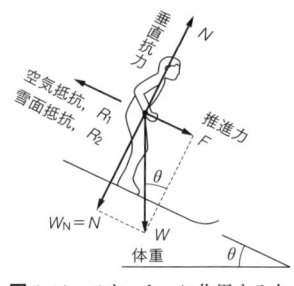

図 5-3A スキーヤーに作用する力

風速による空気抵抗の増加

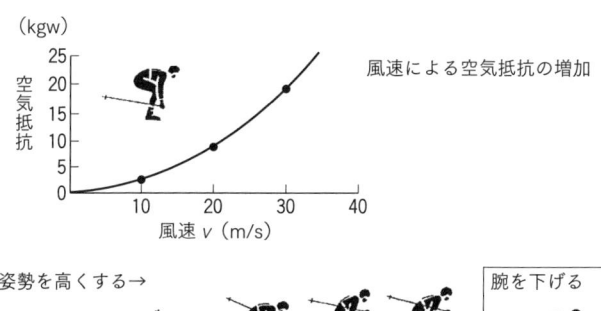

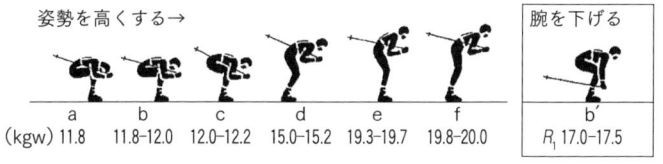

姿勢を高くする→　　　　　　　　　　　　腕を下げる

	a	b	c	d	e	f	b′
(kgw)	11.8	11.8–12.0	12.0–12.2	15.0–15.2	19.3–19.7	19.8–20.0	R_1 17.0–17.5

図 5-3B 風速および姿勢による空気抵抗の変化（渡部・大築，1972 を改変）

直滑降するスキーヤーには，スキー板を含めたスキーヤーの体重，垂直抗力，推進力，空気抵抗，雪面抵抗といった力が作用する．このうち，スキーヤーは推進力によって加速される．ちなみにこの推進力は，スキーヤーの体重と斜度に比例して大きくなる．つまり，体重の重いスキーヤーが急斜面にいるほど，加速度が大きくなる（体重に比例して摩擦抵抗も大きくなるが）．一方，スキーヤーは空気抵抗と雪面抵抗によって減速される．この空気抵抗が粘性抵抗であり，雪面抵抗が摩擦抵抗である．粘性抵抗である空気抵抗は速度の2乗に比例するため，速い速度で滑っているときほど，いかに空気抵抗を小さくするかが減速を防ぐポイントである．スキーヤーが姿勢を低くしたり，腕を抱え込むのは，滑走中の空気抵抗を小さくし，減速を防ぐための技術である（図5-3B）．

Lecture 5-4　クロール vs 平泳ぎ　～形状と抵抗～

【例題】　右図はクロール（A）と平泳ぎ（B）の泳速度の時間変化を，模式的に表している．平泳ぎでの速度の大きな落ち込みの原因として考えられるのは，次のうちどれか？　すべて選べ．

ア）水の抵抗（R）が，速度（v）の2乗に比例するから．
イ）泳者の形状（C）が，1ストロークごとに大きく変わるから．
ウ）泳者の投影面積（S）が，1ストロークごとに大きく変わるから．
エ）クロールでの手足の動きは左右交互で連続的だが，平泳ぎでは両手・両足それぞれ同時操作であり，断続的だから．

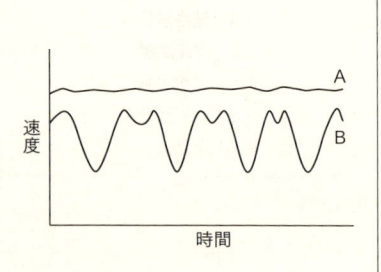

【解答】
　イ）泳者の形状（C）が，1ストロークごとに大きく変わるから．
　ウ）泳者の投影面積（S）が，1ストロークごとに大きく変わるから．

---- 5-4 KEY POINT ----
●粘性抵抗が速度の2乗に比例することは，水中・空気中のすべての動作に共通であり，個人差や同一流体内での速度差を生じさせることはない．
●慣性の法則から，力が加わらない限り，動いているものは動き続ける．減速には，流体からの粘性抵抗や摩擦抵抗という力が働いている．

【解説】　粘性抵抗である水の抵抗は，物体の形状による抵抗係数と物体の投影面積に比例して大きくなる（Lec. 5-3）．

　平泳ぎにおける速度の大きな落ち込み部分は，蹴伸びの後に腕と脚をかかえ，息継ぎのために上体を起こした局面である．この腕と脚をかかえた姿勢（形状）では，進行方向に対して垂直に近い面が増える（流線型からはずれる）ため，抵抗係数（Lec. 5-3）が大きくなる．また，進行方向からみる泳者の面積

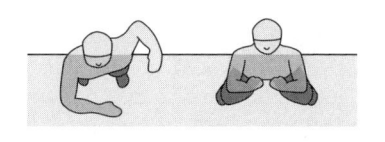

図 5-4A クロール（左）と平泳ぎ（右）の投影面積の比較

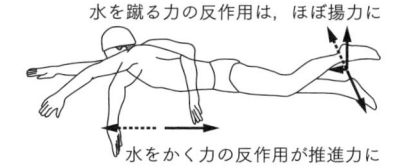

図 5-4B クロールにおける水を押す力と反作用

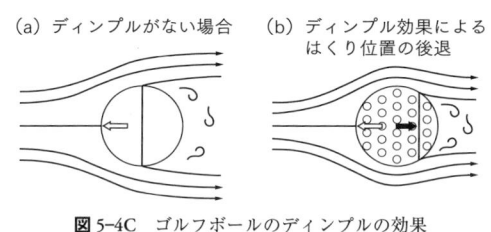

(a) ディンプルがない場合　(b) ディンプル効果によるはくり位置の後退

図 5-4C ゴルフボールのディンプルの効果

（投影面積，Lec. 5-3）も大きくなり，結果的に水の抵抗を大きく受けて減速する（図5-4A）．

平泳ぎのカエル足（キック）では水を後方に強く押せるが，クロールのバタ足では真後ろには押せない（図5-4B）．このため，瞬間的な推進力は平泳ぎのほうが大きい．しかし，平泳ぎでは水の抵抗も大きいため，結果的に平均的な泳速度はクロールのほうが高くなる．ちなみに，クロールでの推進力の腕：脚の割合は，約7：3である．一方，平泳ぎでは約5：5から4：6とされている．

水泳では「サメ肌水着」，スピードスケートではスネやウェアの頭部に張る「ジグザグシール」が話題になったことがある．どちらも粘性抵抗を減らすための工夫であるが，これらは水や空気の流れの乱れ（乱流）を減らすことを目的としている．ただし，その効果のほどは？？？である．一方，北京オリンピックで話題となった泳者を強く締めつける水着は，泳者の体型を流線型に近づけ抵抗を減らす効果があると考えられる．

ゴルフボールの表面には「ディンプル（でこぼこ）」がある．空気との摩擦が増えて飛距離が落ちそうな気もするが，やはり飛距離アップに貢献している．ボールがある速度（臨界速度）を越えると，ボールの後ろの乱流領域をそぎ落とす「はくり流れ」が起こるからである（図5-4C）．

Lecture 5-5　変化球の正体　〜マグヌス効果〜

【例題】　下図は，野球のピッチャーのボール軌道を，模式的に描いたものである．真空中（重力はある）で直球を投げた場合の軌道は，次の3つのうちどれに一番近い？
　　ア）軌道が直線に近い直球　　イ）ゆれて落ちるナックルボール
　　ウ）すとんと落ちてみえるフォークボール

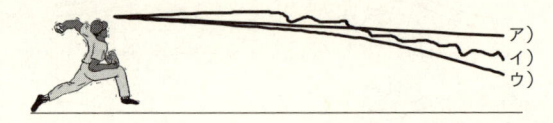

【解答】
　　ウ）すとんと落ちてみえるフォークボール

---- 5-5 KEY POINT ----
●球体が回転しながら空気中を移動する際，球体の両側面では相対的な気流の速度差によって圧力差が生じる．
●この圧力差によって球体に揚力が作用する現象を<u>マグヌス効果</u>という．
●スポーツにおける変化球の多くは，マグヌス効果によるものである．

【解説】　「やり」とはちがい，球体であるボールは迎え角（Lec. 5-1）をもたない．それでも，ボールも揚力（Lec. 5-1）を得ることができる．バックスピンのかかったゴルフボールやピンポン球が，放物線を描かずに浮き上がったりする現象をよく目にする．これらは，球体が回転しながら流体中を移動する際，球表面に接する流体が粘性（Lec. 5-2）によって回転運動に引きずられ，球体の上下を流れる空気の流速（気流）に違いが生じるために起こる現象である．
　図5-5Aに示したように，ボール上部ではボールの回転によって生じる空気の流れによって，ボールの進行に対する相対的な空気の流れが遅くなり，ボール下部では速くなる．そして，気流の速いところでの圧力は低くなる．これを**ベルヌーイの定理**という．また，球体の回転運動によって起こるこのような現

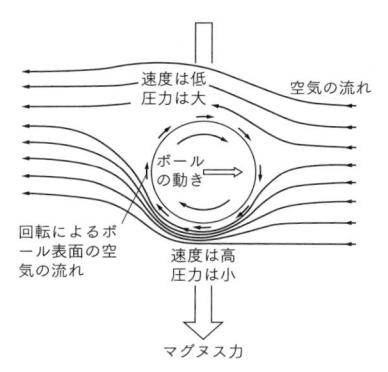

図 5-5A 回転しているボールに作用するマグヌス力（阿江・藤井，2002 より改変）

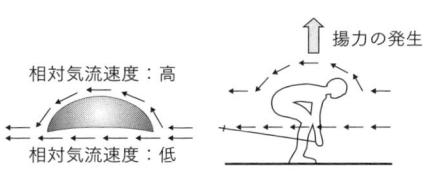

図 5-5B ベルヌーイの定理による揚力の発生

象は，**マグヌス効果**と呼ばれ，**マグヌス力**は球体の回転速度と流体の粘性に比例した，移動方向に対する垂直の力，すなわち揚力（Lec. 5-1）となる．カーブやシュートなどの野球の変化球，サッカーのカーブキック，ゴルフのフックやスライスも，マグヌス効果による．

　空気がなければ，気流の乱れ（乱流）は起こらず，ナックルボールのようにゆれることはない．また，一般的な直球（ストレート）は，毎秒 30 回転程度バックスピンをしているため，空気中ではマグヌス効果によって上向きの揚力を得ている．しかし真空では，バックスピンによる揚力がなくなり，重力の影響のみが残る．結果としてフォークボールのような放物線を描く．なお，フォークボールは，「すとんと落ちる」のではなく，揚力が作用しないため，自由落下によって放物線を描いているにすぎない．ふだん直球に目が慣れているために，フォークボールは落ちたように錯覚するわけだが，むしろ，地球の重力に反する直球のほうが，実は変化球といえるかもしれない．

　物体の上下の流速の違いによる揚力の影響は，ボールゲーム以外でもみられる．たとえばスキーのダウンヒルでの姿勢は，上面と下面の形状の違いによって流れる気流の相対速度が上部で速くなり，揚力が働いて，雪面との摩擦抵抗が小さくなる（図 5-5B）．ただし，高速ターン中は逆に遠心力（Lec. 4-8）に耐えられる摩擦が得られずコースアウトする危険もはらんでいる．

Lecture 5-6　世紀の大ジャンプ　～大気圧・水圧～

【例題】1968年メキシコオリンピック（標高2240 m）で，アメリカのボブ・ビーモン選手（図 5-6A）が走り幅跳びで 8 m 90 cm という，20世紀中には破られないだろうといわれた世紀の大ジャンプをした（実際には1991年に行われた東京世界陸上で，アメリカのマイク・パウエル選手に 8 m 95 cm で破られた（図 5-6B））．当時の世界記録を 55 cm も更新するような大ジャンプが生まれたもっとも大きな要因は，次のうちどれか（1つ選択）．

ア）メキシコシティは高所にあるため酸素が薄く，無酸素運動である走り幅跳びに最適だった．
イ）メキシコシティは高所にあるため空気が薄く，空気抵抗が少なかった．
ウ）メキシコシティは高所にあるため地球の重力が小さく，ジャンプの滞空時間が長くなった．

【解答】
イ）メキシコシティは高所にあるため空気が薄く，空気抵抗が少なかった．

---- 5-6 KEY POINT ----
● 流体中の物体は，静止していても力を受けている．
● 水中/大気中にある物体に作用する単位面積あたりの力が水圧/大気圧．
● 1 気圧＝1013 hPa（ヘクトパスカル）．

【解説】流体や物体が止まっていても，実は流体からの力が物体には働いている．水中深く潜れば，強い**水圧**を感じるし，地上で生活していても，**大気圧**という空気からの圧力を受けている．では，大気圧とはどれくらいの力か？　天気予報を聞いていると，たとえば1013 hPa（ヘクトパスカル）と表現されている．これが海抜 0 m での平均値にあたる 1 気圧である．ヘクトは 10^2，すな

図 5-6A ボブ・ビーモン選手
© Tony Duffy / Getty Images Sport / Getty Images

わち 100 倍であり，パスカル（Pa＝N/m^2）は 1 m^2（平方メートル）あたりの力の大きさ（N：ニュートン）であるから，縦横 1 m の面積で 101300 N（÷9.8＝10337 kgw≒10 トン）もの力を受けていることになる．

　この大気圧は 100 m で 10 hPa ずつ低下する．平地では 1 気圧（1013 hPa）であっても，海抜 2240 m のメキシコシティでは 789 hPa となり，空気抵抗は流体の密度に比例するため（Lec. 5-3），平地と比べ 22% も低かったのである．さらに，ビーモン選手の跳躍時は追い風 2.0 m であった．空気抵抗は速度の 2 乗に比例するため（Lec. 5-3），助走の水平速度を 11 m/s とすれば無風状態に比べ 33.1% も低かったことになる（11^2 と（11－2）^{2} の差）．さらに前述の空気密度もかけ合わせれば 47.9% もの違いになる（1013×11^2 と 789×（11－2）^{2} の差）．なお，平地で無風であればビーモンの記録は 8 m 59 cm と試算されている（Ward-Smith, 1986，それでも当時の世界記録を 24 cm 更新）．

　重力は，地球の中心から離れる高地ほど小さくなり，また赤道に近いほど遠心力の影響で小さくなる．しかし，重力加速度は，東京八王子（標高 105 m）で 9.797 m/s^2，メキシコシティと同程度の高さである草津横手山（2304 m）で 9.793 m/s^2 であり，その差は 0.04% しかない（国土地理院発表資料）．そ

第 5 講　流れをよむ

して，空気抵抗をゼロとして跳躍距離の差を試算してみると5mmの違いしか生じない（ただし，重心が地面から跳び出し，地面に着地する場合のシミュレーション．発展編を参照）．

　飛行機に乗ったり，高い山に登ったときに耳が痛くなる．これは，平地では釣り合っていた鼓膜内圧と大気圧のバランスがくずれるからである．圧縮式の布団袋の中の空気を掃除機で吸って真空にすると，驚くほどコンパクトになる．私たちは，生まれたときからつねに大気圧を受けているから慣れてしまっているが，ここでも大気圧の大きさがわかる．なお，水圧は水面から1m潜るごとに，0.13 hPaずつ増える．

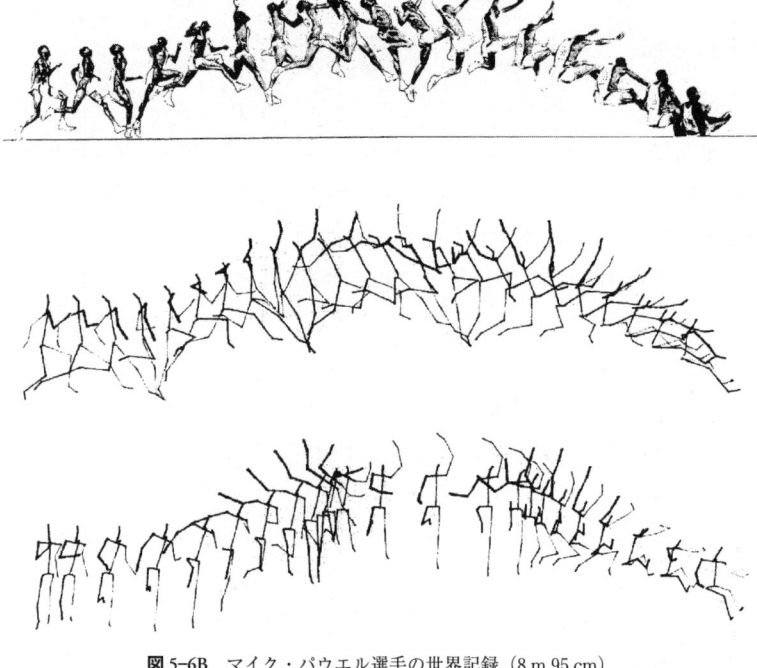

図5-6B　マイク・パウエル選手の世界記録（8 m 95 cm）

Lecture 5-7　ヒトは浮くか？　〜浮力〜

【例題】　体重 60 kgw，体脂肪率 15% 程度の人（性別不問）が，水（プールの温度程度）の中で息を吐ききったら，水中での体重はどれくらい？
　　ア）ほぼ 0　　イ）3 kgw 程度　　ウ）10 kgw 程度
　　エ）体重の約半分

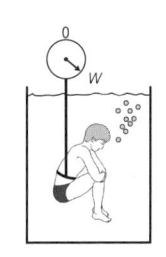

【解答】

　イ）3 kgw 程度

---- 5-7 KEY POINT ----
●物体に対する水圧の合力として作用する鉛直上向きの力を**浮力**という．
●**アルキメデスの原理**：浮力は，物体が押しのけた流体の体積分の重量と同じだけ上向きに働く．
●水中で物体が浮くか沈むかは，重力と浮力の大小で決まる．
●同体積の水の重量に対する物体の重量比が**比重**．

【解説】　水の中で，重さを無視できる風船に入れた水の重さを量ったら，重さはゼロになる（沈まないし，浮きもしない）．人間の身体は 70% 近くが水分であるため，水中では少なくとも体重の 30% の 18 kgw より重くはならない．さらに，人体は主に，水よりも重い骨（カルシウム）と筋肉（たんぱく質），水よりも軽い脂肪（脂質）でできていて，相殺すると重さはほとんどなくなってしまう．厳密には，地球の重力によって引っ張られる体重と，水の中での**浮力**との差分を考えることになる．浮力とは，物体に対する水圧（Lec. 5-6）の合力として作用する鉛直上向きの力である（図 5-7A）．浮力は，物体が押しのけた流体の体積分の重量と同じだけ上向きに働く．これを**アルキメデスの原理**という（図 5-7B）．なお，重力の作用点を**重心**（Lec. 7-1）と呼ぶのに対し

図 5-7A 水圧と浮力

図 5-7B アルキメデスの原理

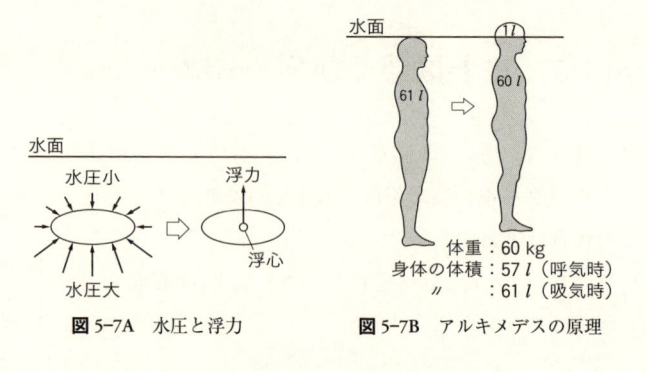

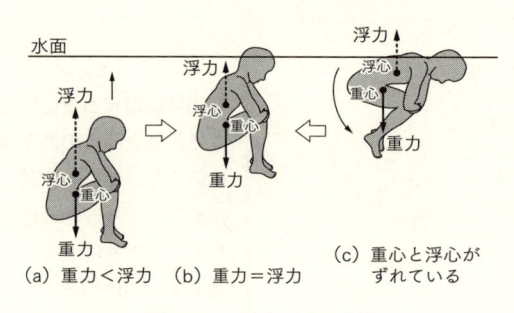

体重：60 kg
身体の体積：57 l（呼気時）
〃　　：61 l（吸気時）

(a) 重力＜浮力　(b) 重力＝浮力　(c) 重心と浮心がずれている

図 5-7C 重力と浮力の関係

て，浮力の作用点を**浮心**と呼ぶ．水中にある人体における重心と浮心は必ずしも一致せず，この位置が左右にずれることによって，身体の回転が起こる（図5-7C）．

　60 kgw の人間の体積は，息を吐ききった場合，60 kgw の水の体積 60 l より少し小さい 57 l 程度である．つまり，浮力は押しのけた 57 l 分の水の重さである 57 kgw となる．このため，水中体重は重力－浮力で 60－57＝3 kgw となる（ただし，肺の空気を全部はき出すことはできず，残気量は 1 l 程度）．なお，成人の肺活量は 4 l 程度あるから，肺に空気をたくさん吸い込めば 1 l 程度頭が水面上に出て釣り合う（図 5-7B）．

　下肢の傷害のリハビリテーションでは水中歩行がよいといわれるが，その場合の脚にかかる負担を考えてみよう．体重 60 kgw の人が，体重の 50%（身体重心）まで水に浸かった状態で，プール床面で量った体重はどうなるか？　重

表5-7 さまざまな物質の比重

物 質	比 重	条 件
空気	0.001225	(15℃)
脂肪	0.94	
水	1.00	(4℃)
海水	1.01-1.05	
人体	1.03-1.08	(体脂肪率：30-10%)
筋肉	1.06	
骨	1.40-1.80	
象牙	1.83	
塩	2.13	
硝子	2.62	
鋼鉄	7.87	
金	19.32	

心以下の体積を $28\,l$ とすると，この人が押しのけた水の体積は $28\,l$. つまり，$28\,\mathrm{kgw}$ の浮力を受けているため，$60-28=32\,\mathrm{kgw}$ となる．ヒトの身体はほとんど水分のため，半分まで水につかれば，体重もだいたい半分になるわけである．

骨や筋肉は水より重く，脂肪は軽いと説明したが，これは，水と同じ体積の物体の重さを比べたものであり，水の重さを1とした場合の比で表したのが**比重**である（表5-7）．骨：1.40-1.80，筋肉：1.06，脂肪：0.94と，人体の中では骨がいちばん重い．そしてヒトの全身は水より少し重い 1.03-1.08（数値が大きいほど筋肉質で浮きにくい）程度である．海水は真水よりも比重が大きいため，押しのけた流体の重さに等しい浮力も大きくなる．海で浮きやすいのはこのためである．

Lecture 5　確認テスト

問題 1　流体の力学について，以下の空欄を埋めよ．
(1) 空気や水のように一定の形をもたず，小さな力でも容易に変形し，方向によってその性質が変わらない連続した物質を［①］という．
(2) ［①］中を移動する物体に作用する力は，進行方向と逆に作用する［②］と，［②］と垂直な方向に作用する［③］に分けられる．
(3) ［①］内における物質同士の引きつけ合う性質を［④］という．

問題 2　下図はやり投げの模式図である．投射角が 40 度，姿勢角が 30 度だったとすると，迎え角は何度になるか？

問題 3　摩擦抵抗と粘性抵抗に関する以下の記述のうち，正しいものはどれか？
(a) 一般には，静止摩擦係数＞動摩擦係数である．
(b) 動摩擦係数は，並進速度や回転速度によって変化する．
(c) 粘性抵抗は物体の投影面積に比例する．
(d) 粘性抵抗は速度の 2 倍に比例する．

問題 4　次頁の図は空気中を飛行するサッカーボールとそのまわりの空気の流れを示した模式図である．ボールは右方向へと飛行しており，反時計まわりの回転がかかっているとする．マグヌス効果を説明するうえで，適当な選択肢を選べ．
(1) ボールの上側の圧力は，［大きく］or［小さく］なる．
(2) ボールの下側の圧力は，［大きく］or［小さく］なる．
(3) この圧力差の結果，ボールには［上向き］or［下向き］のマグヌス力が

作用する．

(4) このマグヌス力の作用の結果，ボールは［上］or［下］へ曲がってゆく．

問題5 水中で物体に作用する力について，以下の空欄を埋めよ．
(1) 物体に対する水圧の合力として作用する鉛直上向きの力を［①］という．
(2) ［①］は物体が押しのけた水の体積分の重量と同じ大きさで上向きに働く．これを［②］の原理という．
(3) 水中では，重力の作用点である［③］と［①］の作用点である［④］が左右にずれることによって，物体の回転が生じる．
(4) 同じ体積の水の重量に対する物体の重量の比を［⑤］という．

解　答

問題 1

① 流体　　② 抵抗（抗力）　　③ 揚力　　④ 粘性

問題 2

−10 度

　　【解説】迎え角＝姿勢角−投射角．すなわち，迎え角＝30 度−40 度＝−10 度

問題 3

(a) ○

(b) ×

　　【解説】動摩擦係数は，並進速度や回転速度によらず一定である．

(c) ○

(d) ×

　　【解説】粘性抵抗は速度の 2 乗に比例する．

問題 4

(1) 小さく

(2) 大きく

(3) 上向き

(4) 上

問題 5

① 浮力　　② アルキメデス　　③ 重心　　④ 浮心　　⑤ 比重

第6講
人体の動く仕組み
運動生理学と解剖学の基礎

　人体の支柱をなす骨組みを「骨格系」といい，骨格は多くの関節によって可動的に連結されている．これらの関節を動かす運動の原動力となるのが「筋系」であり，「骨格系」と「筋系」をあわせて「運動系」と総称する．また，筋は，脳をはじめとする中枢からの指令に基づいて収縮するが，この脳を中心とする情報の伝達網を「脳・神経系」という．本講では，「骨格系」「筋系」「脳・神経系」を中心として，人体を介して身体運動が成り立つ仕組みについて学ぶ．

ヒトの身体はなぜ動く？

Lecture 6-1　身体運動のエンジン　〜筋の収縮メカニズム〜

【例題】　次のうち，意図的に動かすことができる筋肉はどれ？
　　ア）骨格筋　　イ）心筋　　ウ）内臓筋

【解答】
　　ア）骨格筋

> **6-1 KEY POINT**
> ●筋は収縮（短縮）する方向にのみ力を発生できる．
> ●骨格筋の構造：筋＞筋線維＞筋原線維（ミオシン・アクチン）．
> ●筋には力を発揮しやすい至適長がある．
> ●神経と筋の連動による筋収縮の一連のシステムを興奮収縮連関と呼ぶ．

【解説】　人体を自動車にたとえると，筋はまさしく「エンジン」である．ところで，自動車のエンジンがピストンを押す力を生むのに対して，筋はこれとは反対に収縮（短縮）する方向にのみ力を発生することができる．筋によって生み出されるこの収縮力こそが「筋力」であり，筋力こそがあらゆる身体運動の動力源である．

　筋はその機能から，**骨格筋**と**内臓筋**に分類される．心筋を含む内臓筋は自分の意思とは関係なく収縮するため，**不随意筋**と呼ばれる．一方，骨格筋は自分の意思によって動かすことができるため，**随意筋**と呼ばれる．随意筋は運動神経（Lec. 6-8），不随意筋は自律神経による支配を受けている．

　図 6-1A は骨格筋構造の模式図である．骨格筋は収縮性をもった細長い細胞である**筋線維**が束になって構成されている．さらに筋線維は，収縮たんぱくである**アクチン**や**ミオシン**を含む**筋原線維**などにより構成される．

　電子顕微鏡で筋線維の内部を観察してみると，明るい帯（I 帯）と暗い帯

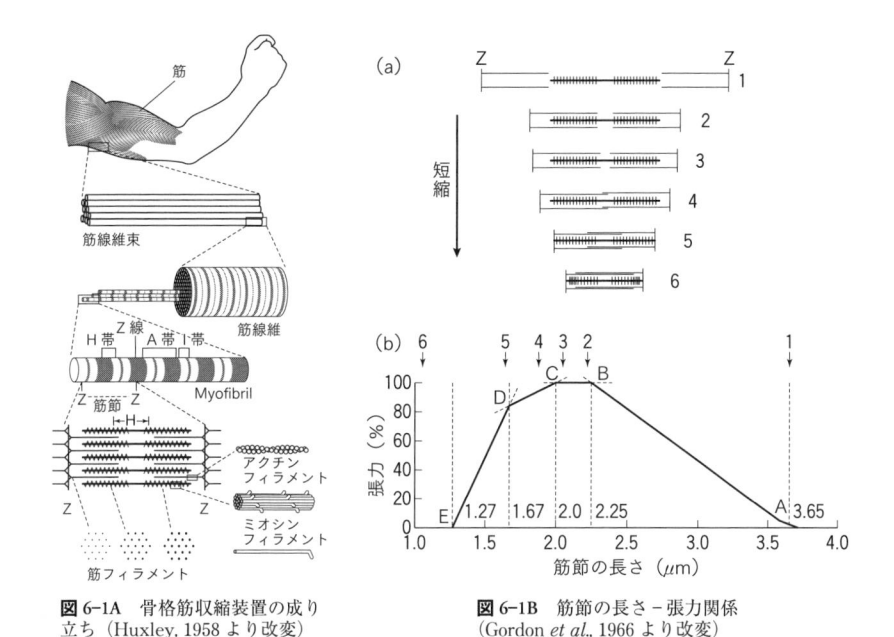

図 6-1A 骨格筋収縮装置の成り立ち（Huxley, 1958 より改変）

図 6-1B 筋節の長さ－張力関係（Gordon et al., 1966 より改変）

（A帯）が交互に繰り返す横紋がみられる．I帯の中央部にはZ膜という膜があり，このZ膜から隣のZ膜までを**筋節（サルコメア）**という．この筋節こそが筋収縮の基本単位である．

さて，筋節は，太いフィラメントであるミオシンと，細いフィラメントであるアクチンからなり，安静時の長さは約 $2.3\,\mu m$ といわれている．筋収縮はアクチンがミオシンの間に滑りこむことによって生じると考えられており，このメカニズムはフィラメント滑走説と呼ばれている（図6-1A）．また，図6-1Bによると，筋は長すぎても短すぎても大きな力を発揮することができず，力を発揮しやすい最適な長さ（至適長）があることがわかる．

以上の筋収縮は，神経からの刺激によって生じる．神経からの**興奮（インパルス）**が筋線維に伝えられ，それが筋線維内部の筋原線維に到達し，筋節が短縮することによって，筋全体が収縮する．この神経と筋の連動による筋収縮の一連のシステムを**興奮収縮連関**と呼ぶ（図6-1C）．この経路では，脳・脊髄・運動神経を経て筋線維に到達したインパルスが，筋線維内部にある筋小胞体と

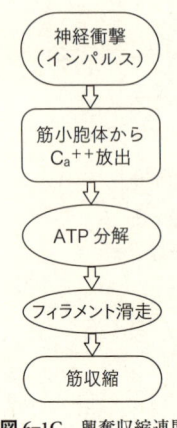

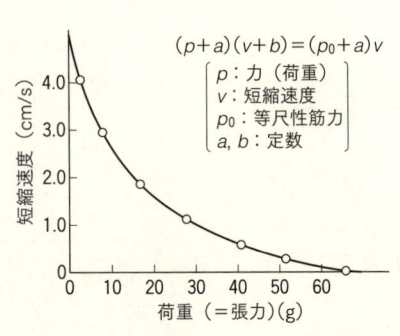

図 6-1C 興奮収縮連関　**図 6-1D** 摘出筋における力−速度関係
（Hill, 1938 より改変）

いう組織に伝わる．筋小胞体は興奮伝達物質であるカルシウムイオン（Ca^{++}）の貯蔵庫である．インパルスによってCa^{++}が放出されると，フィラメントが活性化されエネルギーを得る．このエネルギーによってフィラメントが滑走することで，筋全体が収縮するわけである．

　筋の収縮張力は，短縮速度の関数として表すことができる．この関係を力−速度関係という．図 6-1D に示した Hill の関係式は，今日まで多くの研究者によって利用されている．なお，筋線維の力−速度関係は，筋の太さと長さに影響される．太さは発揮張力に比例し，長さは収縮速度に比例する．

Lecture 6-2　伸ばされたほうが縮む？　〜筋の収縮様式〜

【例題】　腕相撲で一番大きな力を出せるのはいつ？
　ア）優勢で押しているとき
　イ）力が均衡して動かないとき
　ウ）負けそうで踏ん張っているとき

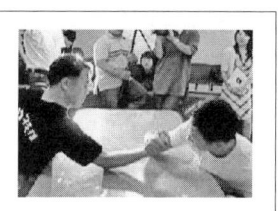

【解答】
　ウ）負けそうで踏ん張っているとき

―― 6-2 KEY POINT ――
● 筋の収縮様式は，等尺性収縮，短縮性収縮，伸張性収縮に大別できる．
● 最大筋力は筋の量（筋断面積）と質（筋線維組成と神経機能）によって決まる．
● ヒトの筋線維は遅筋（ST）線維と速筋（FT）線維の2種類に大別できる．

【解説】　筋収縮の様式は，**等尺性収縮（アイソメトリック収縮）**と**等張性収縮（アイソトニック収縮）**に大別できる（図6-2A）．前者は筋の長さが変化せず力を発揮する収縮であるため，静的収縮とも呼ばれる．一方，後者は筋の長さが変化する収縮であるため，動的収縮とも呼ばれる．動的収縮では，筋力が対抗する負荷よりも大きいと筋が短縮する．これを**短縮性収縮（コンセントリック収縮）**という．一方，筋力が対抗する負荷よりも小さいとき，力を発揮しようとする方向とは逆に力が働き，筋が引き伸ばされる．この収縮を**伸張性収縮（エクセントリック収縮）**と呼ぶ．実際の運動中では，筋が伸張性収縮する際にもっとも大きな力を発揮できる．腕相撲の例では，相手のより大きな力に対して，伸張性収縮で踏ん張っている際にもっとも大きな力が発揮できることになる．このため，勝つことは難しくても，何とか負けずに踏ん張ることができるわけである．

　ところで，世の中には当然力の強い人と弱い人がいるが，力の強さ，すなわ

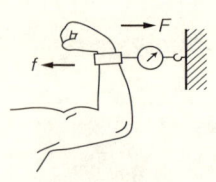

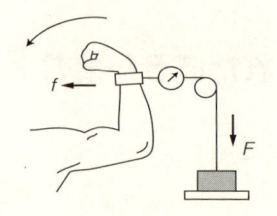

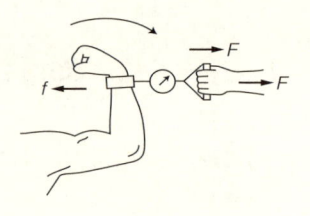

等尺性収縮	短縮性収縮	伸張性収縮
（アイソメトリック収縮）	（コンセントリック収縮）	（エクセントリック収縮）

図 6-2A 筋収縮の三様式（金子，2006）

ち最大筋力の大きさは何によって決まるのだろうか？ 一般に最大筋力は筋の量と質によって決まる．量に関しては，筋断面積の大きい人ほど筋力は高い傾向にある．ちなみに，単位断面積あたりの筋力（**絶対筋力**）は，年齢や性別にかかわらずほぼ一定（$6.3\,\mathrm{kg/cm^2}$）であることも知られている．

　ヒトの筋線維（Lec. 6-1）は**遅筋（ST）線維**と**速筋（FT）線維**の2種類に大別できる．筋におけるこれらの比率を**筋線維組成**という．遅筋線維は，収縮速度は遅いが疲労しにくいのが特徴である．一方，速筋線維は，収縮速度は速いが疲労しやすいという特徴をもつ．筋線維組成には種目特性があり，マラソン選手では遅筋線維の割合が80%にも及び，短距離走選手では速筋線維の割合が60%にも及ぶ．一般に速筋線維の割合が高い人ほど筋力が高い傾向にある．

　骨格筋の形状にはさまざまなタイプがあるが，**紡錘筋**と**羽状筋**はその代表である（図 6-2B）．紡錘筋はその形状から，発揮張力は弱いが力の伝達で有利である．一方，羽状筋は，力の伝達では不利だが，発揮張力が強いというメリットをもつ．こうした筋形状の個人差も最大筋力に影響する．

　ヒトの最大筋力には**生理的限界**と**心理的限界**がある．前者は能力としての文字どおりの限界であり，後者は，日常，最大努力（のつもり）で発揮した際の筋力である．両者の間には20-30%の差があると考えられているが，トレーニングによって心理的限界を生理的限界に近づけられる可能性がある．また，叫び声を出すと最大筋力が増すことも知られており（図 6-2C），重量挙げや投てき競技で大声を出すのは，無意識にこの効果を狙っているのである．

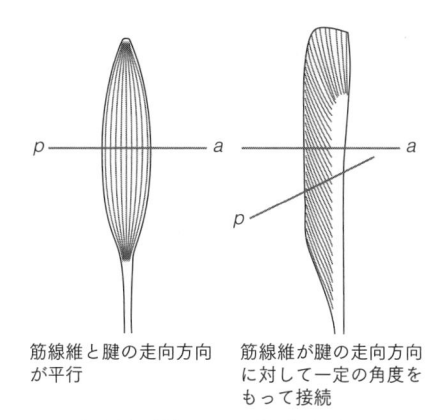

図 6-2B 紡錘筋（左）と羽状筋（右）（勝田，1993）

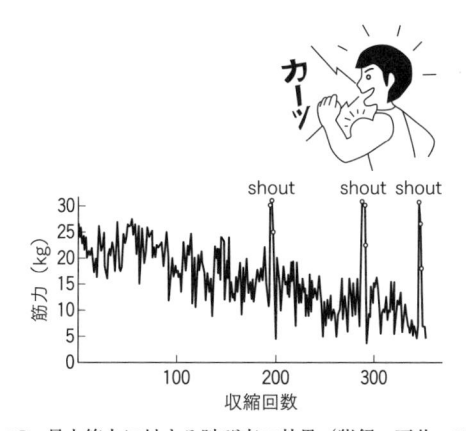

左：筋線維と腱の走向方向が平行
右：筋線維が腱の走向方向に対して一定の角度をもって接続

図 6-2C 最大筋力に対する叫び声の効果（猪飼・石井，1961）

Lecture 6-3　身体運動のガソリン　～エネルギー供給系～

【例題】　人体における筋収縮のエネルギー源となる物質は何？
　ア）ATP　　　イ）PAT　　　ウ）PTA

【解答】
　ア）ATP

―― 6-3 KEY POINT ――
● 人体における筋収縮のエネルギー源は ATP（アデノシン三リン酸）.
● ATP を再合成するための仕組みをエネルギー供給系という.
● 人体におけるエネルギー供給系は，① ATP-CP 系，② 解糖系，③ 酸化系，の 3 つ.

【解説】　自動車が走るためにガソリンが必要であるのと同様に，ヒトが運動するためにもエネルギー源が必要である．すべての身体運動は筋が収縮することによってなされるが，人体における筋収縮の直接的なエネルギー源は **ATP（アデノシン三リン酸）** である．ちなみに，エネルギー源というと糖質や脂質を思い浮かべるかもしれないが，これらはあくまでも外から体内へと摂取する栄養素であり，筋収縮の直接的なエネルギー源といえば ATP ということになる．さて，ATP が分解されて ADP（アデノシン二リン酸）になると，高いエネルギーが発生する．このエネルギーによって筋収縮が起こる．筋中の ATP はわずかであるため，運動時には ATP を消費する一方で，ほとんど同時に再合成を行っている（図 6-3A）．ATP を再合成するための仕組みを **エネルギー供給系** と呼び，人体におけるエネルギー供給系は，① **ATP-CP 系**，② **解糖系**，③ **酸化系** の 3 つである．
① **ATP-CP 系**：エネルギー供給系の中で，もっとも短時間に ATP を再合成できるのが，クレアチンリン酸（CP）という物質の分解によるものである．これを ATP-CP 系という．ATP-CP 系は 3 つのエネルギー供給系の中でも

っとも速くATPを供給でき，さらに単位時間あたりのATP産生量も最大である．しかし，骨格筋に蓄えられるクレアチンリン酸の量が少ないため，短時間（およそ7秒以内，図6-3B）しかATPを再合成できない．このため短時間で高いパワーを発揮する短距離走などで主要な役割を果たす．

② **解糖系**：グリコーゲンなどの糖質が酸素の介在なしでピルビン酸という物質に分解され，これが乳酸になる過程においてATPが再合成される経路を解糖系といい，とくに速筋線維（Lec. 6-2）の活動時に重要なエネルギー供給系である．解糖系は，中距離走や水泳など，20秒-5分間程度での最大

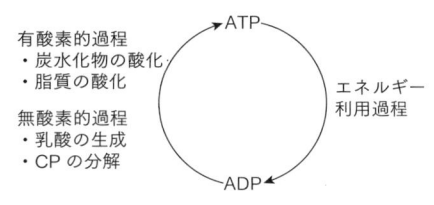

図 6-3A ATP-ADPサイクル

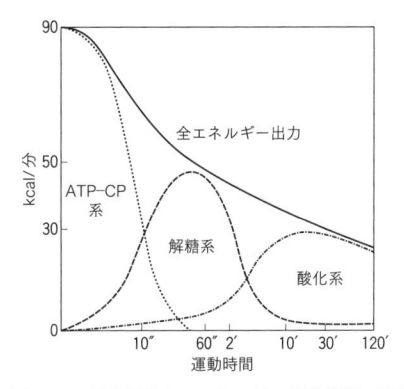

図 6-3B 最大運動中のエネルギー供給機構の貢献
(Landry and Orban, 1978 より改変)

運動（ミドルパワーとも呼ぶ）において主要な役割を果たす（図6-3B）．また，運動を開始する初期段階やマラソンのラストスパートなどでも重要な役割を果たす．解糖系の過程では乳酸が生じる．このため解糖系は乳酸系とも呼ばれる．しかし，乳酸は筋内のミトコンドリアで酸化されてエネルギー源として再利用できることがわかっており，必ずしも疲労物質ではないとの指摘もある（八田，2001）．

③ **酸化系**：ATP-CP系と解糖系では，ATPの再合成に酸素を必要としないため，これらの経路を無酸素的過程とも呼ぶ．一方，運動強度が低い場合には筋中でのATPの分解速度が遅く，ATPの再合成は十分な酸素供給のもとで行われる．この経路を酸化系と呼び，ウォーキングやジョギングなどの持久的な運動で主要な役割を果たす．酸化系によるATPの再合成は筋線維内のミトコンドリアで行われる．酸化系ではほぼ無限のエネルギー供給が可能である．

Lecture 6-4　動きの骨組み　〜ヒトの骨格系〜

【例題】　人体の骨の総数としてもっとも適当なのはどれ？
　　ア）およそ 50 個　　イ）およそ 200 個
　　ウ）およそ 500 個

【解答】
　　イ）およそ 200 個

― 6-4 KEY POINT ―
●人体は外形からも内部構造からも**体幹**と**体肢**(**上肢**と**下肢**)に分けられる．
●人体の骨格を形成する骨の総数は 200 あまりある．
●脊柱は 7 個の頸椎，12 個の胸椎，5 個の腰椎，仙骨，尾骨からなる．
●上肢は上肢帯(肩甲骨・鎖骨)と自由上肢骨(上腕骨・橈骨・尺骨・手骨)からなる．
●下肢は下肢帯(骨盤)と自由下肢骨(大腿骨・脛骨・腓骨・足骨)からなる．

【解説】　人体は外形からも内部構造からも**体幹**と**体肢**（**上肢**と**下肢**）に分けられる（図 6-4A・B）．体幹はさらに頭，頸，胸，腹の 4 部に分けられる．腹の後外側部で脊柱の両側の部位を腰という．上肢はさらに上腕，前腕，手の 3 部に分けられる．体幹から上腕への移行部を肩という．下肢もさらに大腿，下腿，足の 3 部に区分される．腰と大腿の間にあって大きく膨らんだ部位を臀部という．

　人体における骨は互いに連結されて一連の骨格を形成している（付録）．人体の骨格を形成する骨の総数は 200 あまりもあるといわれる．骨格は体幹と体肢の骨格に大別でき，前者はさらに頭蓋，脊柱，胸郭の 3 部に，後者は上肢と下肢の骨格に分類できる．

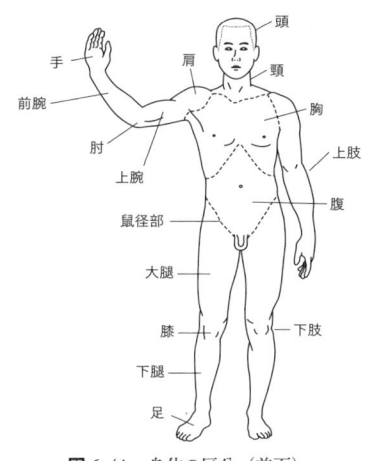

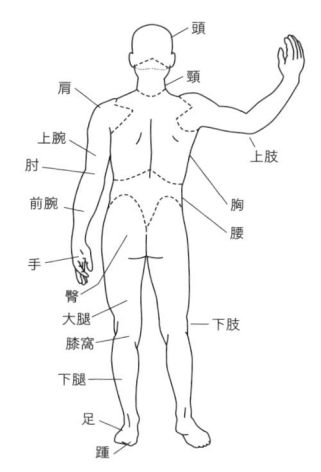

図 6-4A　身体の区分（前面）　　　図 6-4B　身体の区分（後面）

　脊柱は身体の中軸をなす骨格である．脊柱は 32-35 個の椎骨からなり，椎骨は脊柱上の位置によって，頸椎（7 個），胸椎（12 個），腰椎（5 個），仙骨（5 個の仙椎からなる），尾骨（3-5 個の尾椎からなる）に区別される．脊柱には頸椎前彎，胸椎後彎，腰椎前彎，仙・尾骨後彎という 4 つの生理的彎曲が認められる．各椎骨は椎間円板という組織によって連結されている．

　上肢骨は体幹と連結する**上肢帯**とその末端に続く**自由上肢骨**に分けられる．上肢帯は肩甲骨と鎖骨からなる．上腕は上腕骨からなり，前腕は橈骨と尺骨という 2 本の長骨からなる．手には数多くの小骨があるが，手根骨，中手骨，指骨に大別される．

　下肢骨は体幹と連結する**下肢帯**とその末端に続く**自由下肢骨**に分けられる．下肢帯は**骨盤（帯）**とも呼ばれ，左右の寛骨（腸骨・坐骨・恥骨）と仙骨，尾骨からなる．大腿は大腿骨からなり，下腿は脛骨と腓骨という 2 本の長骨からなる．手と同様に足にも数多くの小骨があり，足根骨，中足骨，指骨に大別される．

Lecture 6-5　ホネの中継点　〜関節〜

【例題】　関節における過度の運動を制限する役割を果たす結合組織体を何という？
　　ア）筋　　イ）腱　　ウ）靭帯

【解答】
　ウ）靭帯

---- 6-5 KEY POINT ----
●骨と骨が可動的に結合した構造を関節という．
●靭帯は関節における過度の運動を制限する役割を果たす．
●上肢の主な関節：肩関節，肘関節，手関節．
●下肢の主な関節：股関節，膝関節，足関節．

【解説】　人体における骨と骨の連結には不動性と可動性の2つの様式がある．このうち，骨と骨が可動的に結合した構造を**関節**という．スポーツ動作は関節運動なくしては成り立たない．関節は一般に図6-5Aのような構造をしている．関節を構成する両骨端の表面は関節軟骨で覆われており，滑らかで弾性がある．関節はさやのような関節包という結合組織で覆われており，関節包で覆われた空間を関節腔という．関節包の内面は滑膜で覆われており，滑膜から分泌される滑液が潤滑油のように関節内面の摩擦を軽減している．関節の結合は関節包の他に，靭帯・筋・皮膚などによって支持されている．関節をはさむ両骨間に張っている**靭帯**は，紐状あるいは帯状の結合組織体である．靭帯は関節における過度の運動を制限する役割を果たす．関節は，その機能と形態から6種類に分類される（図6-5B，表6-5）．
　人体には数多くの関節が存在しているが，スポーツにおいて上肢と下肢の関

図 6-5A　関節の一般構造

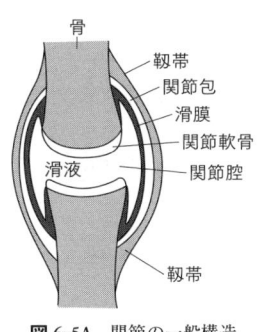

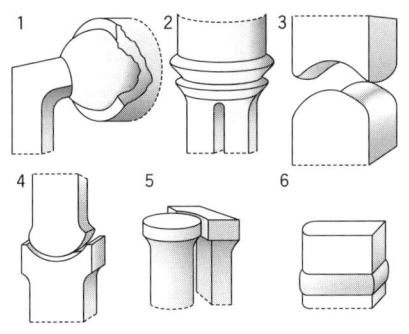

図 6-5B　関節の種類（木村，1969）

---表 6-5　関節の種類---

1. 球関節(多軸)：肩甲上腕関節や股関節
2. 楕円関節(二軸)：橈骨手根関節，環椎後頭関節
3. 鞍関節(二軸)：手根中手関節，足根中足関節
4. 蝶番関節(一軸)：指関節，腕尺関節，膝関節
5. 車軸関節(一軸)：橈尺関節
6. 平面関節(可動性小)：椎間関節

節はとくに重要である．

　上肢の主な関節は，肩関節，肘関節および手関節である（図6-5C）．狭義には，肩甲骨と上腕骨の間の関節（肩甲上腕関節）を肩関節と呼ぶが，広義には，肩甲上腕関節に加えて，胸鎖関節（胸郭と鎖骨間），肩鎖関節（肩甲骨と鎖骨間）の3関節を含めた一連の運動ユニットを肩関節と呼ぶこともある．肩関節は靭帯などによる運動の制限が小さく運動の自由度がきわめて高いが，半面，構造的に不安定であるため脱臼しやすい．肘関節（腕尺関節と腕橈関節）は上腕骨と尺骨および橈骨で構成される．手関節（橈骨手根関節）は橈骨下端と種々の手根骨で構成される．

　下肢の主な関節は股関節，膝関節および足関節である（図6-5D）．股関節は骨盤と大腿骨間の関節である．股関節は肩関節と比べて数多くの強力な靭帯によって補強されているため安定しており，体重支持や移動運動に適している．

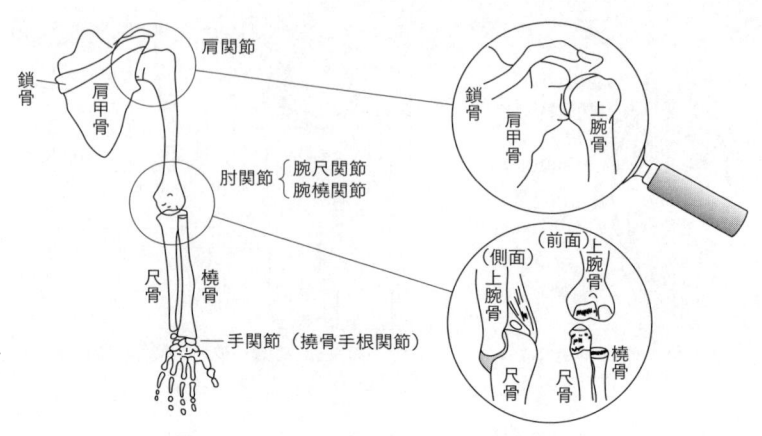

図 6-5C 上肢の主な関節（高木，1960 より改変）

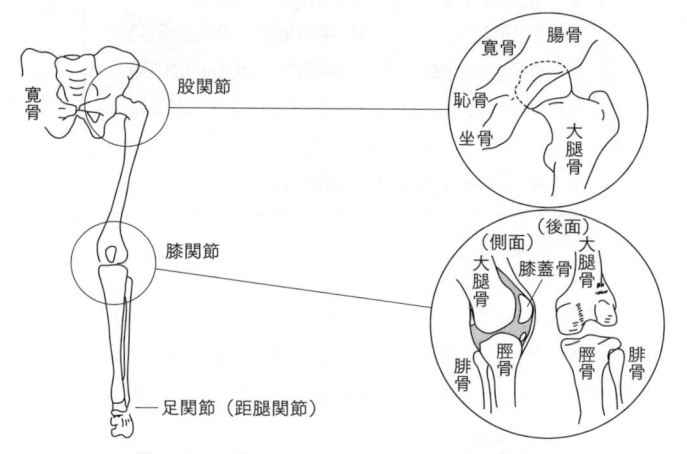

図 6-5D 下肢の主な関節（高木，1960 より改変）

膝関節は大腿骨と膝蓋骨および脛骨で構成される．いわゆる足関節（距腿関節）は，脛骨，腓骨，距骨で構成される関節を指すが，足部には小さな関節が数多くあり，複合的な運動が可能である．

Lecture 6-6　からだの硬さの原因　〜関節運動と可動域〜

【例題】　次のうち，主に1方向にしか曲がらない関節はどれ？
　ア）肩関節　　イ）肘関節　　ウ）股関節
　エ）膝関節

【解答】
　イ）肘関節
　エ）膝関節

---　6-6 KEY POINT　---
●関節運動には，**屈曲－伸展**，**外転－内転**，**外旋－内旋**がある．
●関節を動かすことのできる限界範囲を関節可動域(ROM)という．

【解説】　安静立位を基本姿勢として，矢状面・前額面・水平面（Lec. 2-2）を基準とすると，関節運動は次のように表現できる．矢状面上で，近位の体節と遠位の体節が接近する運動を**屈曲**と呼ぶ．一方，体節どうしが離れてゆく運動を**伸展**と呼ぶ．前額面上で，遠位の体節が近位の体節から離れてゆく運動を**外転**と呼ぶ．一方，体節どうしが接近する運動を**内転**と呼ぶ．水平面上で，遠位の体節が近位の体節に対して外向きになる運動を**外旋**と呼ぶ．一方，遠位の体節が近位の体節に対して内向きになる運動を**内旋**と呼ぶ．たとえば，球関節（Lec. 6-5）である肩関節や股関節は，屈曲－伸展，外転－内転，外旋－内旋の複合運動が可能である．一方，蝶番関節である肘関節や膝関節では，屈曲－伸展のみが主運動となる．

　関節には，動かすことのできる限界範囲がある．これを**関節可動域**（Range of Motion：ROM）という．関節可動域の制限因子として表6-6のようなものがあげられる．いわゆる「からだの硬さ」の原因として考えられるものである．

　主な関節運動とその一般的な可動域を図6-6Aに示す．なお，肩関節の運動には，いわゆる肩関節（肩甲上腕関節）の運動に加えて，肩甲骨自体の運動も含まれている．正常な肩関節では，一般に約180度の外転運動が可能であるが，

部位名	運動方向	参考可動域角度	参考図
肩 shoulder (肩甲帯の動きを含む)	屈曲(前方挙上) flexion (forward elevation)	180	
	伸展(後方挙上) extension (backward elevation)	50	
	外転(側方挙上) abduction (lateral elevation)	180	
	内転 adduction	0	
	外旋 external rotation	60	
	内旋 internal rotation	80	
	水平屈曲 (水平内転) horizontal flexion (horizontal adducation)	135	
	水平伸展 (水平外転) horizontal extension (horizontal abducation)	30	
肘 elbow	屈曲 flexion	145	
	伸展 extension	5	
股 hip	屈曲 flexion	125	
	伸展 extension	15	
	外転 abduction	45	
	内転 adduction	20	
	外旋 external rotation	45	
	内旋 internal rotation	45	
膝 knee	屈曲 flexion	130	
	伸展 extension	0	
足 ankle	屈曲(底屈) flexion (plantar flexion)	45	
	伸展(背屈) extension (dorsiflexion)	20	

図6-6A　代表的な関節の可動域(中村ほか,2003)

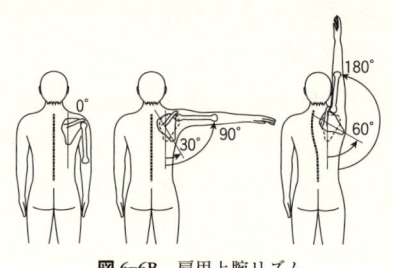

図6-6B　肩甲上腕リズム

表6-6　関節可動域の制限因子

- ●骨性の因子：骨どうしの衝突
- ●関節構成体の因子：靭帯損傷や断裂など
- ●筋性の因子：筋の固縮など
- ●関節周囲軟部組織の因子：関節包の固縮など

そのうち120度は肩甲上腕関節で行われ，残りの60度は肩甲骨の上方回旋による．これは肩甲上腕関節2度に対して，肩甲骨が1度上方回旋することになり，この肩関節と肩甲骨の両方の運動によって肩関節外転がなされる．これを肩甲上腕リズムと呼ぶ(図6-6B)．

Lecture 6-7　筋肉の付きかた　〜ヒトの筋系〜

【例題】　次のうち，膝の伸展運動に関与する筋はどれ？
　ア）大腿二頭筋　　イ）大腿四頭筋
　ウ）腓腹筋

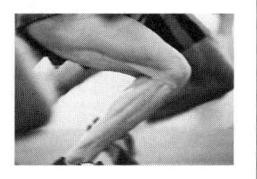

【解答】

　イ）大腿四頭筋

---- 6-7 KEY POINT ----
- 筋細胞である筋線維が集合して形成された器官を筋という．
- 骨格に付着してこれを運動させる筋を骨格筋という．
- 筋と骨との接合部のうち，体幹に近いほうを起始部，遠いほうを停止部という．
- 2つの関節をまたいで骨に付着する筋を二関節筋という．

【解説】　筋線維と呼ばれる筋細胞の集合によって形成された器官を筋という．人体における筋はまさしく身体運動のエンジンである．筋の中で，とくに骨格に付着してこれを運動させる筋を骨格筋という（Lec. 6-1）．人体には約650個の骨格筋がある．付録にこのうち人体の表層にある代表的な筋を示した．

筋の両端は筋線維が次第に結合線維に変わって紐状の腱となり，骨に付着している（図6-7A）．筋と骨との接合部のうち，体幹部に近いほうを起始部，遠いほうを停止部と呼ぶ．一般に筋は1つあるいは2つ以上の関節をまたいで走行しており，とくに2つの関節をまたいで骨に付着する筋を二関節筋と呼ぶ（図6-7B）．人体における代表的な二関節筋は，上腕二頭筋の長頭，大腿直筋，大腿二頭筋，腓腹筋などである．

図6-7C・Dにスポーツ動作に強く関係する上・下肢の屈曲−伸展運動（Lec. 6-6）の主働筋群について，各筋の走行（起止と停止）を模式的に示した．肩関節屈曲では三角筋の前部，大胸筋の鎖骨部などが，伸展では三角筋の後部

第6講　人体の動く仕組み　　119

図 6-7A 筋と関節の関係

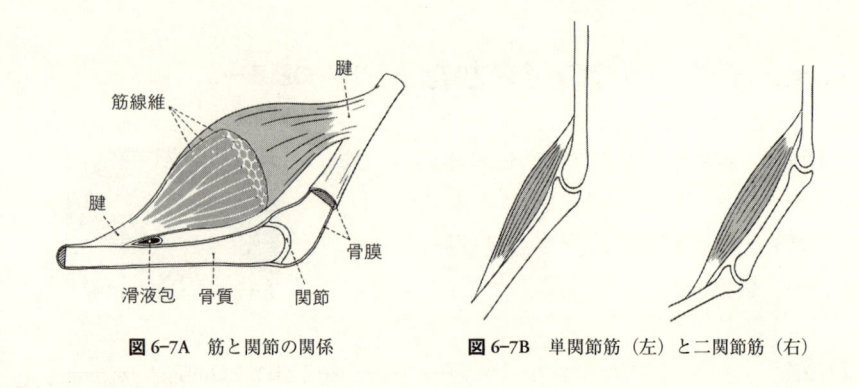

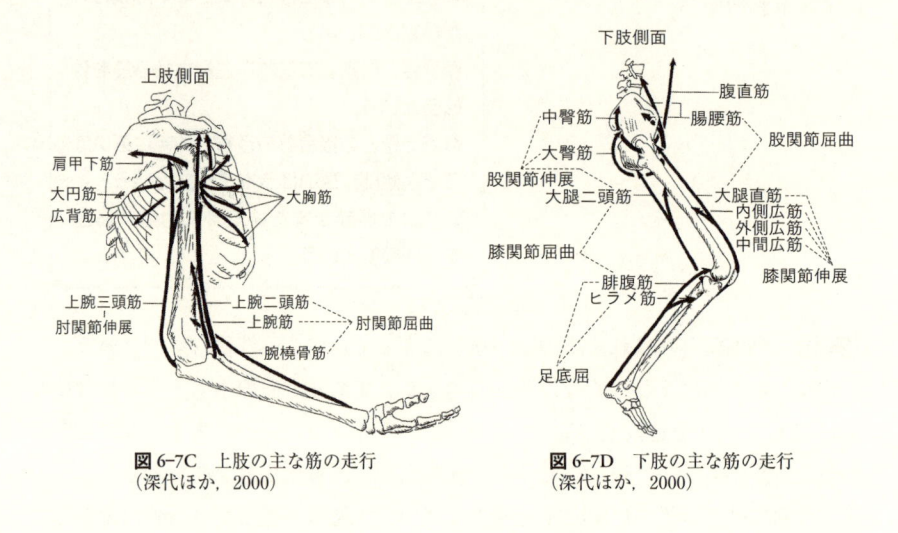

図 6-7B 単関節筋（左）と二関節筋（右）

図 6-7C 上肢の主な筋の走行
（深代ほか，2000）

図 6-7D 下肢の主な筋の走行
（深代ほか，2000）

や広背筋，大円筋などが主働筋となる．肘関節屈曲では上腕二頭筋，上腕筋，および腕橈骨筋が，伸展では上腕三頭筋が主働筋である．腸骨および腰椎に起始し，大腿骨に停止する腸腰筋は，身体深層部を走行する筋であり，いわゆるインナーマッスルの代表格である．腸腰筋は大腿直筋とともに股関節屈曲の主働筋である．股関節伸展には，臀筋群（大臀筋と中臀筋）やハムストリングスとも呼ばれる大腿二頭筋が強く関与する．大腿直筋，内側広筋，外側広筋，中間広筋の4筋群は大腿四頭筋と呼ばれ，膝関節伸展の主働筋である．一方，膝関節屈曲の主働筋は大腿二頭筋である．

Lecture 6-8　"運動神経"って何？　～ヒトの脳神経系～

【例題】「運動神経」って何？
ア）身体運動の中枢
イ）感覚器（目など）から脳への伝達路
ウ）脳から筋への伝達路

【解答】
ウ）脳から筋への伝達路

---- 6-8 KEY POINT ----
●神経系とは，神経細胞と神経線維によって構成される一大ネットワークである．
●神経系は**中枢神経系**と**末梢神経系**に大別される．
●ヒトの動作は**反射動作**，**情動動作**，**随意動作**に大別される．
●随意運動の源である意思は，**大脳皮質**によって形成される．

【解説】　**神経系**とは，生体の神経細胞とその一部である神経線維によって構成される一大ネットワークの総称である．その主な役目は，神経内外での環境変化（刺激）を受容し，刺激によって発生した興奮を中枢に伝え，必要に応じて諸器官の反応を引き起こすことである．

神経系は，**中枢神経系**と**末梢神経系**に大別される（図6-8A）．中枢神経系に属するものは脳と脊髄であり，中枢神経系はあらゆる生体活動の文字どおりの「中枢」である．末梢神経系は，脳・脊髄から外へ出た伝導路であり，**体性神経系**と**自律神経系**に大別される．体性神経系のうち，末梢から中枢へと情報（興奮）を伝達する神経を**求心性神経**あるいは**感覚神経**という．これに対して，中枢から末梢へと情報（興奮）を伝達する神経を**遠心性神経**という．とくに筋を支配しているものを**運動神経**といい，内臓を支配しているものを**自律神経**と

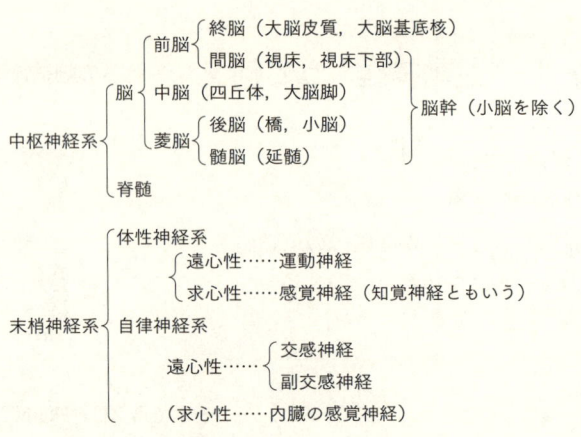

```
                        ┌ 前脳 ┌ 終脳（大脳皮質，大脳基底核）
                        │      └ 間脳（視床，視床下部）
              ┌ 脳 ─────┤ 中脳（四丘体，大脳脚）             ┐
中枢神経系 ───┤         │ 菱脳 ┌ 後脳（橋，小脳）            ├ 脳幹（小脳を除く）
              │         └      └ 髄脳（延髄）                ┘
              └ 脊髄

                        ┌ 体性神経系
                        │      ┌ 遠心性……運動神経
                        │      └ 求心性……感覚神経（知覚神経ともいう）
末梢神経系 ───┤ 自律神経系
                        │      ┌ 遠心性……┌ 交感神経
                        │      │          └ 副交感神経
                        │      └（求心性……内臓の感覚神経）
```

図 6-8A 中枢神経系と末梢神経系（宮下・石井，1983）

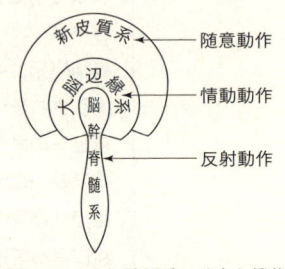

新皮質系 ── 随意動作
大脳辺縁系 ── 情動動作
脳幹脊髄系 ── 反射動作

図 6-8B 中枢神経系の分布と機能
（宮下・石井，1983）

―――― 表 6-8 ヒトの諸動作の分類 ――――

① **反射動作**：意思や情動が関与しない動作
② **情動動作**：情動や本能が身体運動として表された動作（例：ネコの嘔吐や攻撃動作）
③ **随意動作**：意思の関与があり，新皮質系のコントロールのもとに遂行される動作

いう．自律神経には**交感神経**と**副交感神経**があり，内臓はこれら2つの拮抗する働きをもつ神経の支配を受けている．

　ヒトの諸動作を大別すると，**反射動作**，**情動動作**，**随意動作**の3つに分けられる（表6-8）．これらの諸動作を神経機構の働きに対応させると，反射動作

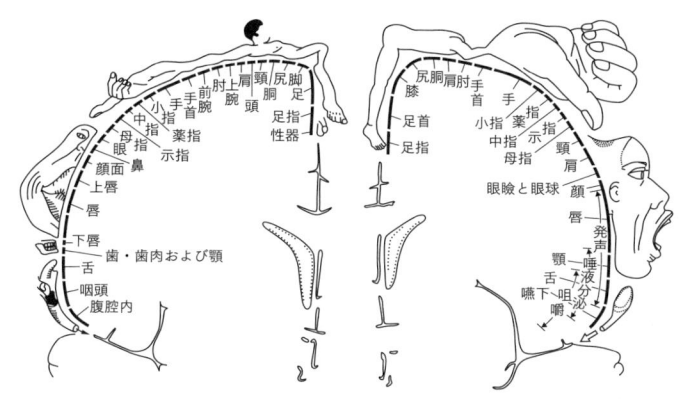

図 6-8C 大脳皮質の機能局在（Penfield and Ramussen, 1951 より改変）

は脳幹脊髄系，情動動作は大脳辺縁系，随意動作は新皮質系に対応している（図 6-8B）．

　随意運動の源である「意思」は，**大脳皮質**の働きによって形成される．大脳皮質は中枢神経系でもっとも発達した部位であり，すべての動物の中でヒトがもっともよく発達している．大脳皮質は，系統発生学的に古いものから旧皮質，古皮質，新皮質に分けられる．旧皮質と古皮質，その境界部である中間皮質をまとめて，辺縁皮質と呼ぶ．辺縁皮質は情動や本能といった，生存に不可欠である原始的な機能を司っている．これを**大脳辺縁系**という．

　大脳皮質は部位によってその司る機能が異なっており，1 つの機能は一定の場所に集中している．これを**機能局在**という（図 6-8C）．大脳皮質は局在する機能によって，運動野（ブロードマンの 4 野），体性感覚野（3，12 野），視覚野（17 野），聴覚野（41，42 野），味覚野（43 野），嗅覚野，連合野に分けられる．連合野は各野の活動を統合し，記憶，学習，思考，判断，意欲など高度な精神活動を行う高次中枢である．運動野は，末梢の体部に対応した機能局在を示す．

　よく「彼は運動神経がいいね」などといった表現を耳にするが，これにはやや誤解がある．運動神経とはあくまでも運動指令の伝達路にすぎない．運動の優劣により強く影響するのはむしろ脳であり，その意味では「彼は運動脳（あるいは運脳神経）がいいね」といったほうが的確かもしれない．

第 6 講　人体の動く仕組み

Lecture 6　確認テスト

問題 1　骨格筋の収縮メカニズムについて，以下の空欄を埋めよ．
(1) 骨格筋は［①］が束になって構成されており，さらに［①］は収縮たんぱくであるアクチンやミオシンを含む［②］などにより構成されている．
(2) アクチンとミオシンからなる筋収縮の基本単位を［③］という．
(2) 神経と筋の連動による筋収縮の一連のシステムを［④］と呼ぶ．

問題 2　筋収縮の特徴に関する以下の記述のうち，正しいものはどれか？
(a) 短縮性収縮よりも伸張性収縮のほうが大きな力を発揮できる．
(b) 単位面積あたりの筋力（絶対筋力）は，女性よりも男性のほうが大きい．
(c) マラソン選手は速筋線維の比率が高く，スプリンターは遅筋線維の比率が高い．
(d) 大声を出すとより大きな力を出しやすい．

問題 3　図は最大運動中における3種類のエネルギー供給機構の貢献度を示している．ATP-CP系，解糖系，酸化系はそれぞれ①，②，③のいずれに相当するか？

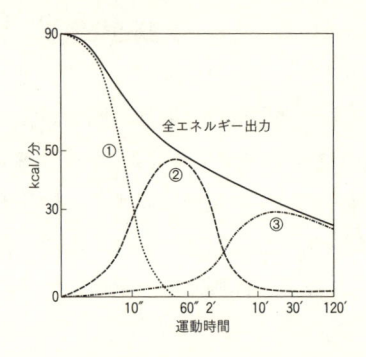

問題 4　次の関節のうち，球関節はどれか？
ア) 股関節　　イ) 膝関節　　ウ) 足関節　　エ) 肩関節　　オ) 肘関節
カ) 手関節

問題 5 神経系の構造と機能について，以下の空欄を埋めよ．

(1) 神経系は脳と脊髄からなる［①］神経系と，［②］神経系に大別される．

(2) 意思や情動が関与しない動作を［③］動作，情動や本能が表された動作を［④］動作，意思の関与があり，新皮質系のコントロールのもとに遂行される動作を［⑤］動作という．

(3) 大脳皮質は部位によってその司る機能が異なっており，1つの機能は一定の場所に集中している．これを［⑥］という．

解 答

問題 1

① 筋線維　② 筋原線維　③ 筋節（サルコメア）　④ 興奮収縮連関

問題 2

(a) ○

(b) ×

　【解説】絶対筋力は性別や年齢にかかわらずほぼ一定である．

(c) ×

　【解説】マラソン選手は遅筋線維の比率が高く，スプリンターは速筋線維の比率が高い．

(d) ○

　【解説】心理的限界が生理的限界に近づくため，大きな力を出しやすくなる．

問題 3

① ATP-CP 系　② 解糖系　③ 酸化系

問題 4

ア）股関節　エ）肩関節

問題 5

① 中枢　② 末梢　③ 反射　④ 情動　⑤ 随意　⑥ 機能局在

第7講

美しく立つには？
立位姿勢

　ふだん私たちは何気なく二本足で立っているが，乳幼児が1年近くは立つことができないことからもわかるように，ヒトの立位姿勢は非常に不安定であり，直立姿勢を維持することは実は簡単なことではない．本講では，「身体重心」「支持基底面」「抗重力筋」などをキーワードとして，ヒトが直立姿勢を維持するうえでの力学的なメカニズムについて学ぶ．また，人体の身体各部の質量分布に関する身体部分慣性係数についても学ぶ．

転ばずに立つには？

Lecture 7-1　本当はない!?　〜身体重心〜

【例題】　身体重心の記述について，誤っているものを1つ選べ．
ア) つねにへその奥あたりにある．
イ) 走り幅跳びでは放物線を描く．
ウ) 体操や飛び込みで回転の中心となる．

【解答】
ア) つねにへその奥あたりにある．

7-1 KEY POINT
- 身体全体の重さの理論的中心点を**身体重心**という．
- 身体各部の重心を**部分重心**という．
- 身体重心の位置は，部分重心の位置変化に応じて変化する．

【解説】　重心とは，文字どおり「重さの中心」である．身体全体の重心を**身体重心**というが，頭部や足といった身体各部にも重心はある．この身体各部の重心を**部分重心**という．なお，重心（Center of Gravity：CG）と質量中心（Center of Mass：CM）は，重力場において同じ概念である．

　身体重心の位置は，頭部，体幹（上胴・下胴），腕（上腕・前腕・手），脚（大腿・下腿・足）の部分重心がどこにあるかによって変化する（Lec. 6-4）．したがって，図7-1Aのような走り幅跳びの着地や体操での屈伸姿勢では，身体重心は体外に出てしまうこともある．つまり，重心とは，そこに何かがあるわけではなく，物理的な現象を記述するために考え出された理論的な点（仮想点）である．ただし，重力の作用する地球上では，空中に飛び出した物体は鉄球と同じで，その重心は放物線を描き，重心まわりにしか回転できない（空気抵抗が無視できる場合）．したがって，身体全体を1つの点（質点）として解釈する身体重心の概念は，力学的法則に照らし合わせて考える場合にきわめて都合がよい．

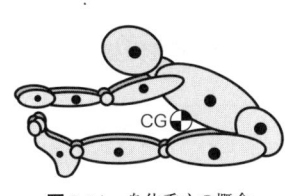

図 7-1A　身体重心の概念

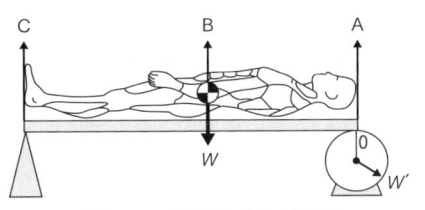

図 7-1B　身体重心位置の測定法

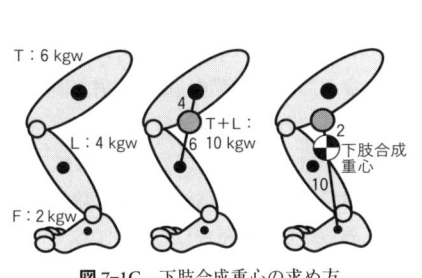

図 7-1C　下肢合成重心の求め方

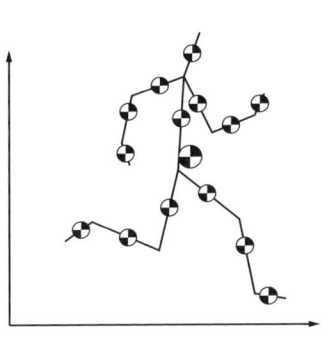

図 7-1D　身体セグメントモデルと身体重心位置（阿江・藤井，2002）

　身体重心位置の測定法について述べてみよう．図 7-1B のように体重 W が既知の身体を，足底部が支点 C，頭部が作用点 A となるテコに乗せる（実際には A の位置は，B と重ならない限りどこでもよい）．ただし，板の重量はないものとする．力点は重心位置 B である．頭部での重量を W' とすれば，テコの原理から，$\overline{CB} \times W = \overline{CA} \times W'$ より，$\overline{CB} = \overline{CA} \times W' \div W$ となる．

　基本的立位姿勢（気をつけ姿勢）の身体重心位置は，前からみたらへそ下 5 cm 程度（足底から 55% 程度），横からみれば前後のほぼ真ん中となる．

　次に，映像から身体重心位置を計算する**合成重心**の方法について考えてみよう．ここでは，図 7-1C のように下肢を屈曲した姿勢での下肢だけの合成重心を考えてみる．大腿 T と下腿 L の重量比は一般的に 6：4 なので，この 2 つの合成重心は，2 つを結んだ線分の 4：6 の位置にある．次に T+L と足部 F を結んだ下肢合成重心は，重量比が 10：2（6+4：2）なので，2 つを結んだ線分の 2：10 の位置となる．時々刻々変化する運動中の身体各部の部分重心をこのようにつなぐことによって，最終的に身体重心が求まる（図 7-1D）．

Lecture 7-2　バラバラ人間!?　～身体部分慣性係数～

【例題】 体重 60 kg の日本人男性の頭部の質量ってどのくらい？
　ア）4 kg くらい　　イ）8 kg くらい
　ウ）12 kg くらい

【解答】
　ア）4 kg くらい

> **7-2 KEY POINT**
> ●身体各部の質量，重心位置，慣性モーメントを身体部分慣性係数と呼ぶ．
> ●スポーツバイオメカニクスでは，先行研究による身体部分慣性係数から，適したものを選択して応用する．

【解説】　身体各部の部分重心をつなぐことによって，身体全体の重心を求めることができる（Lec. 7-1）．ヒトの身体重心を求めるためには，身体全体に対する身体各部の質量比と部分重心位置がわかっている必要がある．これら身体各部の質量，重心位置に慣性モーメント（Lec. 4-4）を加えたものを総称して**身体部分慣性係数**と呼ぶ．

　身体部分慣性係数には当然個人差があり，一定には定まらないが，いくつかの先行研究によってデータが示されている（例：図 7-2A，表 7-2A，表 7-2B）．スポーツバイオメカニクスで身体重心を求めたり，関節トルク（Lec. 4-3）を推定するうえでは，これらのデータから適したものを選択して応用することが多い．

　さて，それではこれらの身体部分慣性係数は，どのように求められたのであろうか？　身体部分慣性係数の測定法は，大きく①屍体標本を用いた直接法，②生体標本を用いた間接法，③数学モデル（図 7-2B）による方法に分類できる．①の方法は，屍体を凍結して切断し，直接測定するという方法である．直

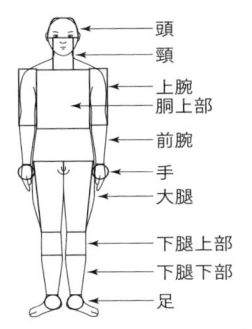

図 7-2A 身体各部の区分と測定点 (松井, 1958)

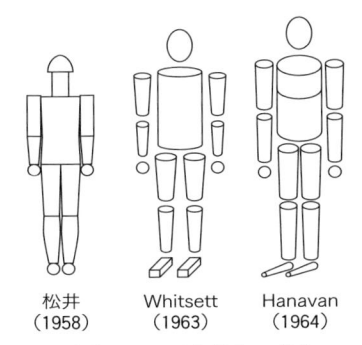

図 7-2B 数学モデルの例 (阿江・藤井, 2002)

表 7-2A 身体部分質量比と重心位置 (松井, 1958)

(男子)

項目 部位	質量比 (平均値)	重心位置 (平均値)
頭	0.044	0.63
頸	0.033	0.50
胴	0.479	0.52
上腕	0.053	0.46
前腕	0.030	0.41
手	0.018	0.50
大腿	0.200	0.42
下腿	0.107	0.41
足	0.038	0.50

(女子)

項目 部位	質量比 (平均値)	重心位置 (平均値)
頭	0.037	0.63
頸	0.026	0.50
胴	0.487	0.52
上腕	0.051	0.46
前腕	0.026	0.42
手	0.012	0.50
大腿	0.223	0.42
下腿	0.107	0.42
足	0.030	0.50

質量比：身体質量を1とした質量の割合．
重心位置：頭頂側の分節端から分節重心までの相対距離．

接測定している点が最大の利点ではあるが，屍体を用いているため標本数が少ない，アスリートのデータがないなどの欠点もある．②の方法は，生体標本を用いて水置換法などで間接的に部分の体積を測定するといった方法である．③の方法は，身体各部を特定の形状の剛体とみなし，各係数を推定しようとするものである．この方法には身体形状を正確にモデル化できるというメリットがあるが，②の方法と同様に，身体分布密度を推定せざるを得ないというデメリットがある．

　以上のように，すべての慣性係数を正確に測定するのはきわめて困難である．

表 7-2B　日本人アスリートの身体部分慣性係数（阿江ほか，1992）

部分	男子 ($n=215$)					女子 ($n=80$)				
	質量比 (%)	質量中心比 (%)	回転半径比			質量比 (%)	質量中心比 (%)	回転半径比		
			kx (%)	ky (%)	kz (%)			kx (%)	ky (%)	kz (%)
頭部	*6.9 (0.7)	*82.1 (4.1)	*47.9 (2.2)	*45.4 (2.1)	*36.3 (1.9)	7.5 (0.9)	75.9 (5.2)	45.1 (2.8)	42.6 (2.4)	35.0 (2.5)
胴体	*48.9 (2.2)	*49.3a (1.6)	*34.6 (0.8)	35.7 (0.8)	*16.7 (0.9)	45.7 (2.5)	50.6a (1.8)	34.3 (0.9)	35.5 (0.9)	17.0 (0.8)
上腕	*2.7 (0.3)	52.9 (1.8)	*26.2 (0.7)	*25.7 (0.7)	10.7 (1.0)	2.6 (0.2)	52.3 (1.7)	26.5 (0.9)	26.0 (0.9)	10.7 (0.9)
前腕	*1.6 (0.2)	*41.5 (2.0)	*27.9 (1.1)	27.7 (1.0)	*11.5 (1.2)	1.5 (0.1)	42.3 (2.2)	27.7 (1.1)	27.5 (1.0)	12.2 (1.2)
手	0.6 (0.1)	89.1 (10.8)	51.9 (6.4)	57.1 (7.0)	31.4 (4.5)	0.6 (0.1)	90.8 (10.2)	52.7 (5.9)	57.3 (6.6)	30.3 (4.6)
大腿	*11.0 (0.8)	*47.5 (1.8)	*27.8 (0.9)	*27.0 (0.9)	*15.2 (0.9)	12.3 (0.9)	45.8 (2.4)	28.5 (1.2)	27.8 (1.1)	15.7 (1.5)
下腿	*5.1 (0.4)	40.6 (1.5)	27.4 (0.9)	27.1 (0.9)	*9.7 (0.6)	5.3 (0.4)	41.0 (1.5)	27.5 (1.0)	27.2 (0.9)	10.2 (0.7)
足	1.1 (0.2)	59.5b (2.6)	20.4 (3.0)	9.9 (1.3)	20.9 (3.1)	1.1 (0.2)	59.4b (2.4)	21.7 (2.6)	10.2 (2.5)	22.2 (2.7)
上胴	*30.2 (1.8)	*42.8c (2.0)	35.0 (1.2)	38.1 (1.5)	*26.6 (1.8)	26.7 (1.8)	43.8c (1.9)	34.9 (1.1)	38.0 (1.4)	27.3 (1.9)
下胴	18.7 (1.5)	60.9d (3.0)	*42.5 (2.7)	47.3 (3.0)	43.5 (3.8)	19.0 (1.8)	59.7d (4.5)	41.1 (2.8)	47.1 (3.1)	44.0 (3.7)

（　）内の数値は標準値を，＊は男女間の有意差（1%）を示す．aは胸骨上縁から，bは足先から，cは胸骨上縁から肋骨下端の中点，dは肋骨下端の中点から大転子の中点までを示す．部分質量は身体質量に対する比，質量中心比は部分長に対する中枢端からの比，回転半径は部分長に対する比である．

また，先行研究によって報告されている慣性係数を応用するうえでは，被験者の年齢，性別，人種などを考慮することも必要である（本レクチャーの参考文献：阿江・藤井，2002）．

Lecture 7-3　転ばぬ先の杖!?　〜立位姿勢の安定性〜

【例題】　静的立位姿勢の安定性がよくなる条件はどれか？
　ア）足幅を広げる　　イ）腕を上げる
　ウ）ダイエットする

【解答】
　ア）足幅を広げる

7-3 KEY POINT
- 物体の安定性の3条件：
  ① 重心が低い．
  ② 支持基底面が広い．
  ③ 重い．
- 地面と接触している部分の輪郭に囲まれた範囲を支持基底面という．
- 重力に対抗して立位姿勢を保持するために働く筋群を抗重力筋という．

【解説】　一般に，物体に外力（Lec. 3-2）が作用しても，変位しにくい性質を**安定性**という．物体の安定性の条件は，

　　　　　① 重心が低い，② 支持基底面が広い，③ 重い

の3つである．ヒトの立位姿勢の安定性も，もれなくこれらの条件にしたがう．

　ヒトの身体重心は，姿勢とともに変化する（Lec. 7-1）．すなわち，立位よりも座位のほうが重心の位置が低いため安定性はよい．一方，立位でも腕をあげると重心は高くなり，安定性は低くなる（図7-3A）．

　地面と接触している部分の輪郭に囲まれた範囲を**支持基底面**という．両足で立っているときは，両足底面とその間の面積が支持基底面となる．両足を密着させると，支持基底面は狭くなり不安定になる．一方，杖を使用したときは，支持基底面が広くなり安定性が増す（図7-3B）．高齢者が用いる杖には，支持

第7講　美しく立つには？　133

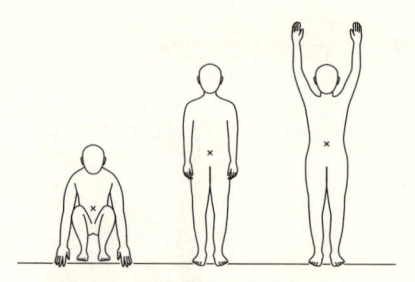

図 7-3A 姿勢変化による重心の高さ（中村ほか，2003）

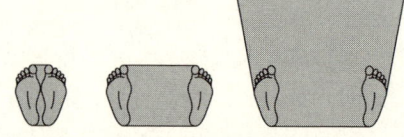

図 7-3B 支持基底面（中村ほか，2003）

基底面を広げることによって転倒しにくくするという効果がある．また，重心線（重心から下ろした垂線）が，支持基底面内にあるうちは，物体は転倒しない．バレリーナがつま先立ちでも安定してポーズをとっていられるのは，身体重心をきわめて狭い支持基底面内に留める能力に優れているためである（図7

図 7-3C バレエのポーズ（アラベスク）

-3C）．

　一般には質量が大きいものほど安定性がよい．すなわち，体重が重い人は，軽い人と比べると安定性がよいといえる．ただし体重は，地面反力（Lec. 12-3）以外の外力（他者から押される力や風圧など）が身体に加わらない限り，安定性には関係しない．
　ところで，ヒトが直立二足歩行をはじめたときから腰痛との闘いが始まった

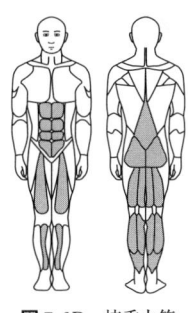

図 7-3D 抗重力筋

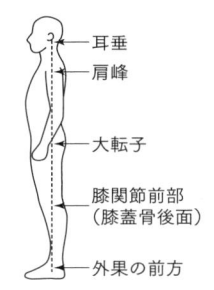

図 7-3E 立位での前後方向バランス
(Fukuda, 1984 より改変)

といわれている．立位姿勢を保持するためには，つねに重力に対抗していなければならない．重力に対抗して立位姿勢を保持するために働く筋群を**抗重力筋**という（図 7-3D）．抗重力筋は，主にからだの前後に配置され，関節の伸展・屈曲に作用する筋群で，下腿三頭筋（足底屈＝屈曲），前脛骨筋（足背屈＝伸展），大腿四頭筋（膝伸展），ハムストリングス（大腿二頭筋，半腱・半膜様筋）・大臀筋（股関節伸展），腸腰筋（股関節屈曲），脊柱起立筋群（体幹伸展），腹直筋（体幹屈曲）などがあげられる（Lec. 6-7）．なかでも，ヒトの安静立位姿勢では，重心線が足関節中心よりも前に落ちる（図 7-3E）ため，からだが前に倒れるのを防ぐ下腿三頭筋，重心線が股関節中心上を通るために前後のバランスをとるハムストリングス・大臀筋，腸腰筋，そして体幹を立てる脊柱起立筋群が重要となる．膝に関しては，重心線が膝関節中心よりも前を通過するために膝を伸展させるトルクが発生し，解剖学的に膝は伸展位でロックするため大腿四頭筋の活動はほとんど必要でない．

Lecture 7-4　まっすぐ立つのって難しい！
〜立位姿勢の制御〜

【例題】　次のうち，直立姿勢の維持に主に関与する感覚を3つ選べ．
　ア）視覚　　イ）平衡感覚　　ウ）筋感覚
　エ）聴覚　　オ）嗅覚

【解答】
　ア）視覚　　イ）平衡感覚
　ウ）筋感覚

---- 7-4 KEY POINT ----
● ヒトの直立姿勢は，力学的にかなり不安定である．
● 足底面内での地面反力の作用点を足圧中心（COP）という．
● ヒトは下腿の筋活動を中心に，振り子のようにゆらぎながら直立姿勢を維持している．
● 姿勢調節の主な感覚情報：
　① 視覚，② 平衡感覚，③ 体性感覚．

【解説】　私たちはふだん何気なく立っている．しかし，乳幼児は生後10ヶ月くらいまで立てないし，立てたとしても長い時間立位姿勢を維持するのは難しい．このように，ヒトの直立姿勢は，簡単なようでいて実は力学的にかなり不安定な姿勢である．

　それでは，ヒトの直立姿勢はなぜ不安定なのだろうか？　四足動物と比べて，二足歩行を行うヒトの直立姿勢は，身体重心位置が高く，支持基底面（Lec. 7-3）が狭いことが大きな理由である．また，通常，直立姿勢での身体重心位置は，矢上面（Lec. 2-2）において足関節中心よりも前にある．頭部の質量が比較的大きいヒトの直立姿勢は，ホウキが倒れないように後ろから引っ張って調節している状態に似ている（図7-4A）．すなわち，直立姿勢の調節は，身体背部の抗重力筋群（Lec. 7-3）が中心となってなされる．

図7-4A 立位姿勢のバランス保持（東京大学身体運動科学研究室，2000より改変）

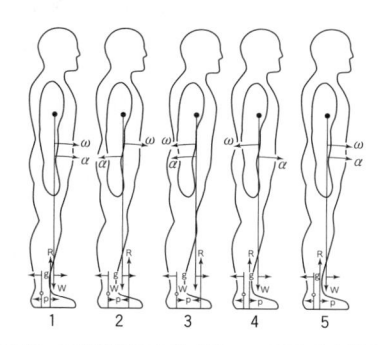

図7-4B 立位姿勢の力学（Winter, 2005より改変）

　ヒトの直立姿勢の調節メカニズムは，身体重心の位置，足関節の位置，そして足底面内での地面反力（Lec. 12-3）の作用点の位置をもとに考えることができる（図7-4B）．この地面反力の作用点は，**足圧中心（Center of Pressure：COP）**とも呼ばれる．フォースプレートで計測できるCOP動揺量（重心動揺量とも呼ばれる，図7-4C）は，バランス能力評価の指標として代表的なものである．

　さて，COPが身体重心位置よりも後ろにある場合（図7-4Bの1の状態），身体は足関節まわりのトルク（Lec. 4-2）によって前方に倒れようとする．逆にCOPが身体重心位置よりも前にある場合（図7-4Bの2,3の状態），身体は後ろ向きのトルクによって後方へ倒れようとする．直立姿勢を維持するためには，身体重心位置を支持基底面内に留めておく必要がある（Lec. 7-3）．ヒトは下腿の筋活動を中心として，COPをコントロールすることによって，振り子のようにゆらぎながら直立姿勢を維持しているのである．

　ヒトの直立姿勢は，主に3つの感覚情報をもとに調整されている．すなわち，目からの**視覚**，耳にある前庭器官や三半規管からの**平衡感覚**，そして筋からの**体性感覚**である．これらの感覚情報を中枢神経系が統合し，適切に処理することによって，効率的な姿勢保持が可能となるのである．

　直立姿勢でのCOP動揺量は加齢とともに増加することが数多く報告されている．このことは，加齢とともに姿勢の調節機能が低下することを示唆してお

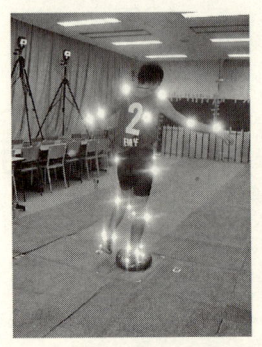

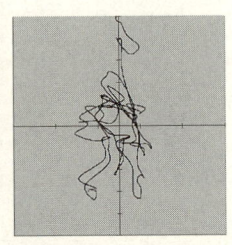

図7-4C　COP動揺量の計測風景とデータ例

り，高齢者における転倒予防の観点からも考慮すべきである．一方，発達にともなって育成年代サッカー選手の片脚立位でのCOP動揺量が改善したとの報告もある（川本，2005）．一流スポーツ選手におけるCOP動揺量に関する報告もあるが，これに基づく姿勢調節機能の優劣については，必ずしも一致した見解は得られておらず，今後の研究課題といえる．

Lecture 7　確認テスト

問題1　身体重心に関する以下の記述のうち，正しいものはどれか？
(a) 身体全体の重心を「身体重心」といい，身体各部の重心を「部分重心」という．
(b) 姿勢によっては，身体重心の位置が体外に出ることもある．
(c) 走り幅跳びで踏み切った後の身体重心の軌跡は放物線を描く．
(d) ところが，手足をバタバタさせることによって，踏み切り後の身体重心の軌跡を変えることができる．

問題2　下図は上肢（上腕，前腕，手）の模式図である．●は各セグメントの部分重心の位置を表している．また，上腕：前腕：手の質量比を9：5：2とする．このとき，上肢全体の合成中心の位置はA-Cのいずれになるか？

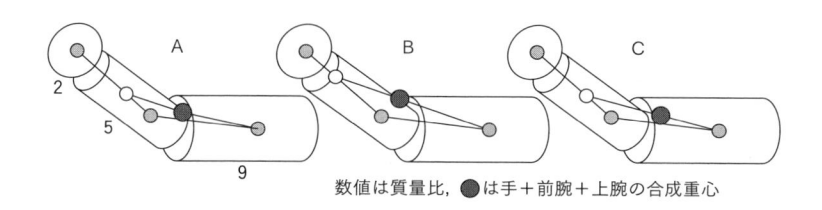

数値は質量比，● は手＋前腕＋上腕の合成重心

問題3　物体の安定性の3条件をすべてあげよ．

問題4　立位姿勢保持のために働く抗重力筋の名称を3つ以上あげよ．

問題5　ヒトの直立姿勢維持に貢献している主な感覚を3つあげよ．

解 答

問題 1

(a) ○

(b) ○

(c) ○

(d) ×

【解説】踏み切り後の身体重心に働く力は重力のみなので，軌跡は手足をバタバタしても変わらない．

問題 2

C

問題 3

① 重心が低い　　② 支持基底面が広い　　③ 重い

問題 4

腹直筋，脊柱起立筋，大腿四頭筋，ハムストリングス，下腿三頭筋，前脛骨筋など

問題 5

① 視覚　　② 平衡感覚　　③ 体性感覚

第 8 講

競歩 ≠ マラソン
歩行と走行

　歩行や走行は，ヒトにとってもっとも基本的な移動運動である．ふだん，私たちは何気なく歩いたり走ったりしているが，ヒトが生まれてから歩行できるようになるまでには，およそ 1 年の時間が必要となる．さらに，現代の高度技術をもってしても，ヒトより速く走ることのできる自律型直立二足ロボットはこの世に存在しない．このように，ヒトの歩行や走行は，当たり前のように思えて，実はとても奥深い身体運動だといえる．そこで，本講では，歩行と走行の基本的な仕組みについて学ぶとともに，「より速く」走るための科学的な要点について学ぶ．

「歩き」と「走り」の境目は？

Lecture 8-1　競歩とマラソンの境目　〜歩行と走行の違い〜

【例題】　歩行と走行の違いは何？
ア）速度が 3.0 m/s を超えたら走行．
イ）両足が同時に地面につかなくなったら走行．
ウ）着地時に踵が地面につかなくなったら走行．

【解答】
イ）両足が同時に地面につかなくなったら走行．

―――― 8-1 KEY POINT ――――
●歩行で，同側の踵が再び接地するまでの一連の動作を歩行周期という．
●歩行周期は，**立脚相**と**遊脚相**に分けられる．
●歩行には**両脚支持相**があり，走行には**両脚同時遊脚相**がある．

【解説】　たとえば右踵が接地し，次に左踵が接地するまでの動作を一歩と呼び，この間の距離を**歩幅**という．踵が接地して，次に同側の踵が再び接地するまでの動作を**重複歩（ストライド）**と呼び，この一連の動作を**歩行周期**という（図8-1A）．ただし，陸上競技をはじめとするスポーツ現場で用いられている「ストライド」という用語は，重複歩距離ではなく歩幅をさすことが多い．単位時間あたりの歩数を**歩行率（ケイデンス）**という．

　歩行周期は，**立脚相**と**遊脚相**に分けられ，各相はさらにいくつかの要素に分けられる．立脚相は，踵接地，足底接地，立脚中期，踵離地，足指離地の5要素からなる．遊脚相は，加速期，遊脚中期，減速期の3要素からなる．

　自然歩行では，立脚相が60％，遊脚相が40％，両脚支持相が10％程度であるが，歩行速度が増すにつれて両脚支持相は減少していく．さらに速度を増すと，両脚支持相が消失して両脚同時遊脚相が出現し，歩行から走行へと動作が変容する．すなわち，歩行には両足を同時に地面につけている局面（**両脚支持相**）があり，一方，走行には両足が同時に地面から離れている局面（**両脚同時**

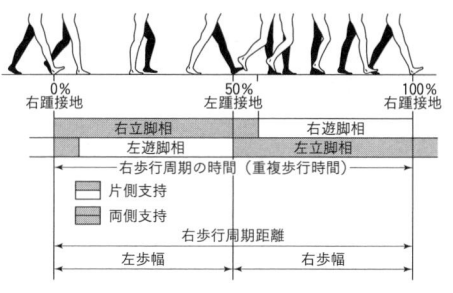

図 8-1A　歩行周期（Murray, 1967 より改変）

遊脚相）があるということである．競歩に，「両方の足が同時に地面を離れてはならない」というルール（ロス・オブ・コンタクト）があるのは，まさしく選手が走っていないかどうかを判断するためである．

　歩行と比べて走行は，身体の前傾角度や膝の屈曲角度，肘の屈曲角度が大きい．運動力学的には，歩行時の地面反力の垂直成分（F_z）は体重の 1.2–1.5 倍程度の二峰性の曲線を描く（図 1-5B）．一方，走行時の地面反力は歩行と比べて総じて大きく，F_z は全力疾走時には体重の 5 倍以上に及ぶ．

　健常歩行では踵から着地する．一方，走行の着地様式には個人差があり，長距離走者には踵着地型が多く，短距離走者には中足部あるいは前足部着地型が多いなどの種目特性もみられる（図 8-1B）．また，走速度が増すにつれて，前足部で着地する傾向が強まる．

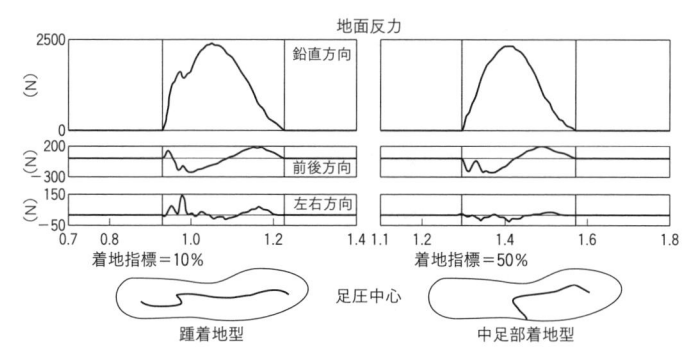

図 8-1B　踵着地型走行と中足部着地型走行の地面反力（Zatsiorsky, 2000 より改変）

第 8 講　競歩≠マラソン

Lecture 8-2　アスリートの驚異的能力
～歩行と走行のスピード～

【例題】　次の歩行と走行の平均秒速は，およそ何 m/s くらいか？
　ア）成人自然歩行　　　イ）女子マラソン世界記録
　ウ）男子 100 m 走世界記録

【解答】
　ア）およそ 1 m/s
　イ）およそ 5 m/s
　ウ）およそ 10 m/s

> **8-2 KEY POINT**
> ●健常成人による自然歩行の速度は，毎秒およそ 1 m 強．

【解説】　表 8-2 に代表的な歩行ならびに走行中の平均速度の一覧を示した．

表 8-2　代表的な歩行と走行の平均速度

(2008. 10. 20 現在)

	男性				女性			
	km/時	m/分	m/s	選手名	km/時	m/分	m/s	選手名
一般人歩行	4.8	80	1.33		4.5	75	1.25	
一般成人(20歳)50m走	24.6	410	6.83		20.2	336	5.61	
競歩(20km)世界記録	15.8	263	4.39	Sergey Morozov（ロシア）	14.3	238	3.97	Olimpiada Ivanova（ロシア）
マラソン世界記録	20.6	343	5.72	Haile Gebrselassie（エチオピア）	18.8	313	5.21	Paula Radcliffe（イギリス）
マラソン日本記録	20.1	335	5.58	高岡寿成	18.2	304	5.06	野口みずき
100m走世界記録	37.2	619	10.32	Usain Bolt（ジャマイカ）	34.3	572	9.53	Florence Griffith-Joyner（アメリカ）
100m走日本記録	36.0	600	10.00	伊東浩司	31.7	528	8.80	二瓶秀子
200m走日本記録	35.9	599	9.99	末續慎吾	30.9	514	8.57	信岡沙希重

男性534名，女性572名の自然歩行を分析した研究（Finley and Cody, 1970）によると，歩行速度の幅は2.2–7.5 km/時で，平均すると男性は4.8 km/時（1.33 m/s），女性は4.5 km/時（1.25 m/s）であった．歩行速度は個人差も大きく，加齢の影響も受けるが，健常成人による自然歩行では，1秒間におよそ1 m強の距離を進むのが一般的と考えられる．「いずれかの足がつねに地面から離れないようにして歩くこと」をルールとして定めている競歩は，まさしく究極の歩行能力を競うスポーツ競技だといえる．表8-2より競歩のトップ選手は，レース中自然歩行の3倍以上のスピードで歩いていることがわかる．持久的な走行能力を競うマラソンは，オリンピックの花形競技である．日本が誇る金メダリスト，野口みずき選手をはじめ，一流のマラソンランナーたちは，平均秒速5 mを超える驚異的なペースで42.195 kmという長距離を走破するのである．一方，世界最速王を競う男子100 m走の世界記録では，平均秒速が10 mを超える．人間の秘める運動能力には驚かされるばかりである．

　トップアスリートの驚異的な能力をイメージするために，簡単な計算をしてみよう．駅から学校までが徒歩30分の距離にあるとする．マラソン世界記録のペースで走った場合，学校まで約何分で到着できるだろうか？

　一般男性の歩行速度はおよそ80 m/分なので，駅から学校までの距離は，80 m/分×30分＝2400 mより，2.4 km程度である．

　男子マラソン選手がこの距離を時速20 km/時で走ったとすると，2.4 km÷20 km/時＝0.12時間＝0.12時間×60分＝7.2分より，7分12秒となる．

　一般人が徒歩で30分かかる距離でも，マラソンの世界記録ペースでは，たった7分ちょっとで到着してしまうのだ．これだけでも十分に驚異的であるが，当然ながら2.4 kmという距離は42.195 kmと比べると圧倒的に短いため，実際にはもっと速く走ることができる．反対に，万が一100 m走の世界記録ペースで2.4 kmを走ったとしたら，約4分で到着してしまうが，100 m走のスピードを2.4km維持するのは当然不可能だ．そこで，男子2000 m走を参考にしてみると，その世界記録はおよそ4分45秒である．もし男子2000 mの世界記録ペースで走ったとしたら，駅から学校まで6分以内に到着できる計算となる．

Lecture 8-3　振り子のふり!?　〜歩行の効率性〜

【例題】　同じ距離を移動する際，歩いていくのと走っていくのとでは，消費エネルギーはどちらが小さい？
　ア）歩いていくほう　　イ）走っていくほう
　ウ）どちらもほぼ同じ

【解答】
　ア）歩いていくほう

> **8-3 KEY POINT**
> ●身体運動の効率(%)＝仕事量/消費エネルギー量×100．
> ●ヒトの直立二足歩行は，**振り子**に似た運動形態であるため，エネルギー効率がよい．

【解説】　身体運動における（機械的）効率は，外部に対してなした（機械的）仕事量（Lec. 3-5）を，身体運動を遂行するときに消費した生理的エネルギー量で割った比率（%）として求められる．

　ヒトの歩行は，きわめて効率のよい移動運動である．このため，その気になれば何時間も歩き続けることができるのである．所要時間を考慮しなければ，同一距離を移動する際は，走行よりも歩行のほうがエネルギー効率が高い，すなわち消費エネルギーが少なくてすむということになる．それでは，こうした歩行の効率性を支えるメカニズムはどのようなものであろうか？

　ヒトの直立二足歩行は，**振り子**のような運動形態である（図 8-3A）．壁掛け時計などで利用されている振り子は，位置エネルギーと運動エネルギー（Lec. 3-6）の変換を繰り返しながら効率よく動き続けることができる．ヒトの歩行動作はおおよそ振り子に似ており，このためエネルギー効率がきわめて高い．しかし，当然エネルギー変換時には損失が生じ，この消失分を筋活動によって補っている．また，歩行にはエネルギー効率が最大となる至適歩行速度

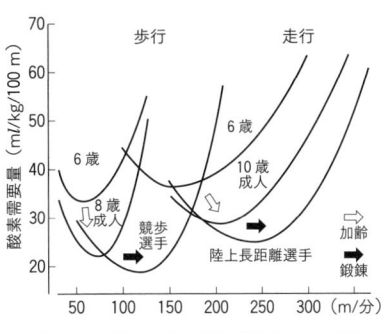

図 8-3B 運動強度と酸素消費量との関係（後藤，2001）

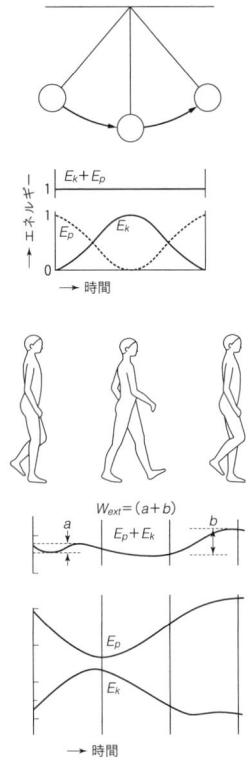

図 8-3A 歩行の振り子モデルとエネルギー（Cavagna and Margaria, 1966 より改変）．E_k：運動エネルギー，E_p：位置エネルギー，W_{ext}：外的仕事

（一般に 70-80 m/分）が存在するといわれている（図 8-3B）．すなわち歩行速度が速すぎても遅すぎてもエネルギー効率は低下するのである．また，エネルギー効率は，発達やトレーニングによって向上することも知られている．

マラソンに代表される長距離走では，効率はきわめて重要な要因である．移動速度が 120-130 m/分以上になると，歩行よりも走行のほうが，エネルギー効率が高くなる．これは走行の着地時に，腱（＋筋肉）が引きのばされて蓄えられた弾性エネルギー（Lec. 9-6）を利用できるためと考えられる．走行の効率は，筋線維組成（Lec. 6-2）などの生理学的要因にもおおいに影響されるが，ランニングフォームをはじめとする技術的要因も無視できない．たとえば，走行中の身体重心の上下動が大きい場合，上下方向への余分なエネルギー消費により効率が低下する可能性がある．このことは左右方向についても同様であり，この 2 方向への振幅を最小にして，円滑に直線方向へと進むのが効率的な走行動作であるといえる．競技中のエネルギー効率を高めるための技術習得は，陸上競技のみならず，自転車のロードレースや端艇競技，水泳競技などの数多くのスポーツでも重要である．

Lecture 8-4　歩幅でかせぐか，歩数でかせぐか
～ストライド，ピッチの関係～

【例題】
Q1：一流選手による 100 m レース中の総歩数はおよそ何歩？
　ア）30 歩　　イ）45 歩　　ウ）60 歩
Q2：平均の歩幅（ストライド）は何 m くらい？
Q3：1 秒間の平均歩数（ピッチ）は何歩/s くらい？

【解答】
Q1：イ）45 歩
Q2：100 m ÷ 45 歩 ＝ 約 2.2 m/歩
Q3：45 歩 ÷ 9.77 秒 ＝ 約 4.6 歩/s

── 8-4 KEY POINT ──
● 走スピード(m/s)＝ストライド(m/歩)×ピッチ(歩/s).
● 泳スピード(m/s)＝ストローク(m/回)×ピッチ(回/s).

【解説】　走スピードと歩幅（ストライド），単位時間あたりの歩数（ピッチ）の関係は，

$$走スピード(m/s) = ストライド(m/歩) \times ピッチ(歩/s)$$

によって表される．

　この式からわかるように，より速く走るためには，ストライドかピッチ，あるいはその両方を高めることが必要である．世界の一流スプリンターは，平均 2 m 以上という大きなストライドで，跳びはねるように，かつ 1 秒間に 4 歩を超える高速ピッチで脚を回転させることによって，10 秒未満という超人的なタイムで 100 m を走破するのである．

　以上のように，ストライドとピッチはスプリント競技の記録を決定づける重要な要素であるため，実際のレースでも，VTR 映像に基づいて区間ごとのストライドとピッチ，走スピードの変化を求めるなどの分析がなされている（図 8-4A・B）．100 m レース中の走スピードについては，レース前半（0-40 m あ

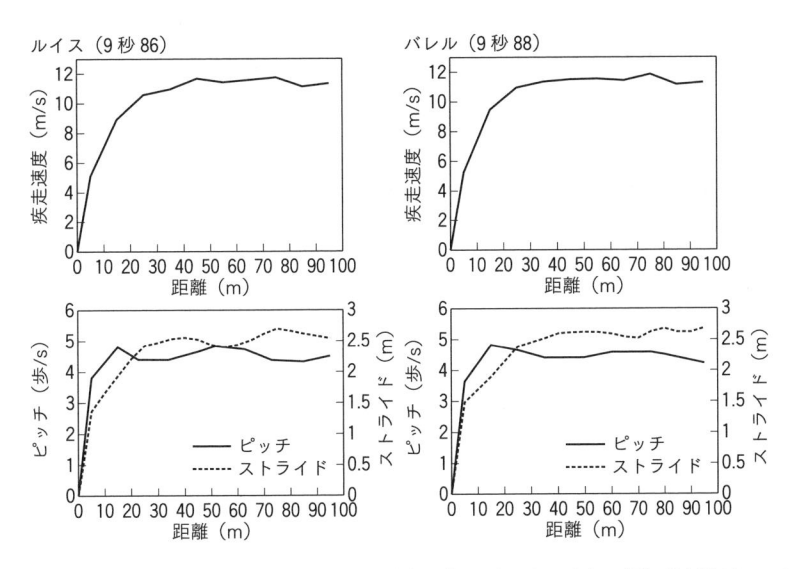

図 8-4A　カール・ルイス選手とリロイ・バレル選手のピッチとストライドの変化（阿部ほか，1994）

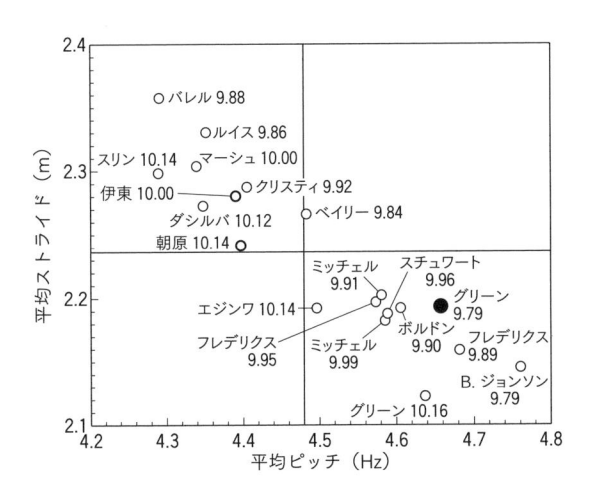

図 8-4B　世界一流スプリンターの 100 m レース中の平均ピッチと平均ストライド長の関係（杉田・深代，2000）

たり）まで顕著な増加がみられ（加速期），その後高いスピードが維持され（最高スピード維持期），レース終盤（減速期）に減速するというパターンが代表的である．

また阿江ら（1994）は，一流スプリンターにみられる100mレース中のストライドとピッチの変化パターンを次の3つに分類している．

① ピッチ，ストライドの順で増加した後，終盤でピッチが減少し，ストライドが増加するパターン．

② パターン①と同じだが，終盤でストライドが減少し，ピッチが増加するパターン．

③ ピッチ，ストライドともに大きな変化がなく，ピッチが維持されるパターン．

このように，一流スプリンターはさまざまな戦略でピッチとストライドのバランスをとることによってスピードを高めたり，高めたスピードを維持しながらレースを戦っているのである．

ちなみに，走速度を泳速度，ストライドをストローク（1かきあたりの推進距離）に置き換えれば，水泳における泳速度を，

$$\text{泳スピード (m/s)} = \text{ストローク (m/回)} \times \text{ピッチ (回/s)}$$

と表すことも同様に可能である．

Lecture 8-5　足は何歳まで速くなる？　〜走能力の発達〜

【例題】
Q1：男子と女子の疾走速度は平均でそれぞれ何歳くらいまで上がる？
ア）11歳　　イ）13歳　　ウ）17歳
Q2：発育発達にともなって疾走速度が上がる理由として，もっとも適切なのはどれ？
ア）主にストライドが上がるから　　イ）主にピッチが上がるから
ウ）ストライドとピッチが同じくらい上がるから

【解答】
Q1：男子はウ）17歳，女子はイ）13歳
Q2：ア）主にストライドが上がるから

---- 8-5 KEY POINT ----
●走速度は男子では17歳頃まで増大する．
●女子では13歳以降の走速度の増大はほとんどみられなくなる．
●走速度の増大は，男女ともにピッチよりも主にストライドの増大による．

【解説】　走運動は男女とも生後およそ18ヶ月以降にみられる．加藤ら（Katoh et al., 2001）は，走運動の運動形態学的な発達特徴をとらえ，移動運動の発達は歩行からリープ（左右いずれか1歩のキックによる非支持局面の出現）を経て走運動が出現する順序であったと報告している（図8-5A）．こうした未熟な走動作を幼児期に獲得した後，走能力は加齢とともに発達する．

(a) 急ぎ足の歩行
(b) リープ
(c) もっとも初期のランニング

図8-5A　走行から走動作出現までの発達過程（Katoh et al., 2001）

第8講　競歩≠マラソン　　151

図 8-5B は先行研究（宮丸，2001）によって報告されている疾走速度とストライド，ピッチの横断的経年変化である．疾走速度は男女とも 12 歳頃まで加齢にともなって増大する．その後，男子では 17 歳頃までさらに疾走速度が増大するのに対して，女子では 13 歳以降の疾走速度の増大はほとんどみられなくなる．ストライドは男女とも疾走速度とほぼ同様に，加齢とともに増大するが，ピッチは 2 歳から成人まで明確な経年的変化はみられない．以上をまとめると，約 1 歳半から 12 歳までの疾走速度の発達は，男女ともにピッチよりも主にストライドの増大によるものであると考えられる．

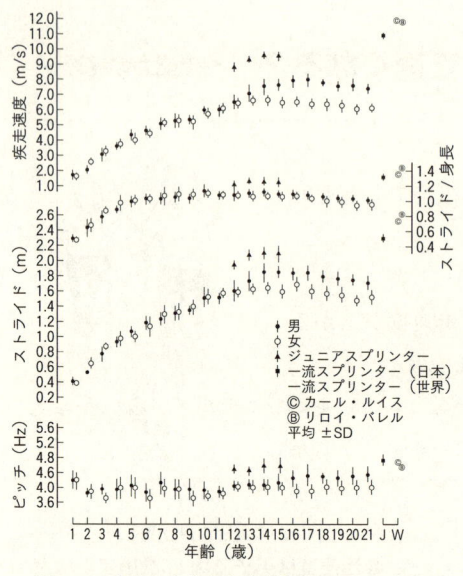

図 8-5B 加齢にともなう疾走速度，ストライド，ピッチの変化（宮丸，2001）

Wickstrom (1975) は，走動作の発達に着目し，加齢にともなう発達傾向を以下のように要約している．

① ストライドが増大する．

② 身体の上下動の相対量が減少する．

③ 離地時の下肢関節伸展が増大する．

④ 非支持時間が増大する．

⑤ 回復期における踵の臀部への引きつけが顕著になる．

⑥ 大腿の引き上げが増大する．

⑦ 接地足の位置が身体重心の真下に近づく．

⑧ 回復期の膝の外転が減少する．

Wickstrom による要約は主に観察に基づくものであったが，近年ではこれらを客観的に裏付けるデータも得られ，走動作の発達機序がさまざまな観点から明らかになりつつある（宮丸，2001）．

Lecture 8-6　走りの原動力　〜疾走中の筋活動〜

【例題】　走行中の下肢の筋活動について正しいのはどれ？
　ア）地面を蹴った後，大腿を引き上げるために股関節の屈曲筋力の発揮が重要である．
　イ）支持期に片脚で体重を支えるためには，膝関節での伸展筋力の発揮が重要である．
　ウ）支持期に地面を力強く蹴り，推進力を得るためには，股関節での伸展筋力の発揮が重要である．

【解答】
　すべて正しい

---- 8-6 KEY POINT ----
●走行中の大腿の引き上げ動作には，股関節の屈曲筋力が重要．
●地面を蹴る直接の原動力として，股関節の伸展筋力が重要．
●膝伸展筋力は，支持期に体重を支えるとともに，前方推進力を得る役割を果たす．
●足関節底屈筋力は，前方推進力を増す役割を果たす．

【解説】　筋電図の計測（Lec. 12-4）や逆ダイナミクスによる関節トルクの推定（Lec. 4-3）などを通じて，走行中の下肢筋活動の機序が解明されている．ここではスプリントの中間疾走における筋長変化と筋電図（EMG），関節トルクの先行研究データ（図4-3, 図8-6, 馬場ほか, 2000）を参考に，下肢筋活動の特徴について関節ごとに要約する．
〔股関節〕　キック期後半からスウィング期中間まで屈曲トルクが発揮されるが，これは腸腰筋と大腿直筋の活動による．このトルクは大腿の引き上げ（もも上げ）動作に重要である．接地中期までは伸展トルクが発揮されるが，これは大臀筋と大腿二頭筋の活動による．このうち〈HT-2〉は接地準備のためと考え

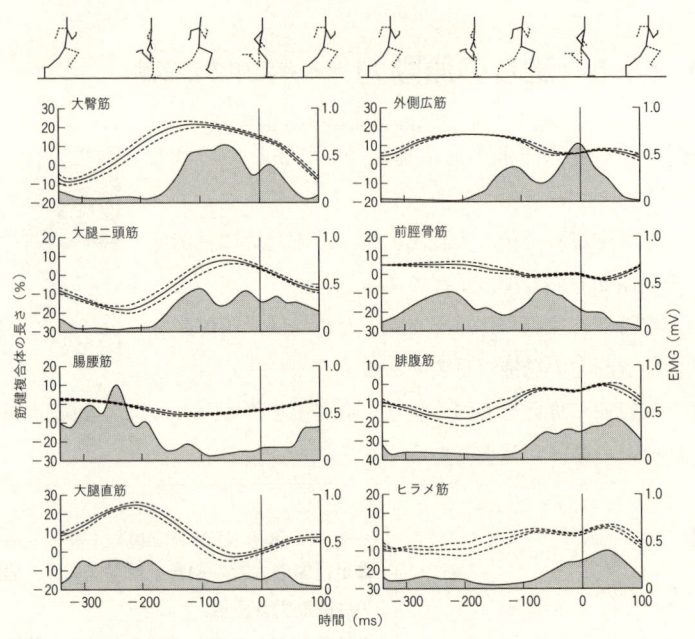

図8-6 中間疾走1サイクルにおける筋腱複合体の長さ変化とEMG（網かけ部分）
（馬場ほか，2000）

られ，〈HT-3〉はキックの直接の原動力として重要である．走スピードは股関節の屈曲/伸展トルクに強く依存している．

〔膝関節〕 スウィング期前半は膝関節が屈曲するが，大腿直筋の伸張性収縮によって伸展トルクが発揮される．スウィング期後半には膝関節が伸展するが，大腿二頭筋によって屈曲トルクが発揮される．同じ局面における外側広筋の活動は，接地の瞬間の膝関節角度を適切に保つ働きがあると考えられる．キック期には外側広筋によって伸展トルク〈KT-3〉が発揮される．このトルクは，体重を支えるとともに，前方推進力を得るうえで重要である．

〔足関節〕 スウィング期前半に前脛骨筋が活動するが，関節トルクはほとんど現れない．スウィング期後半には腓腹筋とヒラメ筋が活動を開始するが，前脛骨筋も拮抗的に活動する．接地期は腓腹筋とヒラメ筋が共同的に活動することによって伸展（底屈）トルクを発揮する．このトルクは前方推進力を増す役割を果たす．

Lecture 8-7　ももを上げても速く走れない!?
〜速く走るための科学的要点〜

【例題】　速く走るためにもっとも重要な役割を果たす関節はどれ？
　ア）股関節　　イ）膝関節　　ウ）足関節

【解答】

　ア）股関節

---- 8-7 KEY POINT ----
- 速く走るためには，股関節をダイナミックに動かすことが重要．
- ももは高く上げるのではなく，速く上げる．
- 引き上げた脚の膝や足首はリラックスさせる．

【解説】　速く走ることは，陸上競技の走種目はもちろん，バスケットやサッカーなど陸の上のスポーツではたいへん重要であるため，古くから走能力向上については探求されてきた．私たちが学校体育で教わった速く走るための方法は，ももを高く上げる，腰を高くして走る，腕を大きく振る，などであったが，ここ15年のバイオメカニクス研究によってそれらは否定され，以下のような，速く走るためのスプリント理論ができあがった．それを簡単にまとめると，

① 走動作の接地中に，接地脚は膝と足関節をほぼ固定して屈伸せず（接地期最後でも膝や足関節を伸ばさない），股関節の伸展のみで身体を前方へ移動させる．

② 振り上げ脚は股関節の屈曲だけで，膝と足関節はリラックスさせる．

　つまり，重要なのは股関節を中心にしたドライブとスウィング動作である（深代ほか，2000）．ちなみに，もも上げの角度と走速度には関連性はなく，ももを高く上げたからといって，速く走ることができるわけではない（図8-7）．ももは，速く上げることが重要なのである．このように，目指す動作が具体的

脚をふり戻し，ここで
指のつけ根から着地

ふり出し脚（左脚）は，股関節を
使って素早く前にふり出す．左足
の膝と足首はリラックスさせる

支持脚（右脚）は，1本の棒のようにして前から後
ろへ引き戻す．股関節を大きく働かせ，膝と足首は
しっかり固定させて，無理に伸ばしたりしない

腕をふることで腰を回す．ここでは右
腕を勢いよく後ろに引くことで，右腰
を前に出す（腰を回す）

右脚のももを素早くふり上げること
によって，脚を巻き込む．膝がリラ
ックスしていると自然に屈曲される

上体と下体がもっと
もねじれている局面

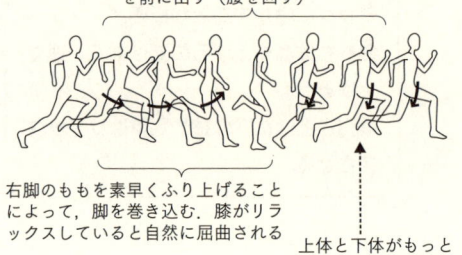

図8-7 スプリント走のバイオメカニクス的要点
（深代，2004）

になれば，どの筋を鍛えればよ
いかということも明らかになる．
①の振り戻しは大臀筋とハムス
トリングス，②の振り上げは腸
腰筋が主動筋となる．また，股
関節屈伸筋力が同じならば，脚
の末端（下腿）は細く軽いほう
が速く動く．以上より，スプリ
ンターのための走り方と，理想
的なボディデザイン（股関節ま
わりの体幹を鍛えて手足の末端
は細く）がスポーツ科学の研究
を基にして示されたのである．

「ナンバ走り」がいまブーム
になっており，多くの書籍や雑
誌でも取り上げられている．こ
の背景には，日本短距離界の第
一人者である末續慎吾選手がト
レーニングに取り入れたなどの
話題性があるからである．しかし，一般の人が「ナンバ走り」のドリルを行っ
たからといって，かならずしも速くなるわけではない．本来，「ナンバ走り」
とは，右手右足，左手左足という同じ側の手足を同時に出すという，忍者のよ
うな走り方のことをいう．そういった走法では，速く走れるはずはない．「ナ
ンバ走り」とは，このような走りの型ではなく，姿勢や動作などのエッセンス
を走りの中に取り込んでいこうということなのである．トップアスリートは，
さらに1つ上の走りを目指し，さまざまな手法を取り入れて，走りの中で応用
できないかを試している．その1つが「ナンバ走り」なのである．いろいろな
走りを試しながら，自分にあった新しい"気づき"を体得しようとしている．
このような感覚的な視点は，かならずしも，すべての選手に同じ手法として当
てはまるわけではないことに注意しよう．

Lecture 8-8　キレのあるターンとは？　～走方向の変換～

【例題】　右図は向かって左方向への走方向変換のフットワークを示している．この3種類のフットワークのうち，方向変換にもっとも有利なのはどれか？
　　ア）オープンステップ
　　イ）クロスステップ　　ウ）フォワードステップ

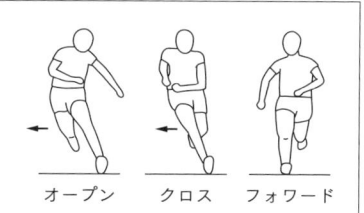

【解答】
　　ア）オープンステップ

―― 8-8 KEY POINT ――
●走方向変換の第1歩は，オープンステップ，クロスステップ，フォワードステップに大別できる．
●素早く走方向を変換するには，大きな地面反力を得やすいオープンステップが有利である．

【解説】　陸上の短距離走などとは異なり，球技ではボールや相手選手の動きに対応する必要があるため，直線的に走るよりも，走方向を変換しながら走ることが圧倒的に多い．サッカーやラグビーなどの球技では，攻撃側の選手は守備側の選手をかわさなければならず，逆に守備側の選手は攻撃側の選手にかわされまいと対応する．このように，球技では攻撃でも守備でも，素早く走方向を変換できるスキルが非常に重要である．

　大築ら（1986）は，走方向変換の第1歩として，以下の3種類のステップをあげている．
① オープンステップ：変更方向と反対側の足を大きく外側に踏み出す．
② クロスステップ：変更方向と同側の足と頭頂点を通る鉛直線を横切って反対側に踏み出す．
③ フォワードステップ：足を前方に着地し進行方向に対してブレーキをか

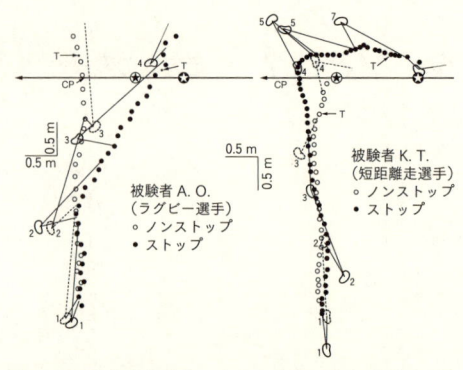

図8-8A 方向変換動作にともなう頭頂部の軌跡と足の着地位置の典型例（大築ほか，1986）

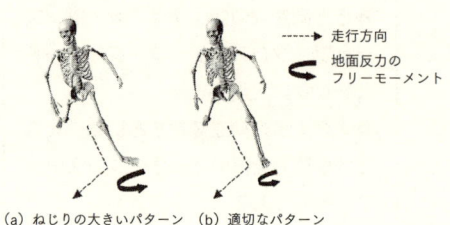

図8-8B 方向変換動作と脛骨に対するねじり負荷のパターン（Kawamoto et al., 2003）

ける．

　大築らは球技熟練者と未経験者を対象として，ターゲットキャッチの実験を行い（図8-8A），ターゲットキャッチまでの所要時間を基本とした「素早さ指数」や「フットワーク指数」を求めた．これらの指数より，歩数が少ないほど，速度低下が少ないほど，また変更第1歩による方向変換量が大きいほど，短い時間で走方向を変換できることが示された．また，各ステップにともなう床反力の力積，着地時間，平均の力の分析結果から，素早く走方向を変換するためには，大きな地面反力を得やすいオープンステップが有利であると結論している．

　走方向変換のスキルについては，脛骨に対するストレスや膝の靭帯損傷回避などの整形外科的見地からも研究が進められている．川本ら（Kawamoto et al., 2003）は，オープンステップでの方向変換動作にともなう脛骨ねじり負荷を定量し，脛骨へのストレスが増大しやすい動作パターンを提示している（図8-8B）．

　巧みで安全な方向変換動作のメカニズムはいまだ十分に解明されているとはいいがたく，今後は競技状況をより忠実に再現した中でのフットワークスキルの研究も期待されるところである．

Lecture 8　確認テスト

問題 1　歩行周期について，以下の空欄を埋めよ．
(1) 踵が接地して，再び同側の踵が接地するまでの動作を［①］と呼び，単位時間あたりの歩数を［②］という．
(2) 歩行周期は，踵接地・足底接地・立脚中期・踵離地・足指離地からなる［③］相と，加速期・［④］中期・減速期からなる［④］相に分けられる．
(3) 速度を増すと，［⑤］相が消失して，［⑥］相が出現し，歩行から走行へと動作が変容する．

問題 2　男子マラソン世界記録の平均時速はおよそ 20 km/時である．20 km/時を分速（m/分）ならびに秒速（m/s）に変換せよ．

問題 3　ヒトによる歩行と走行に関する以下の記述のうち，正しいものはどれか？
(a) 歩行のエネルギー効率は，速度にかかわらず一定である．
(b) 発育発達にともなって疾走速度が上がるのは，主にストライドが大きくなるからである．
(c) 走行で地面を蹴った後，大腿を引き上げるためには股関節屈曲筋力が重要である．
(d) 走方向変換の第 1 歩としてもっとも有利なのはクロスステップである．

問題 4　100 m の平均ストライドが 2.0 m/歩，平均ピッチが 4.5 歩のスプリンターの平均走速度を求めよ．

問題 5　速く走るためのポイントとして適当なものはどれか？
(a) もも（大腿）を高く上げて走る．
(b) 支持脚を曲げすぎない．
(c) 肘は伸ばしたままで肩を中心に腕を振る．
(d) 重心の上下動を小さくする．

解 答

問題 1

① 重複歩（ストライド）　② 歩行率（ケイデンス）　③ 立脚
④ 遊脚　⑤ 両脚支持　⑥ 両脚同時遊脚

問題 2

分速 333 m/分

【解説】20 km＝20000 m，1 時間＝60 分 より，20 km/時＝20000 m/60 分＝333.33… m/分

秒速 5.6 m/s

【解説】20 km＝20000 m，1 時間＝60×60 秒＝3600 秒 より，20 km/時＝20000 m/3600 秒＝5.5… m/s

問題 3

(a) ×

【解説】歩行のエネルギー効率は速度によって変化し，至適速度（一般に 70－80 m/分）がある．

(b) ○

(c) ○

(d) ×

【解説】素早く方向変換するためには，変換方向と反対側の足を大きく外側へと踏み出す「オープンステップ」が有利である．

問題 4

走速度（m/s）＝ストライド（m/歩）×ピッチ（歩/s）より，
走速度（m/s）＝2.0（m/歩）×4.5（歩/s）＝9.0 m/s

問題 5

(a) ×

【解説】大腿は高く上げるのではなく，速く上げることが重要である．

(b) ○

【解説】支持脚はほぼ固定して屈伸せず，股関節の伸展で身体を前方移動させることが重要．

(c) ×

【解説】肘は軽く曲げて，リラックスして振るのが望ましい．

(d) ○

【解説】重心の上下動は小さいほうが効率がよい．

第9講
バネを活かす
筋腱複合体

　スポーツ場面では，選手の動きで，よく「バネがある」ということを耳にする．そのバネはとくに跳躍において用いられることが多い．跳躍は，「より高く」あるいは「より遠く」へ，重力に逆らって飛躍しようとするきわめてダイナミックな動作である．跳躍動作は本来，生存のために必要であった"敵としての動物から逃げる，あるいは獲物を追跡する"ときの基本的な動きに由来するが，まずは移動のために歩行や走行があり，その進化の延長として跳躍が可能になったといわれている．そして今日では，走り幅跳びや走り高跳びをはじめとして，棒高跳び，トランポリン，スキージャンプなど，跳躍を基本運動とするさまざまなスポーツが行われている．本講では，跳躍の基本的な仕組みについて学ぶとともに，スポーツをやっているとよく耳にする「バネがある」という意味の本質的な理解を深めることを目的とする．

「バネ」のあるスポーツ選手とは!?

Lecture 9-1　跳び出せ，空へ！　～跳躍の基礎～

【例題】身体と外界という系で考えたとき，身体へ加わる外力（Lec. 3-2）は何？
ア）重力　　イ）圧力　　ウ）抵抗
エ）腕力　　オ）意思力　カ）地面反力

【解答】
ア）重力
ウ）抵抗
カ）地面反力

--- 9-1 KEY POINT ---
● 身体に作用する外力は**重力・空気抵抗・地面反力**の3つである．
● 跳躍における身体重心の方向や飛距離は，離地時の初速度のベクトルによって決定される．

【解説】跳躍で身体が空中にあるとき，手足をどのように動かしても，身体重心は放物線となる．したがって，どのくらい高く・遠くへ跳べるかは，踏み切りで決まる．一方，棒高跳びのような道具を使う場合は踏み切り離地後のポールの使い方が高く跳ぶためには重要になり，またスキージャンプのような長い距離を'落ちる'飛躍の場合には空気抵抗をいかにコントロールできるかが勝負の分かれ目になる．本講では，自力の跳躍に焦点を当てる．

　跳躍は，運動の主体である身体が，逆に身体を客体として重力に抗して空中に投射することであると定義できる．身体と外界という系で考えたとき，身体に作用する外力（Lec. 3-2）は**重力・空気抵抗・地面反力**の3つである．跳躍にともなう垂直方向での身体重心の運動は，運動方程式（式9-1）にしたがう．静止立位姿勢の場合は加速度（a）がゼロなので，地面反力と体重が一致する（$F=w$）．垂直跳びのように身体を空中に投射するためには，地面反力（F）が体重（w）より大きくなければならない（$F>w$）．離地後は地面反力（F）はゼロとなり，外力は重力と空気抵抗だけとなることから，重心は放物線の経路をたどる．すなわち，跳躍における身体重心の方向や飛距離は，離地すると

> **式 9-1　跳躍の運動方程式**
> **（鉛直方向）**
>
> $$F - w = ma$$
>
> F：地面反力(N)
> w：体重(N)
> 　　ただし，$w = mg$
> m：体質量(kg)
> g：重力加速度(m/s^2)
> a：加速度(m/s^2)

きの初速度のベクトル（Lec. 9-4）によって決定され，空中では手足をどのように動かしても，身体重心の軌跡を変えることはできない．

跳躍にともなう地面反力は，軽い縄跳びで体重の約3倍（体重の3倍を3gという），縄跳びでできるだけ高く跳ぼうと思ったら体重の5倍，走り高跳びや走り幅跳びの踏み切りでは体重の10倍を超える．スペースシャトルの大気圏脱出は高々3gであることを考えると，運動中のg（地面反力あるいは加速度）がきわめて大きいことがわかる．

地面反力は跳躍能力によって個々人で差が生じるが，個人内でも動作様式によって異なってくる．阿江ら（1983）は膝屈曲の浅い場合（L：膝角度100度），中間的な場合（M：61度），深い場合（D：25度）の垂直跳びを比較し，地面反力のピーク値（体重あたり：BW）と踏み切り時間を，それぞれL：3.6BWと0.17秒，M：2.7BWと0.30秒，D：3.6BWと0.36秒と報告している．そして，Lでは踏み切り時間が，Dでは地面反力の大きさが制限因子となるが，Mでは両因子ともに制限因子とならないことからMの跳躍高が最大になると考察している．

Lecture 9-2　ノミに完敗！？　～ヒトの跳躍能力～

【例題】
Q1：ヒトが跳躍距離で勝てる動物はどれ？
Q2：ヒトが体長（身長）あたりの跳躍距離で勝てるのはどれ？
ア）カンガルー　イ）インパラ　ウ）ウサギ
エ）カエル　オ）バッタ　カ）ノミ

【解答】
Q1：ウ）ウサギ　　エ）カエル
　　　オ）バッタ　　カ）ノミ
Q2：なし

---- 9-2 KEY POINT ----
●ヒトの体長あたりの跳躍力は，カンガルーやノミにははるかに及ばない．
●一般には，手足が細くて長い体形が跳躍向きである．

【解説】　ほとんどすべての動物は多少なりとも跳ぶことができるが，動物でとくに優秀な跳躍の名手としては，カンガルー，インパラ，カエル，バッタ，ノミなどをあげることができよう（図9-2）．オープン競技の跳躍だったら，約13 mもジャンプするカンガルーの優勝であるが，身長（体長）あたりにすると，カンガルーは体長の約10倍で，ノミの約200倍に遠くおよばない．

ここで，動物の運動解析学者のGrayの"How Animals Move"（1953）を参考に，カンガルーやヒトが相対的な跳躍距離で，なぜノミにはるかに及ばないかということを考えてみよう．跳躍の高さ（h）は，身体が地面から離れるときの初速度（v）によって決まる（Lec. 9-3）．跳躍の高さは，身体の大きさ，すなわち質量（m）に関係なく，初速度だけで決まる．ただし，身体に大きな初速度を与えるには，大きな地面への力積（Lec. 3-4）が必要であるし，跳び出すときの運動エネルギー（Lec. 3-6）を大きくしなければならない．この運動エネルギーは，跳び出した後の跳躍の頂点で身体がもつ位置エネルギー（Lec. 3-6）と同じである．一般に，体重は体長の3乗に比例することから，

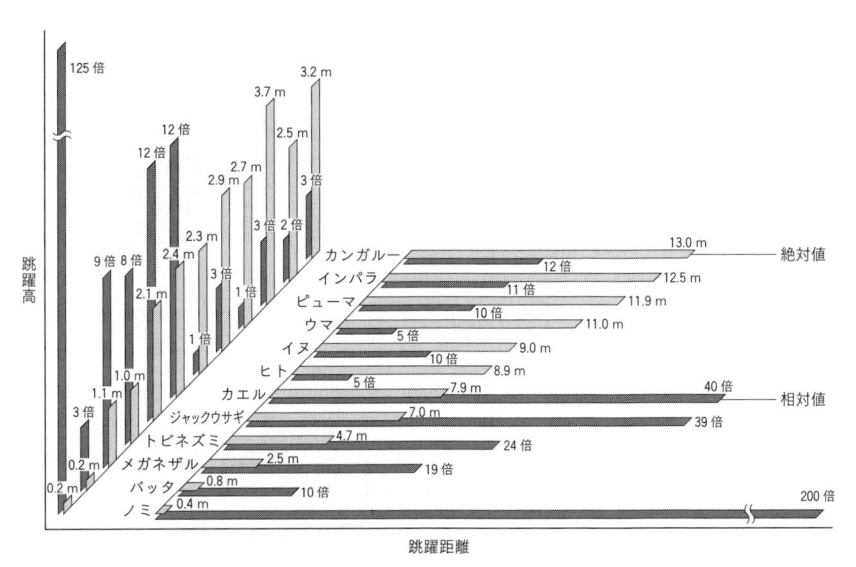

図 9-2 動物の跳躍能力（深代・武藤，1982）

跳躍に必要な位置（あるいは運動）エネルギー（体重×重力加速度×跳躍高）は体長の 4 乗に比例することになる．つまり，ジャンプに必要な脚筋の重量は，体長の 3 乗に比例しているので，体長が大きくなればなるほど跳躍のための筋量が足りなくなる．まさにこの点にこそ，体長の大きな動物が，小動物なみの相対的記録を実現することができない理由がある．これを「スケール効果」という．カンガルーの身体はノミに比べて何百倍も大きいから，ノミが 20 cm 跳ぶ際に使われるノミの筋肉 1 グラムあたりのエネルギーの何百倍ものエネルギーを供給したときにはじめて，ノミの体長の倍数と同じだけカンガルーが跳べることになる．しかし，このようなことは現実としてありえない．また，逆に，カンガルーとノミの単位あたりの筋力を比べたら，カンガルーのほうがノミよりも強力であることを知るのである．そして Gray は，A. V. Hill の言葉を引用して結論する．「安全性因子を保持して跳躍できる動物というものは，大型の動物であればあるほど，それだけ加速度が小さく，踏み切り時間は長くなるのだから，実はサイズにかかわりなしに同じ高さしか跳び得ないものであるべきなのだ」と．

第 9 講 バネを活かす

Lecture 9-3　目指せジャンプ王！
～垂直跳びのキネティクス～

【例題】 垂直跳びで跳び上がる前の踏み切りでの床反力のピーク値は，体重の約何倍になるか？
　　ア）約 1.5 倍　　イ）約 3 倍　　ウ）約 5 倍
　　エ）約 10 倍

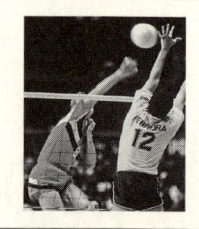

【解答】
　イ）約 3 倍

---- 9-3 KEY POINT ----
- 跳躍において，地面反力が体重以下となることを**抜重**という．
- 垂直跳びの跳躍高は，離地時の身体重心の鉛直初速度で決まる．
- 離地時の鉛直初速度は，踏み切り局面での重心最下点以降の力積によって決まる．
- 滞空時間から，跳躍高を推定することができる．

【解説】 垂直跳びはスポーツテストでもおなじみの跳躍力測定法である．垂直跳びで 1 cm でも高く跳ぶためにはどうすればよいのだろうか？　ここでは垂直跳びにともなう地面反力（鉛直成分），身体重心の鉛直方向の速度と変位をもとに，垂直跳びの力学的なメカニズムを考えてみよう（図 9-3）．

　図中の A–D の点は，それぞれ A：沈み込み開始，B：身体重心の最下点，C：離地，D：着地の時点を表している．安静立位での地面反力に相当する力の大きさ（ア）は，体重に相当する．図中の（イ）の局面では，跳躍前の沈み込みにともなって，地面反力が体重以下となっている．これを**抜重**という．力とその作用時間との積（面積）を力積（Lec. 3-4）というが，抜重後から重心最下点までの図中（ウ）の力積は抜重局面の力積（イ）と一致する．

　垂直跳びにおける最終的な跳躍高は，離地時の身体重心の鉛直方向の初速度で決まる．そして，この初速度を決定するのが図中（エ）の力積である．すな

わち，垂直跳びの跳躍高は，踏み切り局面での重心最下点以降の力積によって決まるのである．なお，離地（C）から着地（D）までの時間が滞空時間であり，図中（オ）は着地衝撃のピーク値を表す．

フォースプレート（Lec. 12-3）などを用いて滞空時間を計測することによって，式9-3により，垂直跳びの跳躍高を推定することができる．ただしこの方法からわかるのは，離地（図9-3C）での姿勢から最高到達点までの身体重心変位である．Cの姿勢はつま先立ちのため，一般に行われる垂直跳びとは測定結果がかなり異なるため注意が必要である．また，この方法で正確に跳躍高を評価するためには，離地時と着地時の姿勢が同じでなければならない．着地前から膝を曲げて降りたりすると，滞空時間が長くなるためである．

垂直跳びで腕を振ることで，跳躍高が増大するが，それは次のような理由によっている．脚の伸展によって体幹（肩）が上方への速度をもつが，肩の速度よりも速く腕を振ることによって，肩を下に押し付ける働きが生じて，結果的に地面反力を大きくして，跳躍高を増大させる（Hara *et al.*, 2006）．

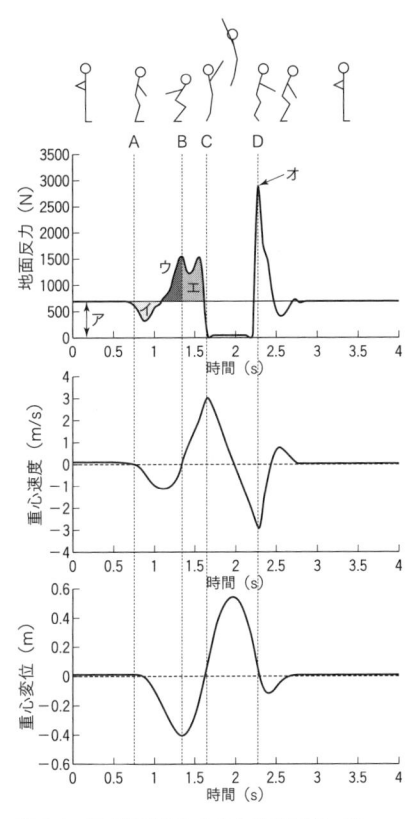

図 9-3 垂直跳びにともなう地面反力，重心速度，重心変位（鉛直方向）

式 9-3 滞空時間による跳躍高の推定式

$$h = \frac{gt^2}{8}$$

h：跳躍高(m)
g：重力加速度(9.8m/s^2)
t：滞空時間(s)

Lecture 9-4　より遠くへ！　〜走り幅跳びのバイオメカニクス〜

【例題】　走り幅跳びの記録を出すうえで，もっとも重要な要素は次のうちどれ？
　ア）踏み切り時のスピード
　イ）踏み切り時の重心の高さ
　ウ）跳躍（投射）角度

【解答】
　ア）踏み切り時のスピード

9-4 KEY POINT
- 走り幅跳びの跳躍距離＝踏み切り距離＋空中距離＋着地距離．
- 跳躍距離に対しては，空中距離の占める割合がきわめて高い．
- 踏み切り速度をいかに高めるかが空中距離を伸ばす最大のポイント．

【解説】　走り幅跳びは，助走をともなう水平跳躍としてもっとも一般的なものである．走り幅跳びは，助走，踏み切り，空中，着地の4局面からなり，跳躍距離（L）は踏み切り距離（L1），空中距離（L2），着地距離（L3）に分けられる（図9-4A）．このうち，L1とL3は体長と姿勢によって決まり，跳躍距離にほとんど影響しない．一方，L2は身体重心の空中移動距離であり，跳躍距離の約90％を占め，このL2は踏み切り時の速度ベクトルによって決まる．すなわち，走り幅跳びで記録を出すためには，空中距離L2をいかに伸ばすかがポイントとなる．図9-4Bは，走り幅跳びのパウエル選手（世界記録）とルイス選手の踏み切り準備動作である．パウエル選手は準備動作で腰を下げて高い跳躍を行い，ルイス選手は腰をあまり下げない低い跳躍をしていることがわかる．跳躍距離は踏み切り時の初速度（踏み切り速度）の2乗に比例する（Lec. 3-3）ことから，とくに水平方向への踏み切り速度をいかに高めるかが空中距離を伸ばす最大のポイントであるといえる．

　走り幅跳びにおいて，踏み切り後の身体重心は，空中に投げ出されたボール

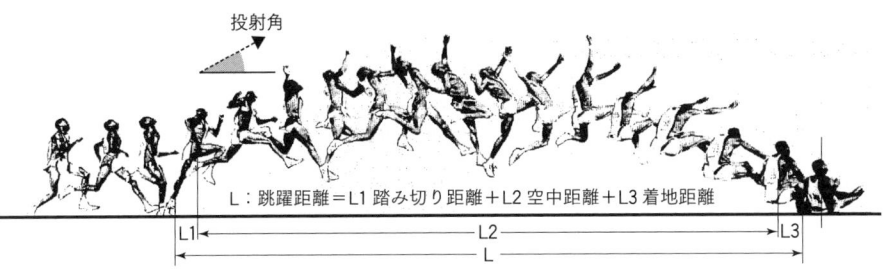

図 9-4A　走り幅跳びの局面分け（Fukashiro, 1983）

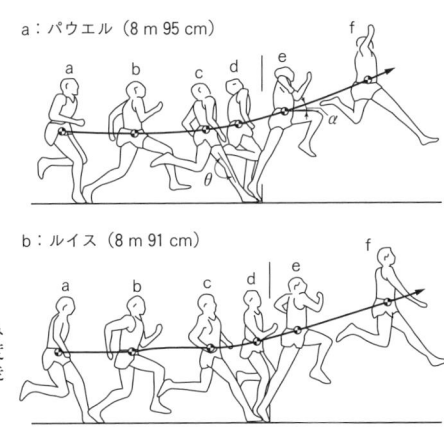

図 9-4B　パウエル選手とルイス選手の踏み切り準備動作．aパウエル：助走速度 11.0 m/s，跳躍角 23.1 度，bルイス：助走速度 11.1 m/s，跳躍角 18.3 度（深代ほか，2000）

と同様に投射体の放物運動となる（Lec. 3-3）．これによると，跳躍距離は投射角が 45 度のときに最大になるはずであるが，実際の走り幅跳びの至適投射角度は高くても 20 度程度である．これは，全力疾走に近い助走をともなう走り幅跳びでは，踏み切り速度の高さと方向の両条件を成立させることが困難であることと，着地時の重心高が離地時の重心高と比べて低いためである．

走り幅跳びにおける重心の方向や飛距離は，離地するときの状態（初速度ベクトル）によって決定され，空中では手足をどのように動かしても，身体重心の軌跡を変えることはできない．走り幅跳びで，空中で手を回したりするのは，踏み切りで生じた前方回転を抑えて，着地で前のめりになってロスをしないようにしているのである．踵の着地点は重心の着地点よりも手前にあり，着地動作だけで 0.20–0.60 m といった差が生じる（深代, 1990）．

第 9 講　バネを活かす　171

Lecture 9-5　より高く！　～走り高跳びのバイオメカニクス～

【例題】　身長185 cmの走り高跳び選手が，2 m 34 cmのバーをクリア．ジャンプによって身体を上昇させた高さは？
　ア）130 cmくらい　　イ）180 cmくらい
　ウ）230 cmくらい

【解答】
　ア）130 cmくらい

――― 9-5 KEY POINT ―――
● 走り高跳びの跳躍高＝離地時の重心高＋空中での重心上昇高－ロス．
● 跳躍高に対しては，離地時の重心高の貢献度がもっとも高い．
● 棒高跳びでは，離地からポールを離すまでの局面がもっとも重要．

【解説】　走り高跳びのパフォーマンスは，踏み切り離地時の身体重心の高さ（H1）に空中での重心上昇高（H2）を加えたものから，バーを越えるためのロス（H3）を減じたものとして表される（図9-5A）．H1は身長と姿勢によって決まり，H2が一般にいう跳躍力ということになる．クリアランスの巧みさはH3に表れる．跳躍高に占めるこれらの比率は，H1＝68.8％，H2＝36.3％，H3＝5.1％と，H2が（走り幅跳びのL2に比べて）意外に小さく，H1がかなり大きい（Hay, 1973）．つまり，長身選手が有利ということになる．

　走り高跳びでは，クリアしたバーの高さ（たとえば2 m 34 cm）が成績となる．バーを越すためには，身体重心をバーよりも高く上げなければならない．しかし，地面からバーまで身体重心を上げるわけではない．走り高跳びで重心を空中へと投射するのは踏み切り後のことである．踏み切りで地面から離れる直前（踏み切り離地時）の身体重心の高さは，静止立位姿勢の身体重心の高さ：身長の約55％に比較して，振り上げ脚や両腕を上げるので，少し高くな

図 9-5A 背面跳びのパフォーマンス構成要素（Hay, 1973）

1－踏み切り1歩前接地　2－最下点　3－離地
4－踏み切り足接地　5－離地

身体重心の軌跡
(2 m 21 cm)

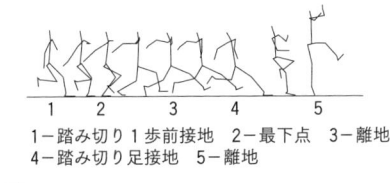

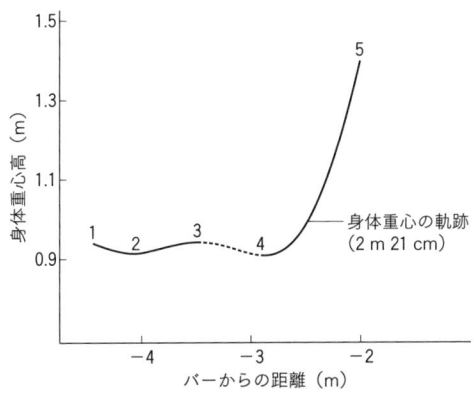

図 9-5B 背面跳びの踏み切り局面における動作と身体重心の動き（阿江ほか，1986）

る（図 9-5B）．身長 185 cm の選手が 2 m 34 cm のバーを越すためには，約 1.3 m の跳躍による重心上昇 H2 が必要ということになる．重心を 1.3 m 上昇させるためには，約 5 m/s の初速度が必要で，それは踏み切り時の地面反力の力積で決まる．なお，走り高跳びの投射角度は 50 度程度である．

背面跳びの助走で曲線を描くのは，踏み切り直前に内傾によって身体重心を下げておくことが 1 つの理由である．重心を下げて踏み切りに入ることで，踏み切り中の力積が同じならば初速度を高くできるという利点がある．曲線助走

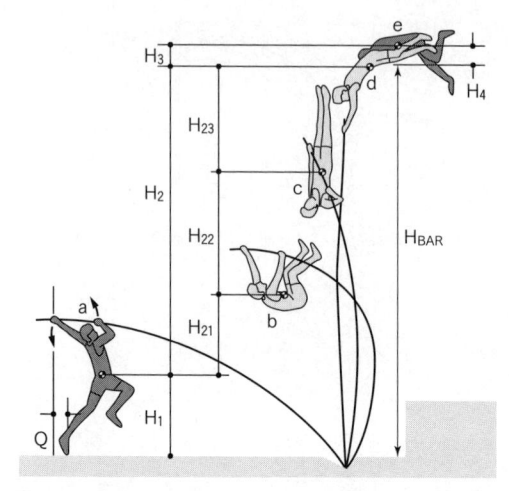

図 9-5C　棒高跳びのパフォーマンス構成要素（Hay, 1973）

のもう一点の利点として，踏み切り動作中に身体の捻転効果を使えることがあげられる．走り高跳びの踏み切りにおいては，体重の10倍を超える地面反力を受ける．体幹を巧みに捻ることで，大きな地面反力を受け止めるのである．

棒高跳びは，用具の助けを借りて最高到達点を競う跳躍競技である．棒高跳びのパフォーマンスを構成する要素とその比率は，踏み切り離地時 a の重心高 H1（20-21%），ポールを離す時点 d までの H2（77-80%），重心が最高点に達する時点 e までの H3（3-4%），重心とバー高の差 H4（−4-−6%）である（図 9-5C, Hay, 1973）．走り高跳びと異なるところは，踏み切り足の離地後でのポールを離す時点 d まで（H2 の範囲）ポールを介して地面反力を得ることで，重心の軌跡を変えられる点である．この H2 の移動こそが，棒高跳びの種目特徴であり，パフォーマンスへの貢献度からもわかるように，重要な局面なのである．

Lecture 9-6　バネの正体　～筋腱複合体～

【例題】　垂直跳びなどでは通常反動を使う．脚の反動を使うとより高く跳べる理由として，もっとも適当なものはどれ？
　ア）筋のもつバネ的特性を有効利用できる．
　イ）腱のもつバネ的特性を有効利用できる．
　ウ）靭帯のもつバネ的特性を有効利用できる．

【解答】
　イ）腱のもつバネ的特性を有効利用できる．

9-6 KEY POINT
- 筋線維と腱組織のユニットを**筋腱複合体**という．
- 筋は自ら収縮できるため，**収縮要素**と呼ばれる．
- 腱は自ら縮むことはできないが，バネのように伸ばされたら縮むため，**弾性要素**と呼ばれる．
- 反動動作によって腱に弾性エネルギーが蓄積され，続いて放出される．このメカニズムによって，関節はより高いパワーを発揮することができる．

【解説】　随意筋である骨格筋の筋線維は腱組織を介して骨に連結している．このような筋線維と腱組織のユニットを**筋腱複合体**という（図 9-6A）．筋腱複合体の中の筋は自ら収縮できるため**収縮要素**と呼ばれる．一方，腱は自ら縮むことはできないが，バネのように伸ばされたら縮むため，**弾性要素**と呼ばれる．反動動作を行うことによって，腱が引き伸ばされ，**弾性エネルギー**（バネやゴムなど変形する物体が伸びるときにもつエネルギー）が蓄積される．続いて，伸ばされた腱がバネのように縮む際に，この蓄えられた弾性エネルギーが放出される．このメカニズムによって，反動動作を用いた際には，関節はより高い

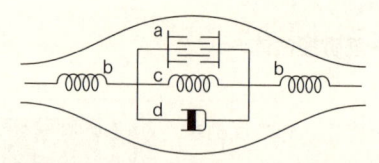

図 9-6A 収縮要素，弾性要素からみた筋・腱複合体モデル．a：収縮要素，b：直列弾性要素，c：並列弾性要素，d：粘性要素

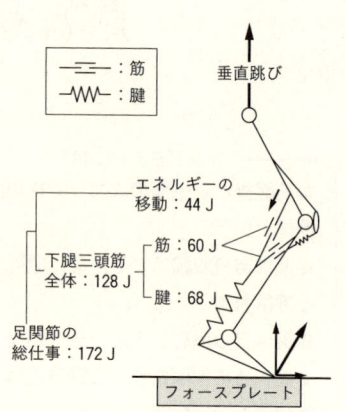

図 9-6B 垂直跳びにおける足関節の仕事の内訳（Bobbert *et al.*, 1986a, b の結果をもとに作図）

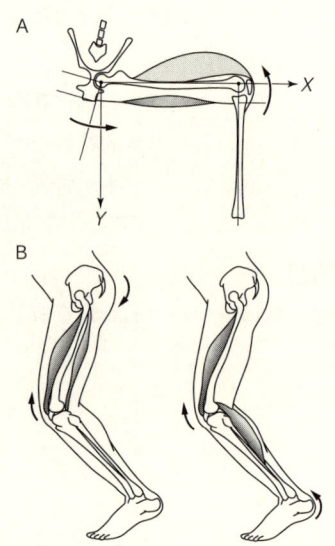

図 9-6C 二関節筋による力伝達作用

パワーを発揮することができる．

　主運動の前に，一度筋腱複合体が引き伸ばされる反動動作の効果として，主に弾性エネルギー・伸張反射（Lec. 10-2）・筋の増強効果という3つの効果が考えられている．この中で，もっとも大きな効果は，弾性エネルギーの利用である．「バネがある」というときのバネは，腱の弾性を利用したときのことをいう．なぜ，腱のバネ効果があると，高く跳べるのだろうか？ Bobbertら（1986a, b）が行ったモデル研究をみてみよう．垂直跳びにおける身体重心上昇期に，足関節のなした仕事（Lec. 3-5）をふくらはぎの複合体モデルにより計算すると172 Jであり，その内訳は下腿三頭筋全体が実際に短縮してなした仕事が128 J（筋：60 J＋腱：68 J），そして膝関節から移動した仕事が44 Jであった（図9-6B）．この移動は膝関節伸展筋が生み出したエネルギーのうち，

膝関節伸展には使われず（腓腹筋を通して）足関節伸展に使われたエネルギーを表すと考えられる．これは，二関節筋による効果として知られている（図9-6C）．そして，腱のバネがある利点は，反動動作によって，弾性要素が伸張された状態から短縮することにより，収縮要素，すなわち筋は見かけの短縮速度（筋腱複合体全体の短縮速度）よりも，遅い速さで短縮する．そのため，Hillの速さ-張力関係（Lec. 6-1）から，大きな力を発揮することができ有利になるのである．

腱のバネを有効に使うためには，まず腱を大きく引き伸ばすことである．そのためには腱に加わる力を大きくする必要がある．この力を大きくする動作がいわゆる「反動動作（伸張-短縮サイクル，SSC：Stretch Shortening Cycle)」である．簡単にいうと勢いよく反動をつけることがバネ利用になるのである．

腱のバネの強さを表すバネ定数は，ゴムなどと同様に腱の太さによっている．つまり，太い腱は硬く，細い腱は軟らかいということになる．跳躍動作のシミュレーション（Lec. 12-6）では，一般に，最大筋力を発揮したときに4%腱が伸張するというように設定していることが多い．自分のアキレス腱に触ってみて，その太さを友達のものと比較してみよう．

Lecture 9　確認テスト

問題 1　跳躍について，以下の空欄を埋めよ．
(1) 跳躍において，身体に作用する外力は［①］・［②］・［③］の3つである．
(2) 跳躍における身体重心の方向や飛距離は，離地時の［④］のベクトルによって決定される．
(3) 一般に，［⑤］が細くて長い体形が跳躍向きである．

問題 2　フォースプレートで計測した滞空時間が0.5秒だったとする．このとき，跳躍高は何cmになるか？　ただし，重力加速度は$9.8\,\mathrm{m/s^2}$とする．

問題 3　走り幅跳びに関する以下の記述のうち，正しいものはどれか？
(a) 跳躍距離に対しては，着地距離の占める割合が高い．
(b) 跳躍距離は踏み切り時の初速度に比例する．
(c) 跳躍角度の影響は踏み切り速度と比べると小さい．
(d) 空中で手足をジタバタさせると，身体重心の軌跡が変化する．

問題 4　走り高跳びに関する以下の記述のうち，正しいものはどれか？
(a) 跳躍高に対しては，空中での重心上昇高の貢献度がもっとも高い．
(b) 走り幅跳びでの投射角度が20度程度であるのに対して，走り高跳びの投射角度は50度程度である．
(c) 助走で曲線を描くのは，踏み切り直前に身体重心を下げておくことに対して利点がある．
(d) 棒高跳びでは，離地後ポールを離すまでがもっとも重要な局面である．

問題 5　身体のバネについて，以下の空欄を埋めよ．
(1) 筋線維と腱組織のユニットを［①］という．
(2) ［①］の中で［②］は自ら収縮できるため収縮要素と呼ばれる．［③］はバネのように伸ばされたら縮むため，弾性要素と呼ばれる．
(3) ［④］動作を行うことによって腱に［⑤］が蓄えられ，その後［⑤］が放出される．このメカニズムによって関節はより高いパワーを発揮できる．

解　答

問題 1

① 重力　② 空気抵抗　③ 地面反力　④ 初速度　⑤ 手足

※　①・②・③は順不同

問題 2

30.6 cm

【解説】式 9-3 より，跳躍高（cm）= 9.8 m/s² × 0.5s² ÷ 8 × 100 ≒ 30.6 cm

問題 3

(a) ×

【解説】跳躍距離に対しては，空中距離の占める割合がきわめて高い．

(b) ×

【解説】跳躍距離は，踏み切り時の初速度の 2 乗に比例する．

(c) ○

(d) ×

【解説】空中で手足をどのように動かしても，身体重心の軌跡を変えることはできない．

問題 4

(a) ×

【解説】跳躍高に対しては，踏み切り離地時の身体重心高が占める割合がもっとも高い．

(b) ○

(c) ○

(d) ○

問題 5

① 筋腱複合体　② 筋　③ 腱　④ 反動　⑤ 弾性エネルギー

第 10 講

巧みさは遺伝か？
スキル

　スポーツをやっていると,「あの人は運動神経がいいね」,あるいは「運動センスがあるね」などといった表現を耳にすることが少なくない.スポーツ活動を評価する尺度は,「強さ」と「巧みさ（上手さ）」の2種類に大別できる.それでは,「巧み（上手い）」と評価される動作とは,どんな動作なのだろうか.また,「巧みな動作」を獲得するためには,どのような要素が必要なのだろうか？　そして,「運動神経がよい」「運動センスがある」とは,どのような意味なのだろうか？　本講では,巧みさ＝スキルの定義をはじめとして,巧みな動作を獲得するうえでの要点について学ぶ.

「運動センス」は遺伝するか!?

Lecture 10-1　技術と技能の違い　〜スキル〜

【例題】　スキル（skill）の日本語訳として，もっとも適しているのはどれ？
　　ア）技術
　　イ）技能
　　ウ）発達

【解答】
　　イ）技能

---- 10-1 KEY POINT ----
● 身体が目的にかなった動きをするように身体諸機能を調節する随意的能力を<u>スキル</u>という．
● スポーツにおけるスキルの構成要素：① 状況把握能力，② 正確さ，③ 素早さ，④ 持続性．
● スポーツにおけるスキルの評価基準：① 合目的性，② 効率性，③ 力学法則への適合性．

【解説】　私たちはスポーツ選手の芸術的なプレーをみて，「上手だ」，あるいは「巧みだ」と感じる．一般に，スポーツ選手のみならず，芸術家や職人による「熟練された，巧みな動作を実行するために必要な能力」を**スキル**と呼ぶ．「巧みさ」を表現する言葉として，「技能」と「技術」の双方が用いられることがある．両者の関係を整理すると，技術（テクニック）とは「ある目的を達成するために定型化され，自動化された行動様式」である．この点で技術は「方法」あるいは「手段」だともいえる．一方，スキルとは「技術を営む能力」である．大築（1988）は，これらの点に加えてスキルの対象が随意運動に限定されるべきとの立場にたち，スキルの定義を以下のようにまとめている．

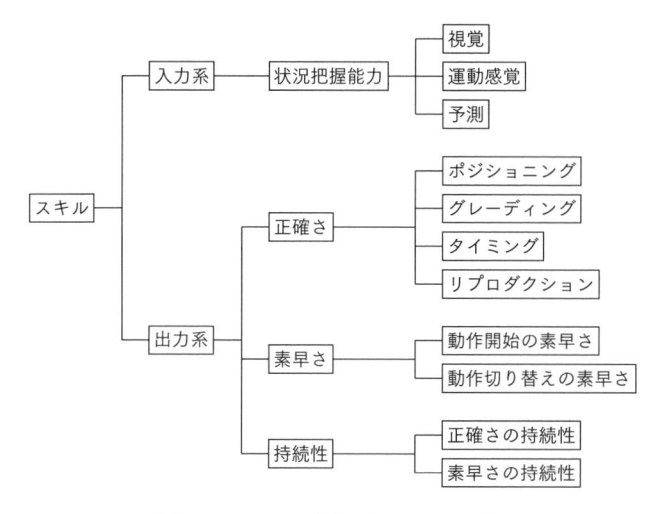

```
                                    ┌─ 視覚
                   ┌─ 状況把握能力 ─┼─ 運動感覚
         ┌─ 入力系 ┘                └─ 予測
         │
         │                          ┌─ ポジショニング
         │                          ├─ グレーディング
スキル ─┤        ┌─ 正確さ ────────┼─ タイミング
         │        │                 └─ リプロダクション
         │        │
         └─ 出力系┤                 ┌─ 動作開始の素早さ
                  ├─ 素早さ ────────┤
                  │                 └─ 動作切り替えの素早さ
                  │
                  │                 ┌─ 正確さの持続性
                  └─ 持続性 ────────┤
                                    └─ 素早さの持続性
```

図 10-1　スキルの構成要素（大築，1988）

スキルとは，身体が目的にかなった動きをするように身体諸機能を調節する随意的能力である．

スポーツにおけるスキルの構成要素は，図 10-1 のようにまとめられる．
① 状況把握能力：視覚や運動感覚にもとづいて状況を判断する入力面での能力．以下の能力を含むものである．
　　a. 静的視覚による相手や自分の位置，ボールなど物体の形に関する認知能力．
　　b. 動的視覚による相手や物体（ボールなど）の動きに関する認知能力．
　　c. 運動感覚による自らの身体運動の認知能力．
　　d. 相手や物体の動きに対する予測能力．「読み」や「カン」とも呼ばれるもの．
② 正確さ：動作を正確に行う出力面での能力．次のものが含まれる．
　　a. ポジショニング能力：必要な技術動作にかなった体肢の動きができる能力．
　　b. グレーディング能力：状況に応じて力（または動きの強さ）の調整が

できる能力.
　　c. タイミング能力：適切な時間に適切な時間的配列にしたがった動作ができる能力.
　　d. リプロダクション能力：同じ状況ではつねに同じ動きができる能力.
③ 素早さ：素早い動作ができる出力面での能力である．動作開始の素早さと動作の切り替えの素早さがある．前者は，陸上競技や水泳競技でのスタートに代表されるもので，反応時間として計測が可能である．後者は状況変化（相手選手のフェイントなど）に応じて動作を切り替える素早さであり，とくに球技などの対人競技において重要である．
④ 持続性：正確さと素早さの持続を含む出力面での持続能力である．ゴルフはよく「メンタルスポーツ」と称されるが，まさしく正確さの持続性が求められる代表的なスポーツである．一般にいわれる「集中力」は，この能力に近いかもしれない．

スポーツにおけるスキルの評価基準は以下のようにまとめられる．

① 合目的性：たとえば，100 m 走競技の主目的は「スピード」である．アーチェリーなどの標的競技の主目的は「正確さ」であり，新体操など芸術系競技の主目的は「美しさ」だといえる．このようにスポーツ競技の目的は多岐にわたっており，各競技で求められるスキルには，合目的的であることが求められる．
② 効率性：スポーツにおけるスキルは，合目的性と経済性とで評価されることが多い．効率とは，ある運動を遂行するのにともなうエネルギーの消費率のことである．とくに長距離走などの持久的運動では，効率が重要なスキルの指標となる．
③ 力学法則への適合性：重力が作用する地球上では，あらゆる身体運動は力学の法則を無視しては成り立たない．合目的的でかつ効率のよいスキルフルな身体運動を実践するためには，力学の法則を有効活用することが重要である．

Lecture 10-2　運動は脳で覚えろ！　〜反射と随意運動〜

【例題】　次のうち，反射運動はどれで随意運動はどれ？
　ア）熱いヤカンにさわって，とっさに手を引っ込めた．
　イ）ピストル音に素早く反応してスタート．
　ウ）考えごとをしながら散歩．

【解答】

反射運動：
　ア）熱いヤカンにさわって，とっさに手を引っ込めた．

随意運動：
　イ）ピストル音に素早く反応してスタート．
　ウ）考えごとをしながら散歩．

―――― 10-2 KEY POINT ――――
● ヒトの身体運動は，反射運動と随意運動に大別できる．
● 反射運動と随意運動の違いは，意思の関与があるかないかである．
● 人体には，伸張反射，屈曲反射，姿勢反射などさまざまな反射機構がそなわっている．
● 随意運動において，動作が練習によって効率的に改善されてゆく過程を熟練という．

【解説】　ヒトの身体運動は，**反射運動**と**随意運動**に大別できる．反射運動とは，神経衝撃（インパルス）が大脳皮質を経由せず，脊髄や脳幹などから運動神経，筋へと伝達されて発現する運動である（図10-2A，Lec. 6-8）．たとえば，熱いものにさわって思わず手を引っ込めるといった運動である．

　一方，随意運動とは，インパルスが脊髄から大脳皮質の感覚野・連合野を介して運動野に伝達され，運動指令が錐体路や錐体外路から運動神経，筋へと伝達されて発現する運動である（図10-2B，Lec. 6-8）．随意運動は，目的や意思に応じて，自由に開始したり停止したりできる運動である．陸上競技や競泳のスタートでは素早い反応が求められるが，「スタートする」という意思にも

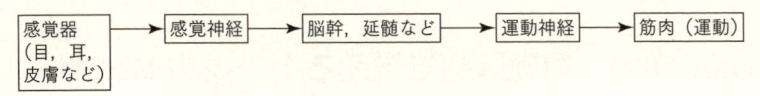

```
感覚器           感覚神経      脳幹，延髄など    運動神経      筋肉（運動）
（目，耳，  →              →               →             →
皮膚など）
```

図 10-2A　反射運動の経路

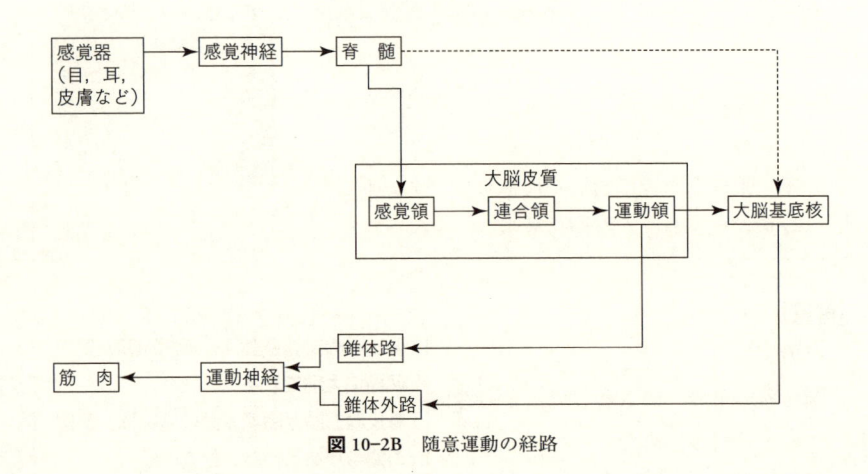

```
感覚器           感覚神経      脊髄
（目，耳，  →              →
皮膚など）
                                  大脳皮質
                         感覚領 → 連合領 → 運動領    大脳基底核

                                         錐体路
               筋肉  ←  運動神経  ←
                                         錐体外路
```

図 10-2B　随意運動の経路

とづいて行われるため，随意運動である．また，歩行は自動化された運動であり，ふだん意識することは少ないが，やはり「歩こう」という意思にもとづいて行われる運動であるため，随意運動である．

　人体にそなわっている代表的な反射機構を以下にまとめた．
① 伸張反射：引き伸ばされた筋がただちに収縮反応を示す反射．筋紡錘が感覚の受容器である．重力に抗して直立姿勢を保つうえで重要な働きをする．
② 屈曲反射：皮膚や筋に侵害刺激が加わった結果，屈筋の収縮が起こって関節が屈曲し，反対に伸筋が弛緩する反射．痛みなどの有害な刺激から，体幹や四肢を遠ざけるために働く．
③ 姿勢反射：姿勢保持に関する，脊髄より高位の延髄，中脳などが関与する反射．ヒトにおいても，以下のような姿勢反射が潜在的に存在する．
　　a. 緊張性迷路反射：空間での頭部の位置によって現れる姿勢反射．あお向けの状態で伸筋の緊張がもっとも強くなる．
　　b. 緊張性頸反射：体幹に対する頭部の位置変化により，四肢筋の緊張度

(a) 柔道における「内股」

(b) 相撲において「つり」・「突き」をこらえようとするときの姿勢

(c) 体操における種々の姿勢

(d) 野球における外野手の捕球姿勢

図 10-2C スポーツ競技にみる姿勢反射（福田，1957）

が変化する反射．顔を右へ向けると右上下肢の伸筋が緊張して伸展し，反対に左肢は屈曲する．この反射はさまざまなスポーツ競技中の姿勢にもみられる（図 10-2C）．

　c. 立ち直り反射：逆さに落とされたネコが，空中で体勢を立て直して着地するといった反射．

随意運動では，ある目的を果たすための動作が練習によって効率的に改善されていく．この過程を「熟練」といい，熟練度を決定する随意的能力をスキル（Lec. 10-1）と呼ぶ．ある動作を反復練習することによって，随意運動の実行にともなう脳神経系での情報処理時間が短縮される．これは，反復練習を行う前は，インパルスが大脳皮質の感覚野を通って連合野で処理され，運動野から錐体路を経て運動発現していたのに対して，反復練習によってインパルスが感覚野や連合野を通過せず，そのまま大脳基底核などを経て錐体外路に伝えられるためと考えられている．これを随意運動の自動化という．また，運動の自動化には，小脳が強くかかわっているといわれている．

スポーツをやっていると，「運動は身体で覚える」という言葉をよく耳にする．このときの身体は筋ではなく脳のことで，「脳」で覚えているのである．

Lecture 10-3　しなやかな動作とは？　〜ムチ動作〜

【例題】　速い球を投げるうえで，理想的な上肢3関節の速度変化パターン（速度の上がる順序）は？

　ア）手首 → 肘 → 肩
　イ）肘 → 手首 → 肩
　ウ）肩 → 肘 → 手首

【解答】

　ウ）肩 → 肘 → 手首

10-3 KEY POINT
- 投球や打撃などにおいて，身体をムチのように動かすことによって，末端部のスピードを高めようとする動作を<u>ムチ動作</u>という．
- ムチ動作では，身体の近位部から遠位部にかけて，速度が順々にピークを迎え，かつ漸増してゆく．
- ムチ動作は，身体中枢部で発生させたエネルギーの末端部への転移を反映している．

【解説】　スポーツにおける投球や打撃では，身体末端のスピードをいかに高めるかが重要なポイントとなる．**ムチ動作**は，多関節より構成されるヒトの身体運動において，身体をムチのように動かすことによって，末端部のスピードを高めようとする動作のメカニズムである．ムチ動作は，**運動連鎖**あるいは**から竿の動き**とも呼ばれる．

　ムチ動作は，熟練者による投げや打撃に共通する動作様式であり，仮に筋力が同じであってもムチ動作を適切に行える者ほど，より高いパフォーマンスを発揮できる．図10-3Aは，野球の投球動作における身体各部の速度変化である．投球にともなう身体各部の速度は，はじめに膝の速度が増して低下し，ついで腰，肩，肘，手首，最後にボールというように，各部位の速度が順々にピ

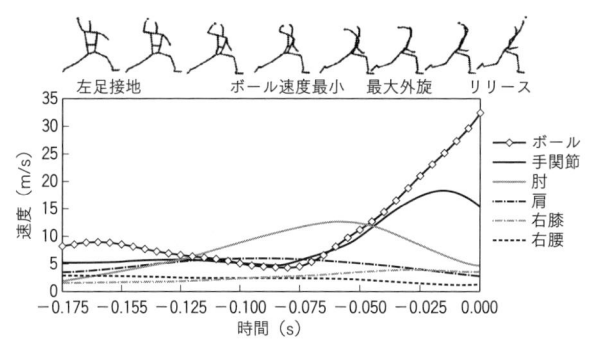

図 10-3A 野球の投球動作における身体各部の速度変化（島田，2002）

ークを迎えながら，末端にゆくほど増している．ムチ動作はやり投げやハンドボールのシュートなど，その他の投げ動作にも共通してみられる．さらにムチ動作は，ゴルフスウィング（図 10-3B）やテニスのサービス（図 10-3C）やバドミントンのスマッシュなどでも重要であり，下肢末端の速度を高めることが求められるサッカーのキックにおいても重要な動作パターンである（図 10-3D）．一流選手によるスポーツ動作を観て，しなやかで美しいと感じることは少なくない．ムチ動作は，スポーツにおけるしなやかな動きの正体であるともいえよう．

それでは，ムチ動作における身体各部の速度変化パターンは，どのような原因でもたらされるのであろうか．ムチ動作のメカニズムは，「運動エネルギー

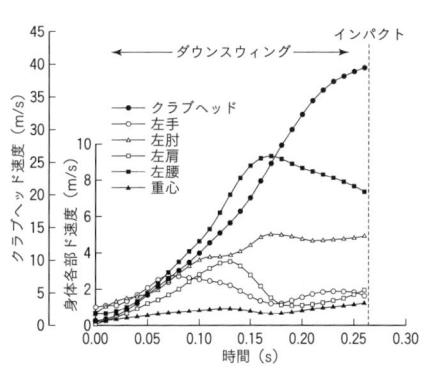

図 10-3B ゴルフスウィングにおける身体各部の速度変化（池上，1999）

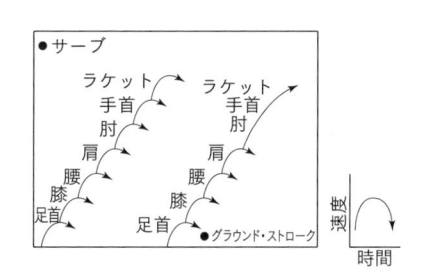

図 10-3C テニスのサーブにおける速度加重の模式図（友末・岡崎，2001）

第 10 講　巧みさは遺伝か？　　189

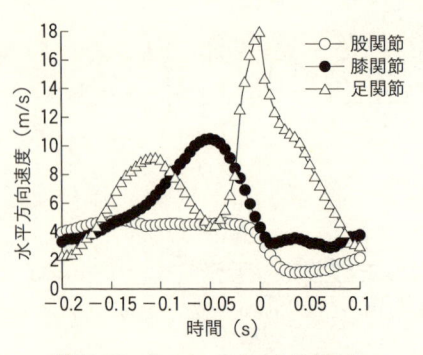

図10-3D サッカーのキックにおける
下肢3関節の速度変化（浅井, 2002）

の転移」によって説明できる．ここでは，実際のムチを振ることを例にムチ動作における運動エネルギーの転移について簡単に説明する．実際のムチの場合，はじめにムチのグリップに力を加えて加速し，その仕事（Lec. 3-5）によってムチに運動エネルギー（Lec. 3-6）を与える．次に手を止めると，手が静止した後の運動エネルギーはほぼ保存され，ムチが手元から連続的に静止されてゆくので，この運動エネルギーが次々とムチの先端側の質量の小さい部分に移動してゆくことになる．多関節からなるヒトの身体は，ムチのような連続体ではないが，これと同様のメカニズムを利用して末端部の速度を上げることができるのである．ムチ動作にともなう身体各部の速度変化パターンは，こうした運動エネルギーの転移を反映したものと考えられている．ただし，上記のメカニズムで身体末端部の速度を高めるためには，① 末端部の慣性（質量や慣性モーメント）が中枢部よりも小さいことと，② 中枢部は末端部よりも大きな力やエネルギーを発揮できることが前提となる（阿江・藤井, 2002）．

　ムチ動作のメカニズムでは，中枢部で大きな力やエネルギーを発揮することが前提となる．このためには，反動動作を行い腱（＋筋肉）を引き伸ばすことによって弾性エネルギー（Lec. 9-6）を蓄え，この弾性エネルギーを一気に放出するとともに，筋肉を収縮させて爆発的な力を発揮することが有効である．このような反動動作のメカニズムは伸張－短縮サイクル（Lec. 9-6）と呼ばれている．

Lecture 10-4　運動センスは遺伝するか？
〜スキルと遺伝〜

【例題】　次のうち，遺伝の影響がもっとも大きいと考えられるのはどれ？
ア）50m走タイム
イ）遠投距離
ウ）ボウリングのスコア

【解答】
ア）50m走タイム

---- 10-4 KEY POINT ----
- 筋線維組成には遺伝の影響が強い．
- 身体運動のスキルは，後天的な要因によっておおいに改善できる．
- 身体運動スキルの獲得は，一般に思春期以前に積極的に行うべきである．

【解説】　Komiら（1977）は，一卵性および二卵性双生児（いわゆる双子）を対象として，身体のさまざまな特徴を調査した．一卵性双生児においてもっとも類似性が高い，すなわち遺伝の影響がもっとも強いのは，筋線維組成（速筋線維と遅筋線維の比率，Lec.6-2）であったと報告している（図10-4A）．一方，

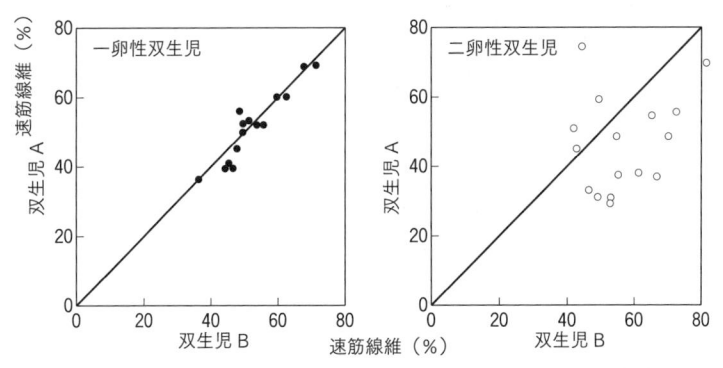

図10-4A　双生児にみる筋線維組成の類似性（Komi *et al.*, 1977 より改変）

第10講　巧みさは遺伝か？　　191

図 10-4B スキャモンの発育曲線
(Scammon, 1930)

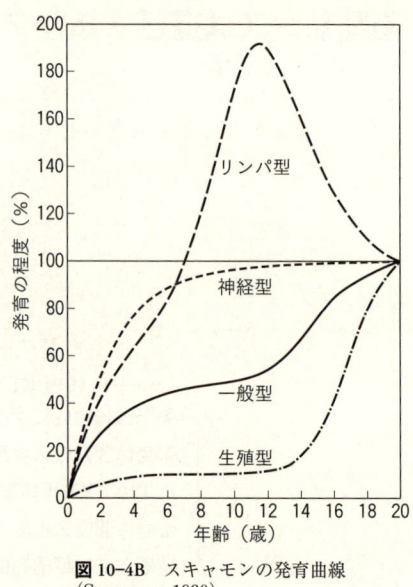

　身体の動かし方やその成果は，形態的な要素と比べて遺伝的な影響が小さく，逆に後天的な影響が大きいと考えられている．

　100 m 走のタイム，遠投距離，ボウリングのスコアに対する遺伝的影響の程度を考えてみよう．速筋線維の比率が強く関係し，動作が単純でスキルの関与が小さい短距離走の記録は，遺伝の影響がとくに大きいと考えられる．遠投距離にも筋線維組成は影響するが，100 m 走と比べると反動動作やムチ動作など，身体の動かし方に依存する部分が大きく，100 m 走と比べると後天的な影響が大きい．ボウリングのスコアは，筋力よりも正確性や動作の再現性といったスキルに依存するところが大きい．このため遺伝的な影響よりも，練習などによる後天的な影響がとくに大きいと考えられる．すなわち，足の速さ（あるいは遅さ）は遺伝しやすいが，それと比べるとスポーツの上手さ（巧みさ）は，努力によっておおいに改善の余地がある．

　それでは，運動スキルを獲得するのに適した時期はいつ頃だろうか？　図 10-4B は，ヒトにおける身体機能の発達パターンを示す模式図として有名なス

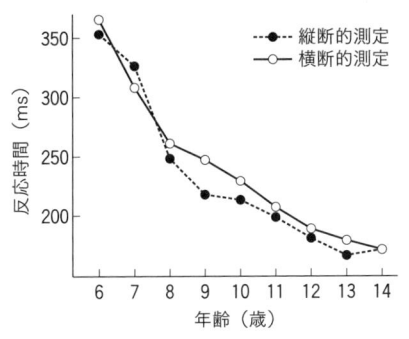

図10-4C 反応時間にみる脳機能の発達
（宮下，1985より改変）

キャモンの発育曲線である（Scammon, 1930）．リンパ型には，胸腺，扁桃腺，リンパ節などのリンパ様組織の形質（生物のもつ形態や生理・機能的な特徴）が属する．神経型には脳脊髄や感覚器など脳神経系の形質が含まれる．一般型には，身長，体重などの形態の諸形質のほか，筋肉や骨格，呼吸器や消化器などが含まれる．生殖型には，生殖器系の諸形質が含まれる．図からわかるように，これらの各形質の発達は同時並行的ではなく，各形質の発達曲線には大きな差がある．とくに，脳神経系の発育・発達はきわめて早く，脳の重量は出生時には約400gであるが，6ヶ月で出生時の約2倍となり，7-8歳では成人の90％に達するといわれている．このように，新生児の脳では神経細胞の数は成人に近いものの，各神経細胞間の連絡は十分にはとれていない．各神経細胞が機能的に連結し，十分に連絡できるようになってはじめて，脳が発達したといえるのである．すなわち，脳の機能的な発達は，脳重量の発達と比べるとやや遅れることになる．脳の機能的発達を反映する反応時間の実験結果によると，脳の機能は，6歳から13歳まで急激に発達し（図10-4C），15-16歳では成人とほぼ同じ水準に達する．以上によると，身体運動スキルの獲得は，運動の種類にもよるものの，一般には脳神経系の機能的発達が著しい思春期以前において積極的に行われるべきだといえよう．

Lecture 10-5　身体に気づく
　　　　　　～古武術や身体技法・ボディワークを用いたワザの構築～

【例題】

Q1：身体技法やボディワークにおいて大切なものは？
　ア）感覚　イ）外部観察　ウ）しなやかさ
　エ）科学技術　オ）見栄え

Q2：身体技法やボディワークが応用されている分野は？
　ア）音楽　イ）演劇　ウ）栄養学　エ）サーカス　オ）スポーツ

【解答】

Q1：ア）感覚　イ）外部観察
　　ウ）しなやかさ
Q2：ア）音楽　イ）演劇
　　エ）サーカス　オ）スポーツ

───── 10-5 KEY POINT ─────
●動作の普遍性を「意識・感覚」という観点でみると同時に，自然科学で客観的にとらえることが必要．

【解説】　昨今，日本古来の身体の技法を見直そうという動きがある．それは，日本人は，明治維新によって近代化された社会および欧米型の科学技術を満載した合理的生活を獲得した代償として伝統的な生命観，身体観，人生観などを失ってきたこと（Noguchi, 2004）への自覚と考えられる．それは，欧米における，身体や動作を計量可能体としてとらえる，近代自然科学における身体観に対するカウンター・カルチャーとして創出された，ボディワークやソマティクスと同じ流れといえる．「身体」や「動き」についての見直しとは，外部観察体から内部知覚体としての身体へ，と同時に，外部観察から内部知覚に拠る動作の構築というパラダイム転換を目指しているととらえられる．そこでは，「いま生きて動く身体」について「個々の体験」を「内側から感覚する」ことを重視する．つまり，意識と行動の関係から身体と動きを見直すことの提案とよむことができる．

　古来，世界にはさまざまな身体への働きかけ（ワーク）がある．近代になっ

て西洋圏で創出されたワークとしては，アレクサンダー・テクニーク（Alexander technique）やフェルデンクライス・メソッド（Feldenkrais method）などがある．たとえば，アレクサンダー・テクニークは，自分が身体や動くことをどのように認識し，意識して動いているかという，「認識」と「行動」の「ずれ」に「気づく」ことによって自分自身にあった「身体の使い方（the use of the self）」を学習する技法である．

　一方，日本の身体技法の特徴は，独自の身体のつながり感覚に基づいて「目的とするところからあえて違うところを意識する」ことによって，起こしたい動きを導く．また，局所的に力を発揮させないために有効な身体の使い方を，「しぼる」「膝を抜く」「腰をいれる」など，その動きを導出するのにふさわしい動詞で表現する．これは，解剖学がなかった時代に経験的に見いだした実践知である故に，部位を「何となくそのあたり」と認識し，関節の位置や働きを知識として知らなくても，誰もが技法でいうところを意識することによって，起こしたい動きが起きる言い方を見つけてきたと考えられる．直接骨格や関節に言及した言い方をしないが，四肢の動きであっても，骨格全体を参加させる方法を見いだしてきた．また，動きの「コツ」を「骨」ととらえ，「骨」を甲骨文字の研究から「関節」ととらえる見方もある（野口，1977）．

　このように，意識や感覚を基にして，立つ・歩く・投げるなどのさまざまな動作を作り直すと，「これだ！」と気づき，動きが改善されることがある．しかし，その動きが本当に以前と比べて改善されているか否かは，客観的な視点でみなければわからない．すなわち，人間の動きの普遍性を「意識・感覚」という観点でみることと同時に，自然科学で客観的にとらえることをあわせて行うことが必要なのである．つまり，身体技法を身体文化全体としてとらえてうまく活用しながらも，片方で自然科学的にみるという複眼的な見方をしてこそ，身体技法が今日的に意味づけられてさまざまな場面で生きてくるのである．

Lecture 10　確認テスト

問題 1　スポーツにおけるスキルの構成要素を 4 つあげよ．

問題 2　反射運動と随意運動との違いについて，以下の空欄を埋めよ．
(1) 反射運動は，神経衝撃（インパルス）が［①］を経由せず，脊髄や脳幹などから［②］神経を経て［③］へと伝達されて発現する．
(2) 随意運動は，インパルスが脊髄から［①］の感覚野・連合野を介して運動野に伝達され，運動指令が［④］路や［④］外路から［②］神経を経て［③］へと伝達されて発現する．
(3) すなわち，反射運動と随意運動の違いは，［⑤］の関与があるかないかである．

問題 3　下図は野球のピッチングにともなう身体各関節の速度変化の波形である．手・肘・肩関節の波形は，①-③のうちそれぞれどれか？

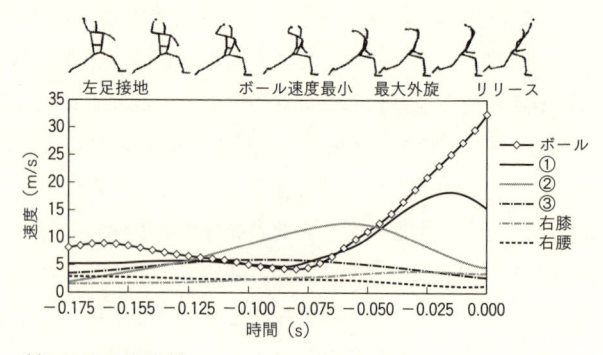

（島田，2002 を改変）

問題 4　スキルと遺伝に関する以下の記述のうち，正しいものはどれか？
(a) スポーツのスキルは，形態的な要素と比べると遺伝的な影響が小さく，後天的な影響が大きい．
(b) 100 m 走タイム，遠投距離，ボウリングのスコアのうち，遺伝の影響がもっとも大きいと考えられるのはボウリングのスコアである．

(c) 脳の重量は 6 ヶ月で出生時の約 2 倍となる．

(d) スポーツのスキル獲得は思春期以降に身につけるべきである．

問題 5　スキャモンの発育曲線において①-④に相当する身体機能（型）を回答せよ．

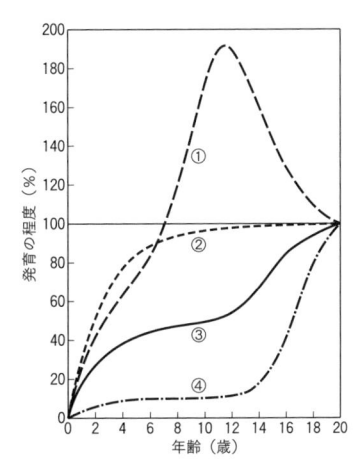

解　答

問題 1
① 状況把握能力　② 正確さ　③ 素早さ　④ 持続性

問題 2
① 大脳皮質　② 運動　③ 筋　④ 錐体　⑤ 意思

問題 3
① 手関節　② 肘関節　③ 肩関節

問題 4

(a) ○

(b) ×

　【解説】筋線維組成の関与が大きくスキルの関与が小さい 100 m タイムに，もっとも遺伝の影響が大きいと考えられる．

(c) ○

(d) ×

　【解説】運動の種類にもよるが，一般には脳神経系の発達が著しい思春期以前に積極的に行われるべきである．

問題 5
① リンパ型　② 神経型　③ 一般型　④ 生殖型

第11講
ケガを防げ！
スポーツ外傷

　よく「スポーツにはケガがつきもの」といわれるのを耳にする．この点からも，「スポーツは身体に良いか？」と問われると答えに困ってしまうこともある．であるからこそ，スポーツをするうえではできる限りケガを起こさないための取り組みが大切であり，バイオメカニクスはスポーツにともなうケガ（スポーツ外傷）の予防にもおおいに役立つ．そこで，本講では，スポーツ外傷を概観したうえで，腰痛や捻挫，肉離れといった代表的な外傷の発生メカニズムについて学ぶ．さらに，スポーツ外傷とアライメントの関係や，予防と対策についてもふれる．

スポーツにはケガがつきもの!?

Lecture 11-1　スポーツにはケガがつきもの
～スポーツ外傷の概観～

【例題】　スポーツでよく起きる次のケガのうち，急性外傷はどれで慢性外傷はどれ？
　ア）足関節捻挫　　イ）疲労骨折
　ウ）肩関節脱臼　　エ）恥骨結合炎

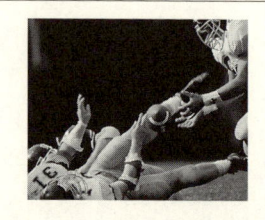

【解答】
　急性外傷：ア）足関節捻挫
　　　　　　ウ）肩関節脱臼
　慢性外傷：イ）疲労骨折
　　　　　　エ）恥骨結合炎

> **11-1 KEY POINT**
> ●スポーツ外傷は，急性外傷と慢性外傷に大別できる．
> ●急性外傷とは，骨折や捻挫，突き指など，1回の大きな外力による損傷．
> ●慢性外傷とは，野球肘やテニス肘，シンスプリントや疲労骨折など，使いすぎの結果として生じる損傷．

【解説】　スポーツでの整形外科的な損傷は，**急性外傷**と**慢性外傷**に大別できる（図11-1A）．急性外傷とは，スキーでの骨折やサッカーでの足関節捻挫，バレーボールでの突き指のような，1回の大きな外力による損傷である．慢性外傷とは，ランニングによる下腿内側部の痛みや野球による肘関節痛など，使いすぎの結果として生じる損傷である．

頭頸部の傷害は，ラグビーやアメリカンフットボールなどのコンタクトスポーツで多く発生する．なかでももっとも多いのは脳震盪であり，頸椎捻挫も一般的であるが，四肢麻痺などをともなう頸髄損傷には細心の注意が必要である．

体幹部では急性外傷の発生頻度は低く，反対に慢性外傷の頻度が高い．とくに，腰痛（Lec. 11-3）に悩まされるスポーツ選手は数多い．スポーツ選手の腰部で起きやすい器質的な病変としては，打撲や捻挫，骨折などの外傷の他に，脊椎分離症や椎間板ヘルニアなどがある．腰痛は，腰部への負荷が大きいボー

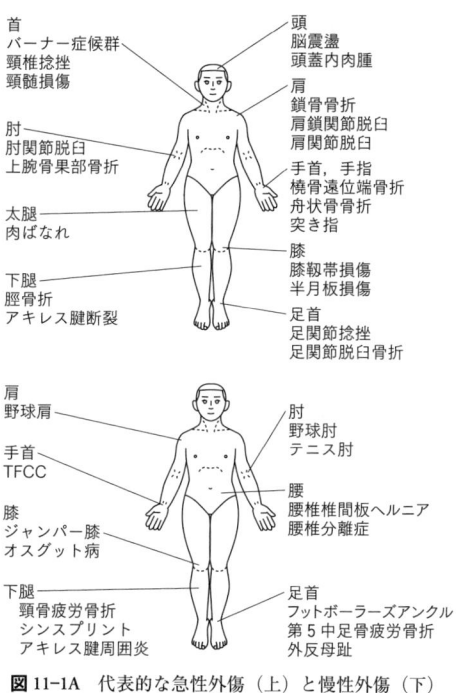

図11-1A 代表的な急性外傷（上）と慢性外傷（下）
（日本体育協会，2005より改変）

トや重量挙げでとくに多い．陸上競技ではフィールド競技で多く，球技ではサッカー，室内競技ではバレーボールで多い．

　上肢の外傷は肩，肘，手首，手指に分けられる．肩の急性外傷では鎖骨骨折や肩関節脱臼が多い．肩関節脱臼は，鎖骨の脱臼（肩鎖関節脱臼）と上腕骨の脱臼（肩甲上腕関節脱臼）に分けられる．これらの外傷は，転倒などで上肢を地面に突いた際に多く発生する．肩の慢性外傷としては野球肩が有名である．とくに発育期にある野球選手では，投球数を制限するとともに無理のないフォームづくりを心がけることが大切である．肘の急性外傷は比較的少ないが，慢性的なものとしては野球肘やテニス肘が有名である．野球肘では，繰り返しの投球を通じたオーバーストレスにより，肘の内側側副靱帯の炎症や断裂，関節ネズミ（関節内遊離体）を生じる（図11-1B）．テニス肘の発生メカニズムは

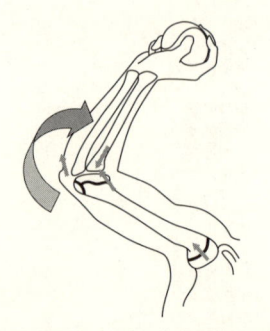

図 11-1B 投球動作にともなう肘関節へのストレス
（日本体育協会，2005 より改変）

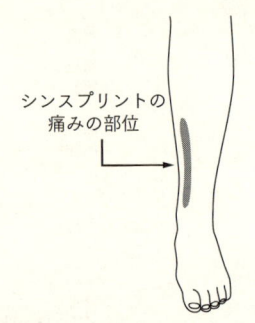

図 11-1C シンスプリント
（日本体育協会，2005 より改変）

　野球肘とは異なり，痛みは肘の外側で生じることが多い．手首では転倒などで手を突いた際の骨折が多く，バスケットボールなどの球技では突き指や骨折の頻度も高い．

　スポーツにおける「走る」，「跳ぶ」といった基本動作の土台となることから，下肢では外傷が好発する．急性外傷では足関節捻挫（Lec. 11-5）の頻度がもっとも高く，サッカーやバレーボールなどの球技でとくに多い．この他にもジャンプや切り返し動作にともなう膝の靭帯損傷や，ウォーミングアップ不足によるアキレス腱断裂などの重傷も少なくない．筋肉の外傷である肉離れ（Lec. 11-4）は，大腿屈筋群に多く発生し，とくに陸上短距離選手に多い外傷である．慢性外傷としては，ジャンパー膝やオスグッド病，アキレス腱周囲炎，フットボーラーズアンクルなどが有名である．サッカーでは恥骨結合炎など鼠径部の障害（groin pain）も多い．また，末端部に近く形態的にも細い下腿には慢性外傷が頻発する．シンスプリントは脛骨内側縁に沿った痛みであり（図11-1C），脛骨への筋膜付着部の損傷とされている．より深刻な例では下腿や足部に疲労骨折をみることもあり，マラソンなどの長距離ランナーにとっては細心の注意を要する．

Lecture 11-2　O脚はケガをしやすい！？
〜スポーツ外傷とアライメント〜

【例題】　スポーツ外傷の危険因子である「アライメント」って何？
　ア）関節柔軟性
　イ）骨や関節の配列
　ウ）筋力の左右差

【解答】
　イ）骨や関節の配列

---- 11-2 KEY POINT ----
●「骨や関節の配列」である**アライメント**は，スポーツ外傷の危険因子として要注意．
●安静立位時のアライメントを**静的アライメント**といい，スポーツ動作中のアライメントを**動的アライメント**と呼ぶ．

【解説】　一般にスポーツ外傷の発生原因は1つではなく，さまざまな危険因子が複合的に関与する．「骨や関節の配列」である**アライメント**（図11-2A）は，スポーツ外傷の危険因子としてとくに注意すべきものである．スポーツ外傷の発生に影響を及ぼす代表的な下肢のアライメントとしては，表11-2のようなものがある．

　O脚（内反膝）とは，前額面上で下肢が膝を中心に内反したアライメントである．X脚（外反膝）は反対に下肢が外反したアライメントである（図11-2B）．足を揃えて直立した状態で，膝の内側に大きな隙間ができる場合はO脚，逆に足関節の内側に隙間ができる場合はX脚と判断する．O脚では膝外側にある靭帯にストレスがかかりやすいため，長距離ランナーなどは腸脛靭帯炎を起こしやすい．一方，X脚では膝の外側に圧縮ストレスがかかりやすく，外側半月板損傷などを生じやすい．コンタクトスポーツで横から強い外力を受け

骨盤の高さ
脚長差
O脚・X脚
Q-angle
膝蓋骨高位
反張膝
脛骨内反
脛骨のねじれ
Leg-heel alignment
（下腿と踵骨のなす角）
Heel-forefoot alignment
（踵骨と前足部のなす角）
足のタイプ
　扁平足
　凹足
　第2中足骨の長い足
　足指の変形

図 11-2A 下肢の代表的なアライメント
（山本，2004）

X脚　　O脚

図 11-2B X脚とO脚
（山本，2004）

上前腸骨棘

Q-angle
膝蓋骨
脛骨結節

図 11-2C Q-angle
（山本，2004）

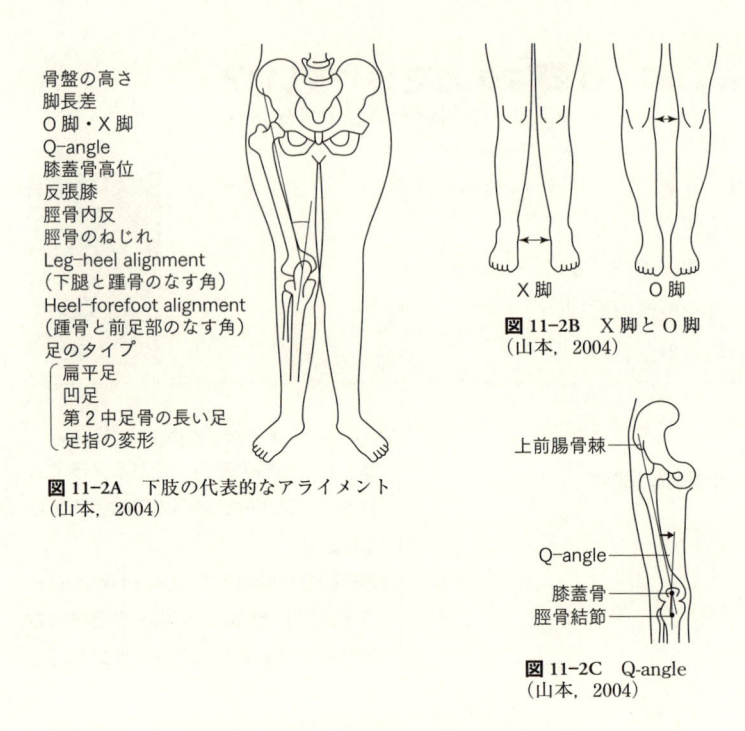

表 11-2　代表的な下肢のアライメント

① O脚/X脚
② やぶにらみ膝/フロッグアイ
③ 回内足/回外足
④ 扁平足/ハイアーチ

た場合，X脚だと内側側副靱帯や前十時靱帯の損傷など膝の急性外傷を生じやすい．女性は男性と比べてX脚の傾向が強いため，バスケットボールなどではとくに注意が必要である．

　やぶにらみ膝（squitting patella）とは，膝蓋骨が内側に偏移した下肢の3次元的なねじれのアライメントである．下肢のねじれの評価法として，大腿四頭筋筋力の作用軸を表すQ-angleがある（図11-2C）．Q-angleが大きい場合，大腿四頭筋の収縮時に膝蓋骨が外側に牽引されるため，膝蓋骨と大腿骨の関節

a. 非荷重時の中間位の測定
中間位＝B−(A+B)/3
(ただし回内：＋, 回外：−)

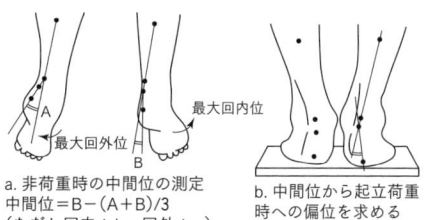

図 11-2D 回内足（山本，2004）

b. 中間位から起立荷重時への偏位を求める

舟状骨結節

正常のアーチ　　軽度の低下

図 11-2E 足部のアーチ低下（山本，2004）

面に異常な圧迫力が発生し，膝痛の原因となる．やぶにらみ膝とは逆に，膝蓋骨がかえるの眼のように外を向いて外捻したものをフロッグアイという．これも注意すべきアライメント不良である．

　回内足とは，安静立位において，踵骨が内側へと過度に傾いた足部のアライメントである（図 11-2D）．反対に回外足は，踵骨が外側に傾いたアライメントである．スポーツ動作にともなう距骨下関節での過度の回内は，下肢全体のねじれを強め，下腿や膝で慢性外傷を生じる危険因子となる．とくに，ランニング動作にともなって発生する慢性外傷をランニング障害と呼ぶ．

　扁平足は足部の内側縦アーチの低下が著しいアライメントである（図11-2E）．逆にハイアーチは内側縦アーチが過度に高いアライメントである．扁平足の場合，ランニングやジャンプなどでの荷重時の衝撃吸収に乏しいため，足部の疲労骨折やアキレス腱炎，脛骨過労性骨膜炎などのランニング障害を生じやすい．一方，ハイアーチは足部の柔軟性に乏しく接地面積も小さいため，ショックアブソーバーとしてはやはり不適切であり，足底筋膜炎，足背部痛を生じやすい．

　安静立位時のアライメントを**静的アライメント**というが，スポーツ外傷のリスクを考える場合，安静立位のみならず，動作中の骨や関節の配列に着目することが大切なのは明らかである．そこで，スポーツ動作中の骨や関節の配列のことを**動的アライメント**と呼ぶことがある．動的アライメントは，スポーツ外傷の発生リスクにかかわるきわめて重要な因子である（この Lecture は，（山本，2004）を参照しまとめた）．

Lecture 11-3　カナメのトラブル　〜腰痛のメカニクス〜

【例題】　仰向けで寝ているとき，立っているとき，座っているとき，腰への負担が一番大きいのは？
　ア）仰向けで寝ているとき
　イ）立っているとき
　ウ）座っているとき

【解答】
　ウ）座っているとき

11-3 KEY POINT
- 腰痛には，急性に発症するものと慢性に経過するものがある．
- 下部腰椎に対する過度なストレスを回避するのが，重要な腰痛予防策．
- スポーツ選手の腰痛予防には，疲労の蓄積回避とともに，正しい姿勢や身体の使い方の習得が重要．

【解説】　種目を問わず，腰痛に悩まされるスポーツ選手は数多い．腰痛の原因疾患は表11-3のようにまとめられ，急性に発症するものと慢性に経過するものとがある（東京大学身体運動科学研究室，2000）．

　急性腰痛として代表的なのは，"ぎっくり腰"とも呼ばれる外傷性の腰痛である．これは1回のみの外力によって生じることもあるが，繰り返し加えられた慢性的なストレスによって弱まった組織が，一気に破綻して痛みが生じることも多い．坐骨神経痛や下肢のしびれをともなう椎間板ヘルニアはその代表例である．一方，慢性腰痛として代表的なのは，不良姿勢による腰痛である．慢性的な腰痛に多い，痛みの原因が明らかでない腰痛をいわゆる腰痛症という．椎間板ヘルニアも初期には急性腰痛として発症するが，慢性化する場合が多い．腰椎間での骨性連結が破綻する腰椎分離症の多くは，脊椎後方要素の疲労骨折によって起こる．腰椎分離症は，分離すべり症へと移行することもあり，この

表11-3 腰痛の分類

- ●腰椎の疾患
  - —椎間板ヘルニア
  - —腰椎分離症
  - —腰椎分離すべり症
  - —変形性脊椎症
  - —腰椎の炎症・腫瘍
- ●いわゆる腰痛症
- ●内臓の疾患
- ●婦人科疾患

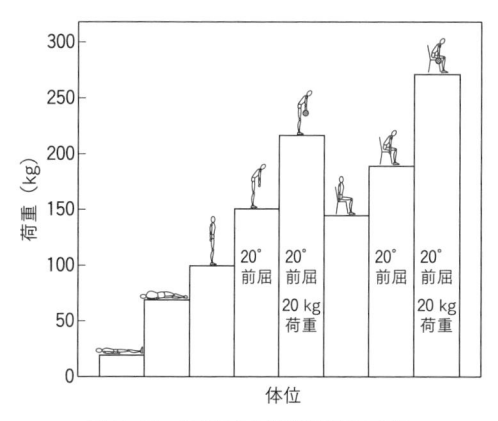

図11-3A 姿勢による椎間板内圧の変化（Nachemson, 1966より改変）

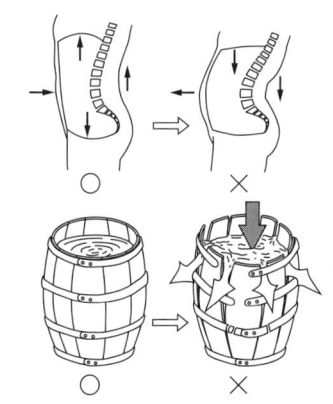

図11-3B 腹筋群の働き（河端, 1989）

場合は腰痛のみならず，下肢のしびれや痛みをともなうこともある．

　下部腰椎が椎間板ヘルニアや分離症の好発部位となるのは，大きな動きのない骨盤と可動性のある腰椎の間に大きなメカニカルストレスがかかりやすいことを物語る．すなわち，この部位に対する過度なストレスを回避するのが，重要な腰痛予防策である．椎間板に作用する内圧は，姿勢によって大きく変化する（図11-3A）．このため，膝が立った前傾姿勢で重い荷物などを持ち上げるのは極力避けるべきである．腹直筋をはじめとする腹筋群には，腹圧を高めて運動中の脊柱の安定性を高める働きがある（図11-3B）．また，過度の骨盤前

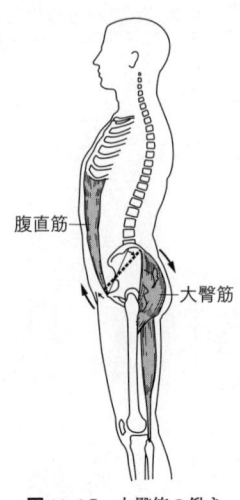

図 11-3C 大臀筋の働き
（河端, 1989）

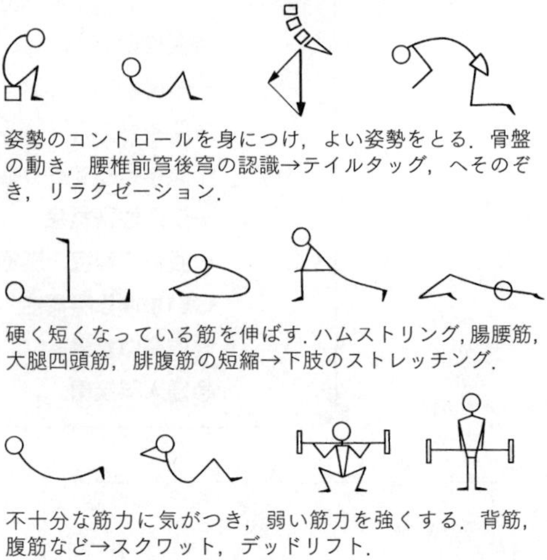

図 11-3D 腰痛体操
（東京大学身体運動科学研究室, 2000）

姿勢のコントロールを身につけ，よい姿勢をとる．骨盤の動き，腰椎前弯後弯の認識→テイルタッグ，へそのぞき，リラクゼーション．

硬く短くなっている筋を伸ばす．ハムストリング，腸腰筋，大腿四頭筋，腓腹筋の短縮→下肢のストレッチング．

不十分な筋力に気がつき，弱い筋力を強くする．背筋，腹筋など→スクワット，デッドリフト．

傾と腰椎の前弯をともなう姿勢の習慣化によって，腰痛発症のリスクが高まるが，大臀筋と腹直筋の協働収縮によって，こうした姿勢を回避できる（図11-3C）．

　スポーツ選手の腰痛を予防するためには，使いすぎによる疲労の蓄積を回避するとともに，上記のような正しい姿勢や身体の使い方の習得が重要であり，腰痛体操（図11-3D）は有効な予防策である．

Lecture 11-4　筋の自己損傷　〜肉離れのメカニクス〜

【例題】　陸上短距離選手における，いわゆる「肉離れ」の好発部位は次のうちどれ？
ア）地面を蹴った後，ももを上げるための股関節屈曲筋である大腿直筋（大腿前面）
イ）支持期に片脚で体重を支えるための膝関節伸展筋である大腿四頭筋（大腿前面）
ウ）支持期に地面を力強く蹴り，推進力を得るための股関節伸展筋であるハムストリングス（大腿後面）
エ）支持期に地面を力強く蹴り，推進力を得るための足関節底屈筋である腓腹筋（ふくらはぎ）

【解答】
ウ）支持期に地面を力強く蹴り，推進力を得るための股関節伸展筋であるハムストリングス（大腿後面）

---- 11-4 KEY POINT ----
●自身の筋の張力によって生じる筋損傷をいわゆる「肉離れ」という．
●肉離れの好発部位は，大腿直筋，ハムストリングス，腓腹筋．
●二関節筋は伸張性収縮となりやすく，肉離れしやすい．

【解説】　筋損傷には，「筋挫傷」，いわゆる「肉離れ」（正規の診断名ではないため「いわゆる」を付記），「筋断裂」がある．ラグビーのタックルなど強い外力が加わって起こるのが，筋挫傷である．一方，短距離走など主に自身の筋の張力によって起こるのが，肉離れやその重症例の筋断裂である．肉離れとは，軽症度の断裂（Ⅰ度），不完全断裂（Ⅱ度），筋膜の破綻（Ⅲ度）の総称である．
　ところで，腕相撲で勝っている選手と負けている選手，肉離れをするとしたらどちらだろう？　2人とも全力を発揮しているが，縮もうとしている筋が伸ばされてしまう（伸張性収縮，Lec. 6-2）負けている選手のほうが危険である．

図 11-4A 大腿部の横断面 MRI

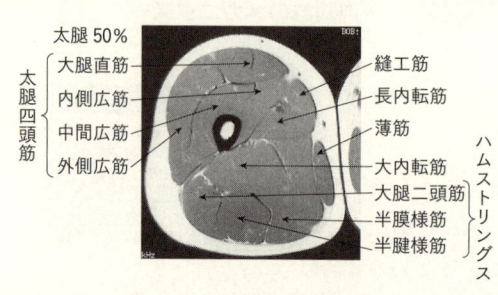

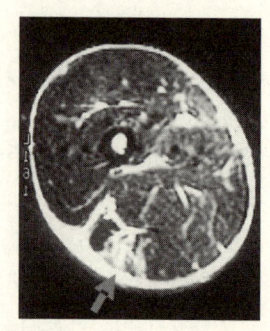

図 11-4B 大腿部に生じた肉離れの MRI 画像（宮永ほか，1998 より改変）

伸張性収縮は筋へのダメージが大きいのである．

例題にあげた大腿直筋，ハムストリングス，腓腹筋は，いずれも肉離れの好発部位である（図 11-4A 参照）．これらの筋に共通するのは，スプリントの主働筋というだけでなく，2 つの関節をまたぐ二関節筋（Lec. 6-7）だということである．そして，二関節筋の特徴は，2 つの関節の連動によって，伸張性収縮となりやすい．たとえば，前方から脚を振り下ろすとき（股関節伸展），ハムストリングスは力を発揮して短縮しようとするが，この局面では膝が伸展していくため，膝屈曲筋でもある同筋は股関節伸展トルクを発揮しながらも伸張される（下腿の慣性によって膝が伸展しすぎないよう膝屈曲トルクも発揮）．大腿直筋や腓腹筋でも同様のことが生じる．

スプリントにおいては股関節伸展がもっとも大きいトルクを発揮する（Lec. 8-6）．このため，股関節伸展筋であるハムストリングスの肉離れが多いのである．図 11-4B の矢印は大腿二頭筋から半腱様筋にかけての肉離れの MRI 画像である．白くなっている部分に血液やリンパ液が溜まっている（輪郭の白色部分は皮下脂肪，筋内部は主に筋膜）．なお，着地時に膝が屈曲しているほど腓腹筋は伸張性収縮となる傾向が強いため，重心を低くして走る球技系の選手には腓腹筋の肉離れも多い．

ちなみに，筋の断裂が，筋原線維の最小区画である筋節＝サルコメア（Lec. 6-1）の中の，どの部分で切れるのかはわかっていない．

Lecture 11-5　ジンタイ損傷？　〜足関節捻挫のメカニクス〜

【例題】　いわゆる「捻挫」とは，どの組織のケガ？
ア）筋肉
イ）骨
ウ）靭帯

【解答】
ウ）靭帯

---- 11-5 KEY POINT ----
●捻挫とは，骨と骨の間に起こる急激なねじれ，あるいは激しい外力による関節周辺の関節包や靭帯の損傷．
●捻挫は重傷度によって，I-III 度の3段階に分類される．
●捻挫でもっとも多いのは，足関節の内反捻挫．

【解説】　足関節捻挫は，もっとも発生頻度の高いスポーツ外傷である．なお捻挫とは，厳密には「骨と骨の間に起こる急激なねじれ，あるいは激しい外力による関節周辺の関節包や靭帯の損傷」として定義される．また，靭帯損傷はその程度によってI度（靭帯の部分損傷），II度（靭帯の部分断裂），III度（靭帯の完全断裂）の3段階に分類され，重傷例では脱臼や骨折をともなうこともある（図11-5A）．

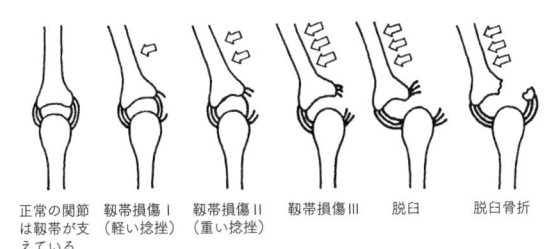

正常の関節は靭帯が支えている　靭帯損傷I（軽い捻挫）　靭帯損傷II（重い捻挫）　靭帯損傷III　脱臼　脱臼骨折

図 11-5A　靭帯損傷の重傷度（立石ほか，1991）

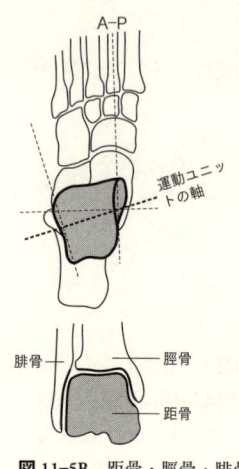

図 11-5B 距骨・脛骨・腓骨
(Cailliet, 1985 より改変)

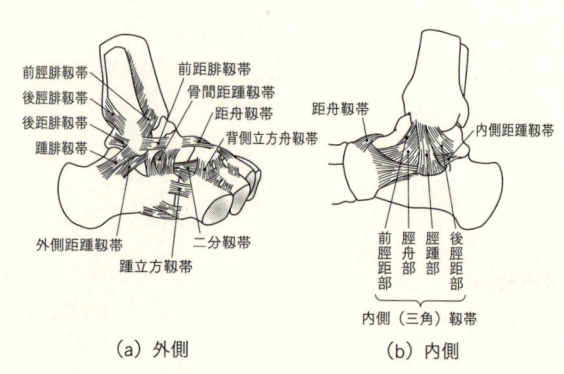

図 11-5C 足関節の靭帯．(a)（Cailliet, 1985 より改変），
(b)（中村ほか，2003）

　足関節（距腿関節）は，脛骨，腓骨および距骨によって構成され，数多くの靭帯によって支持されている（図 11-5B，図 11-5C）．両果（くるぶし）で形成されるほぞ穴にはさまれた距骨は，前方が広く後方が狭い形状である．このため，足関節背屈位ではロックされて安定性が高いのに対して，底屈位では遊びが生じて不安定となり，ジャンプからの着地時など，足関節底屈位では捻挫の危険性がきわめて高くなる．

　足関節捻挫でもっとも多いのは，足関節底屈位で外側の靭帯が伸張されたときに内反ストレスが加わって損傷するいわゆる「内反捻挫」である（図 11-5D）．とくに損傷を受けやすいのが前距腓靭帯であり，よく腫れがみられるのはこの部分である．軽度の内反捻挫であれば，2, 3 週間で回復するが，大きなストレスがかかった場合は，靭帯が断裂したり，骨付着部で裂離骨折が生じるなど重傷に至ることもある．内反捻挫と比べるとまれではあるが，外反捻挫では内側靭帯である三角靭帯が損傷を受ける（図 11-5E）．三角靭帯は強靭であるため，靭帯が断裂することは少なく，むしろ脛骨付着部での裂離骨折をともなうことが多い．また外反捻挫は，脛骨と腓骨間の靭帯（脛腓靭帯）の断裂をともなうこともあり，この靭帯断裂によって足関節のほぞ穴が広がり，足関節が不安定となる．

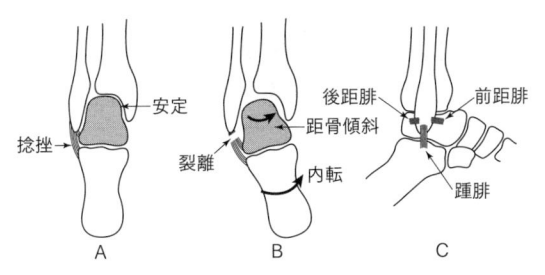

図 11-5D 足関節の内反捻挫（Cailliet, 1985 より改変）

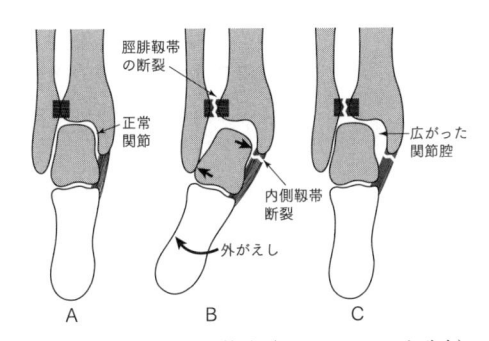

図 11-5E 足関節の外反捻挫（Cailliet, 1985 より改変）

　足関節捻挫の応急処置としては，RICE 処置（Lec. 11-6）が適当である．また，受傷後早期の競技復帰を目指すためにも，可動域（ROM）や筋力，固有受容感覚の改善をめざしたリハビリテーションには，痛みのない範囲で，できる限り早期より取り組むべきである．

Lecture 11-6　ライスで治す!?
～スポーツ外傷の予防と応急処置～

【例題】　スポーツ外傷の応急処置の頭文字はどれ？
　ア）LIVE
　イ）LOVE
　ウ）RICE

【解答】
　ウ）RICE

―― 11-6 KEY POINT ――
●スポーツ外傷を予防するには，日常的かつ総合的なコンディショニングが重要．
●トレーニングの5原則：全面性，個別性，意識性，反復性，漸進性．
●スポーツ外傷の応急措置＝RICE処置（安静，氷冷，圧迫，挙上）．

【解説】　スポーツ外傷の予防対策としては，表11-6のような点があげられる．

―― 表11-6　応急処置としてのRICE ――
Rest…患部を安静に保つ
Icing…患部を氷冷する
Compression…患部を圧迫する
Elevation…患部を心臓より挙上する

　スポーツ中の外傷発生を防ぐためには，事前にメディカルチェックを受けておくのが望ましいとされている．整形外科的なメディカルチェックには，問診（スポーツ歴や既往歴など），形態計測（身長，体重や周径囲），関節の柔軟性・不安定性のチェック（図11-6A），筋力評価，アライメント（Lec. 11-2）のチェックなどが含まれる．
　トレーニングは，人体の適応性を前提に，体力や技術の向上を図る目的で身

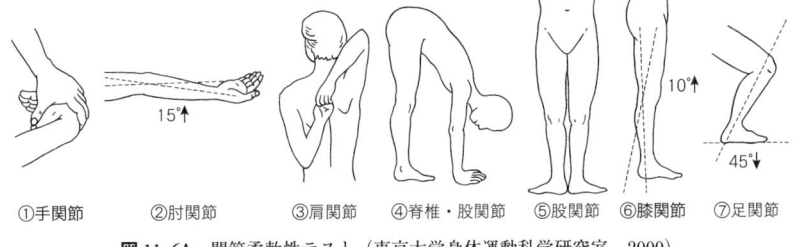

①手関節　②肘関節　③肩関節　④脊椎・股関節　⑤股関節　⑥膝関節　⑦足関節

図 11-6A　関節柔軟性テスト（東京大学身体運動科学研究室，2000）

体に運動刺激を加え，その作業能力を発達させる過程である．ところが，トレーニングが不適切であったり過剰であった場合は，効果が上がらないばかりか外傷やオーバートレーニング症候群など負の影響を及ぼしかねない．トレーニングには，全面性（偏りすぎない），個別性（種目や選手の特性を考慮する），意識性（目的をもつ），反復性（継続する），漸進性（徐々に強度や量を高める）という5大原則がある（図11-6B）．外傷予防の観点からも，トレーニングはこれらの原則にのっとり適切に行われなければならない．

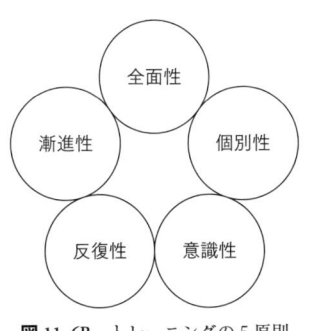

図 11-6B　トレーニングの5原則

　外傷はスポーツ活動中に発生することが多いが，これを未然に防ぐためには，スポーツ活動やトレーニング中だけではなく，休息や食事（栄養管理）など，生活を通じたコンディション管理を心がけなければならない．また，柔軟性や筋力の低下はスポーツ外傷発生の重大な危険因子となり得るため，日々のトレーニングから基礎筋力の強化や柔軟性の向上に努めることも大切である．「病は気から」という言葉もあるように，身体だけでなく心理的なコンディション

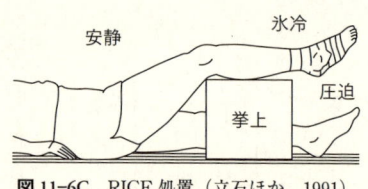

図 11-6C　RICE 処置（立石ほか，1991）

も外傷発生に影響する．精神・心理面での充実もスポーツ障害の予防には欠かせない．

　急激な運動開始や疲労にともなう筋硬直は外傷発生の重大因子である．これを未然に防ぐためには，トレーニング前後のウォーミングアップとクーリングダウンを十分に行うことが大切である．ウォーミングアップには，体温を高めながら，循環系，神経系，筋肉，関節などを徐々に運動に適した状態へと移行させる効果がある．軽運動などのクーリングダウンによって，筋肉痛を軽減したり，運動中に蓄積した疲労物質（乳酸）を速やかに除去する効果もあるといわれている．

　捻挫，打撲，肉離れなどのスポーツ外傷では，迅速に正しい処置を施すことによって，痛みと腫れを抑えることができる．これによってより早い競技復帰の可能性が高まる．安静（Rest），氷冷（Icing），圧迫（Compression），挙上（Elevation）の頭文字をとった **RICE 処置**は，スポーツ外傷の代表的な応急措置法である（図 11-6C）．

Lecture 11　確認テスト

問題 1　以下のスポーツ外傷を急性外傷と慢性外傷に分類せよ．
　（ア）肘関節脱臼　　（イ）野球肘　　（ウ）突き指
　（エ）オスグッド病　（オ）シンスプリント　（カ）足関節捻挫

問題 2　以下の説明に一致する下肢のアライメントを答えよ．
　（a）前額面上で下肢が膝を中心に内反したアライメント
　（b）安静立位において，踵骨が内側へと過度に傾いたアライメント
　（c）足部の内側縦アーチの低下が著しいアライメント

問題 3　腰痛について，以下の空欄を埋めよ．
　（1）椎間板ヘルニアは［①］や下肢のしびれをともなう．
　（2）腰椎間での骨性連結が破綻する腰椎［②］症の多くは，脊椎後方要素の［③］骨折によって起こる．
　（3）椎間板に作用する内圧は，［④］によって大きく変化する．
　（4）スポーツ選手の腰痛予防には正しい姿勢や身体の使い方の習得が重要であり，［⑤］は有効な予防策である．

問題 4　肉離れと捻挫に関する以下の記述のうち，正しいものはどれか？
　（a）肉離れは外力よりも主に筋自身の張力によって起こる．
　（b）肉離れは，大腿直筋やハムストリングス，腓腹筋などの単関節筋で多発する．
　（c）捻挫とは腱の損傷である．
　（d）足関節捻挫は，足関節背屈位よりも底屈位で起こりやすい．

問題 5　スポーツ外傷の応急処置としての RICE 処置について，以下の空欄を埋めよ．
　Rest：患部を［①］に保つ．　　Icing：患部を［②］する．
　Compression：患部を［③］する．
　Elevation：患部を［④］より挙上する．

解 答

問題 1
急性外傷:(ア)肘関節脱臼　(ウ)突き指　(カ)足関節捻挫
慢性外傷:(イ)野球肘　(エ)オスグッド病　(オ)シンスプリント

問題 2
(a) O 脚
(b) 回内足
(c) 扁平足

問題 3
① 坐骨神経痛　② 分離　③ 疲労　④ 姿勢　⑤ 腰痛体操

問題 4
(a) ○
(b) ×
　【解説】大腿直筋やハムストリングス,腓腹筋などの二関節筋で多発する.
(c) ×
　【解説】捻挫は腱ではなく靭帯の損傷である.
(d) ○

問題 5
① 安静　② 氷冷　③ 圧迫　④ 心臓

第12講
動きをとらえよ！
測定と分析

　スポーツバイオメカニクスは，スポーツ動作の原理やメカニズムを明らかにすることを大きな目的とする．そのためには，動作を主観的に観察するだけでなく，客観的に分析することが必要となる．そこで本講では，動作分析や筋電図計測，超音波法による筋腱複合体の可視化やコンピュータシミュレーションなど，スポーツ動作を客観的に分析するための代表的な方法論について学ぶ．

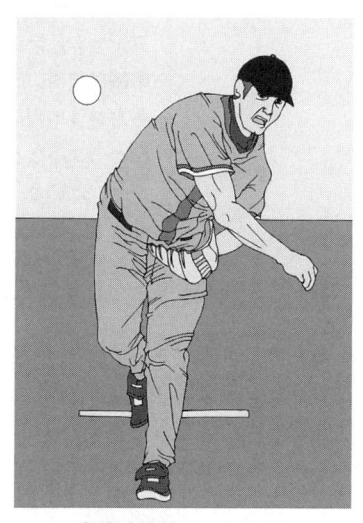

高速映像もくっきり!?

Lecture 12-1　動きをとらえよ！
～映像分析とモーションキャプチャ～

【例題】　一般的な家庭用デジタルビデオのコマ数はどのくらい？
　ア）毎秒3コマ　　イ）毎秒30コマ
　ウ）毎秒300コマ

【解答】
　イ）毎秒30コマ

―――― 12-1 KEY POINT ――――
● スポーツ選手の動きをとらえるには，ハイスピードカメラやモーションキャプチャシステム，各種小型センサなどの機材を用いる．
● カメラの画角上での長さと実空間距離との対応をとる作業を**キャリブレーション**という．
● VTR画像上のある点の座標値を得る作業を**デジタイズ**という．

【解説】　スポーツ中の選手や用具の動きをとらえるには，ハイスピードカメラやモーションキャプチャシステム，各種小型センサなどの機材を用いることが多い．

　ハイスピードビデオカメラ（図12-1A）は，スポーツにおける高速映像の記録に適したカメラである．一般的な家庭用ビデオカメラの記録速度が毎秒30コマであるのに対して，ハイスピードカメラでは毎秒1000コマ以上もの速度で映像を記録できる（図12-1B）．モーションキャプチャシステムを用いると，スポーツ動作をほぼリアルタイムにキャプチャできる（図12-1C）．モーションキャプチャには，光学式カメラや磁気センサを用いたものなどがある．加速度センサやジャイロ（角速度）センサ，位置センサなどの小型センサは，身体の局所的な動きを計測するのに適している．

　以下では，映像分析とモーションキャプチャに共通する一般的な計測および

分析手順を説明する．

計測に際しては，はじめに対象動作や運動領域に応じて，カメラの設置位置と画角を決定する．2次元分析を行う場合はカメラ1台でもよく，3次元分析を行う場合は，2台以上のカメラが必要となる．カメラによる撮影では，レンズの歪みによる誤差が生じる点に注意が必要である．続いて，大きさが既知である物体をカメラに映しこむなどして，カメラの画角上での長さと実空間距離との対応をとる**キャリブレーション**という作業を行う．モーションキャプチャでは，被計測者の身体計測点に反射マーカーを付着することによって，光学式カメラでその位置を自動追従することができる．ビデオ分析でもマーキングをしておけば手動でデジタイズ（後述）を行う際に目視しやすい．

図12-1A　ハイスピードカメラ（ナックイメージテクノロジーホームページより）

以上の準備をすませたうえで，対象とするスポーツ動作を撮影する．バイオメカニクスの分野では，筋電図（Lec. 12-4）などのセンサ計測とあわせて複数台のカメラで同期撮影することも多く，この場合は同期信号を発生させる必要がある．

スポーツ映像を分析する初期段階として，各コマの画像上のある点の座標値を得る作業を**デジタイズ**という．映像分析では，映像をみながら手動でデジタイズを行うのが一般的である．モーションキャプチャでは手動でのデジタイズは不要であり，大変簡便に座標値を得ることができる．続いて，キャリブレーション情報をもとに，VTR映像のデジタイズによって得られ

図12-1B　ハイスピード映像の例（サッカーのインステップキック）（川本，2006）

第12講　動きをとらえよ！　　221

図 12-1C モーションキャプチャの計測風景

た座標値を実空間座標値へと変換する．3次元分析では，DLT法（Direct Liner Transformation Method）と呼ばれる方法で実座標化するのが一般的である．映像分析やモーションキャプチャで得られた実座標値は，動作中に身体計測点が隠れてしまった場合など，欠損していることがある．この場合，データの欠損部を補完しなければならない．さらに，手動デジタイズによって得られた身体位置座標は大きな誤差を含んでいることが多く，この誤差は速度を求める際などに微分することでさらに増幅される．このため身体位置座標は，分析に先立って平滑化しておくのが望ましい．

　以上の前処理をすませた身体位置座標データからは，身体速度や加速度，関節角度や角速度，角加速度などさまざまな運動学的データを算出できる．これらのデータは，関節トルク（Lec. 4-3）など運動力学的データを算出するうえでの基礎情報ともなる．

Lecture 12-2　立体は平面より難し
〜２次元分析と３次元分析〜

【例題】　スポーツ中の身体セグメントの運動状態を３次元的に記述するためには，２次元の何倍の変数が必要？

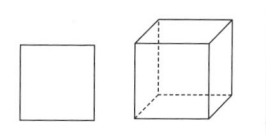

　ア）1.5倍　　イ）２倍　　ウ）３倍

【解答】

　イ）２倍

---- 12-2 KEY POINT ----
●スポーツ動作の2D分析と3D分析では，実験機材や手続き，分析方法などに大きな相違がある．

【解説】　スポーツに限らず，実際の身体運動はもれなく３次元空間内で行われているが，歩行や垂直跳びのように，主に一平面（矢状面．Lec. 2-2）内で行われる運動は，２次元（2D）的に分析されることもある．これは３次元（3D）分析と2D分析では，必要機材や分析労力がおおいに異なるためである．両者の主な相違を表12-2に示した．

表12-2　2D分析と3D分析の違い
① カメラの台数
② キャリブレーションの方法
③ 運動学的変数の数
④ 関節角度の計算方法
⑤ 関節トルクの計算方法

① カメラ台数の違い

　ビデオ撮影による2D動作分析は，カメラ１台でも可能である．一方，3D分析では２台以上のカメラが必要となる．このため，3Dを前提とするモーションキャプチャでは，最低でも２台のカメラで１つのマーカーを追従できなかった場合，データに欠損が生じることになる（図12-2A）．

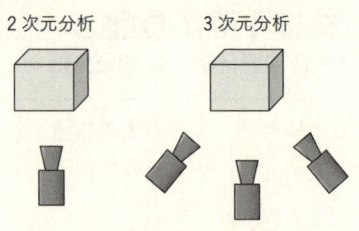

図 12-2A 2次元分析と3次元分析

② キャリブレーション方法の違い

　2D分析では，長さが既知である物体を1台のカメラで映しこみ，この情報をもとに2次元実長換算という方法で簡便にキャリブレーション（Lec. 12-1）できる．一方，3D分析では，相対的な位置関係が既知である6個以上のコントロールポイントを2台以上のカメラで撮影し，DLT法（Lec. 12-1）によって慣性座標系（Lec. 1-5）を定義するのが一般的である．なお，精度の点からコントロールポイントはなるべく多いほうがよい．

③ 運動学的変数の数の違い

　実際の身体運動は3D空間内で行われているため，身体各部の運動を完全に記述するためには，各平面内での変位，速度，加速度，角変位，角速度，角加速度の18変数が必要となる（Lec. 2-2）．一方，2次元分析では，対象とする平面が1つであるため，身体各部の運動の記述に要する変数は9つに半減される（変位・速度・加速度×2方向＋角変位・角速度・角加速度×1軸）．

④ 身体セグメント角度や関節角度の計算方法の違い

　2D平面内での身体セグメントの絶対角度（水平線や垂直線に対する角度）は，代数的に求めることができる．また関節角度は，隣接セグメント間での相対角度として計算可能である．このように，2D平面上での身体セグメント角度や関節角度は簡便に求めることができる．一方，慣性座標系に対する身体セグメントの姿勢や，隣接セグメント間の相対角度（関節角度）は，オイラー角と呼ばれる3つの角度を用いて表現することが多い．

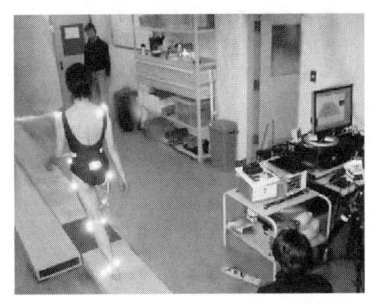

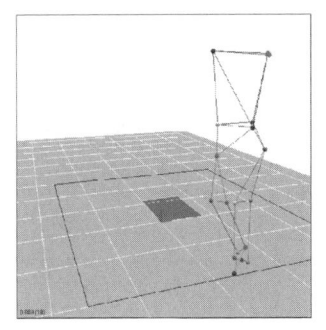

図 12-2B モーションキャプチャの計測風景(左)と 3D のスティックピクチャ(右)

⑤ 関節トルクの計算方法の違い

　2D 分析では,回転の運動方程式 (Lec. 4-5) を身体末端から順に解くことで関節トルクが求まる(発展編).3D 分析でも,同様の手法をとることにはなるが,関節トルクを 1 つの座標系(たとえば慣性座標系)のみを基準としては計算できないため,各関節トルクについて解剖学的な成分(たとえば屈曲/伸展トルク)を得るには,オイラー角に基づく行列(方向余弦)を用いて,座標変換を行うという手順が一般的である.

　以上のように,スポーツ動作の 2D/3D 分析には大きな相違があり,従来は機材の制約や簡便性から,2D 分析をすることも少なくなかった.しかし,テクノロジーが進化し,学術的にも発展著しいスポーツバイオメカニクスの分野では,いまや 3D 分析がスタンダードとなっており(図 12-2B),その流れは今後さらに加速するであろう.

Lecture 12-3　床下のお宝　〜フォースプレート〜

【例題】　歩行中に地面を蹴る力の大きさは体重のおよそ何倍？

　　ア）1.5倍　　イ）5.5倍　　ウ）10.5倍

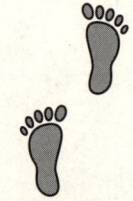

【解答】

　ア）1.5倍

12-3 KEY POINT

- フォースプレートは，地面を蹴る力の反作用を計測できる．
- フォースプレートは，跳躍高の算出にも使われる．
- フォースプレートによって得られるCOP動揺によって，平衡機能（バランス能力）を評価できる．

【解説】　スポーツバイオメカニクスの分野で，地面反力を計測する機材をフォースプレートという．フォースプレートは，いわば精密な体重計であり，運動中に地面を蹴る力の反作用（反力）を計測できる（図12-3）．

　地面反力の計測に際して，被験者による自由運動を妨げず，精度の高い地面反力データを獲得するためには，フォースプレートを地面下に埋設して固定するのが望ましい．また，フォースプレートは陸上競技場のオールウェザーの下に埋設することもある．地面反力の生データは電圧（単位：mVかV）として得られる．このため最終的には，あらかじめ用意されたフォースプレート特有の校正表に基づいて，電圧を力（単位：N）へと変換する必要がある．この変換はパソコン上のソフトによって自動的に行うことができる．地面反力データは，フォースプレートに備わった複数のセンサ（トランスデューサ）によって計測される．このトランスデューサによって鉛直方向と水平2方向，計3方向

の分力が検出され，この合力を得ることによって力の3成分（前後成分，左右成分，鉛直成分）が得られる（図1-5B）．また，これらのデータをもとに，座標原点（フォースプレートの中心点であることが多い）に対する**圧力中心位置**（COP）を算出できる．さらに力データとCOPデータ，フォースプレート自体の厚さなどをもとに，足とフォースプレート間でのねじりの負荷（フリーモーメント）も算出できる．

図 12-3　埋設されたフォースプレート

　地面反力の分析では，地面反力のピーク値を検出することによって，身体運動にともなう衝撃の大きさを定量化できる．たとえば，歩行や走行の際の足の着地やパンチによる衝撃の大きさを知ることができる．また，地面反力の各成分を時間で積分（付録）することで，各方向における身体重心の速度変化や変位を求めることができる．

　フォースプレートは跳躍高の算出に使われることも多い．地面反力の鉛直成分を体重で割ると身体重心の鉛直方向での加速度が得られる．これを時間で積分すると速度が得られ，さらに時間で積分すると重心変位が得られる．この最高点が跳躍高となる．また，離地から最高点に達するまでの時間と最高点から着地までの時間が等しいと仮定すると，滞空時間から跳躍高を求めることができる（Lec. 9-3）．ただし，この式で得られる跳躍高は，直立姿勢からの跳躍高ではなく，離地時姿勢からの跳躍高である点には注意が必要である．

　フォースプレートで計測できる安静立位でのCOP動揺は，平衡機能（いわゆるバランス能力，Lec. 7-4）の評価指標として一般的である（図7-4C）．COP動揺の大きさから平衡機能を評価するために，動揺総軌跡長や平均動揺速度，矩形面積，実効値（Root Mean Square: RMS）などの定量的指標が用いられている．近年では，COP動揺の周期性の解明に，フラクタル解析を応用するなどの新たな試みもなされている．

Lecture 12-4　脳から筋へのメッセージ　～筋電図の計測～

【例題】　筋電図によって得られる情報はどれ？
　ア）筋活動のタイミング
　イ）筋の放電量の大きさ
　ウ）筋力の大きさ

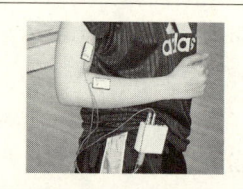

【解答】
　ア）筋活動のタイミング
　イ）筋の放電量の大きさ

12-4 KEY POINT
●筋電図（EMG）とは，筋の活動電位の記録．
●筋電図によって，筋がいつ，どの程度の大きさで活動したかがわかる．
●筋電図を定量化するためには，整流化，平滑化，積分と平均化などの処理を行う．

【解説】　スポーツに限らずあらゆる身体運動は，中枢神経からの指令を受けて筋が収縮することによって生じる．筋が収縮する際には，神経インパルスによって活動電位が発生する．**筋電図**（Electromyogram：EMG）とは，この活動電位を記録したものである．筋電図を計測することで，対象とする筋がいつ，どの程度の大きさで活動したかを知ることができる．筋電図の計測方法にはさまざまあるが，スポーツ科学実験では，計測が簡便な表面電極の使用頻度がもっとも高いため，以下ではこの計測方法について紹介する．

　筋電図の計測に際しては，まず対象筋の筋腹上の皮膚に，筋線維の走行方向と平行となるように2つの電極を貼付する．小さな筋を対象とする場合は，電極間の距離を小さくし（最低 10 mm 程度），大腿など大きな筋を対象とする場合は広めにとる．筋放電は微弱電圧であるためノイズの影響を受けやすい．これにより，ノイズを極力軽減するための手続きをとる．電極の貼付とともに，皮下組織の影響が小さい部位（手の甲や脛骨粗面など）にアースを貼付する．また電極を貼付する前に皮膚をアルコール綿で拭いたり，紙やすりで軽くこすると皮膚の角質が落ち，電極と皮膚の接触抵抗を軽減できる．身体運動にともなう電極のリード線の揺れによって，低周波のアーチファクトが混入しやすい．

図 12-4A 筋電図計測システム

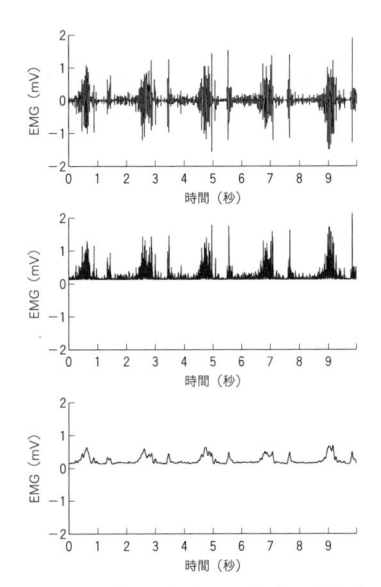

図 12-4B 筋電図波形の例（上段は生波形，中段は整流化後，下段は平滑化後の波形）

これを防ぐためには，リード線をサージカルテープなどで身体に固定するのが有効である．

筋放電を可視化するためには，EMG の生信号を増幅器（アンプ）で増幅する必要がある．近年の筋電図計測システムでは，アンプが個々の電極自体に内蔵されているものも増えており（図 12-4A），これによってノイズの影響が小さく，精度のよい筋電図計測が可能となっている．

身体運動中の筋電図を計測することによって，どの筋がどのタイミングで活動していたかを把握することができる．さまざまなスポーツ種目の熟練選手による動作中の各筋の筋電図を観察すると，適切な筋が，適切なタイミングで活動していることがわかる．こうした無駄のない筋収縮のパターンが，一流スポーツ選手による滑らかでかつ巧みなフォームをつくっている．

筋電図で計測される絶対筋放電量は，複数の筋間でそのままでは比較できない．この点には十分な注意が必要である．複数の筋間での筋放電量を比較するためには，最大筋力（Maximal Voluntary Contraction：MVC）発揮時の筋放電量で規格化（%MVC 化）するなどの手続きがとられる．また，身体運動にともなう筋の放電量を定量化するためには，① 整流化（正負の信号が混在した筋電図を絶対値にすること），② 平滑（全波整流した波形を適当なフィルタで滑らかにすること），③ 積分と平均（一定時間内での平滑化された全波整流の面積を求めること）などの処理を行う（図 12-4B）．

Lecture 12-5　筋腱の動きを観察する　～超音波法～

【例題】　超音波法によって得られる情報はどれ？
ア）筋腱複合体の長さ
イ）筋の色
ウ）腱の弾性

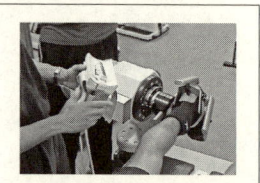

【解答】
ア）筋腱複合体の長さ
ウ）腱の弾性

---　12-5 KEY POINT　---
● 超音波法によって，運動中の生体内での筋腱複合体の伸縮を観察できる．
● 超音波法と関節トルク分析とを併用することで，運動中の筋腱の長さ−力関係を知ることができる．
● 超音波法による腱の弾性特性の測定は，歩行や跳躍などさまざまな身体運動に応用されている．

【解説】　ポパイが力こぶをつくるときのように，肘角度を変えずに肘屈曲させようとする等尺性収縮（Lec. 6-2）の"等尺性"とは，筋と腱をあわせた筋腱複合体（MTC, Lec. 9-6）の長さが変わらないという意味である．しかし，肘関節が固定されていても，肘を屈曲させようとすれば，筋が短縮して（力こぶができ）腱が伸びることは古くから誰もが認識しており，インターナルショートニング（Winter, 2005）と呼ばれていた．この腱はバネとして働くこともわかっている（Lec. 9-6）．近年，超音波を用いて筋を縦に切り縦断的にみるという手法によって，筋と腱の伸縮を定量的に観察するという道が開け，世界の注目を浴びる「腱の役割」に関する論文が日本から多数輩出されるようになった．

その超音波を用いた筋と腱の測定方法について説明しよう．超音波のプローブを筋束にそって当てる（図 12-5A，図 12-5B ア）と，筋（束）と腱の縦断映像を得ることができる（図 12-5B イ）．この映像の中に，識別できる標識点，たとえば筋と腱の接合部あるいは筋束と腱膜の接合部の位置情報を得る（図

12-5Bイのa, b点).MTCの起始と停止が固定されている等尺性収縮ならば，この標識点1点（たとえばa点）の移動量が腱の伸縮を表す．また，筋束の両端の標識点2点を図12-5Bイのように1画面上で得ることができれば，運動中の筋自体の伸縮の程度を知ることができる．超音波法と同時にビデオ画像解析によって関節角度を取得すれば，MTC全体の長さ変化を推定することができ，このMTC長から超音波で測定した筋束の長さを差し引けば腱の長さ変化となる（図12-5Bのウ）．この方法に，（関節トルクをモーメントアームで除した）筋張力のデータを加えれば，腱の長さ－力関係（Lec. 6

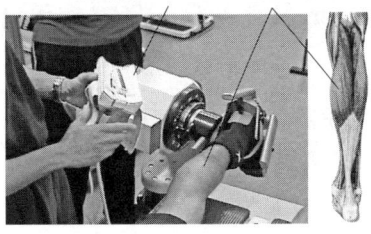

図12-5A 超音波の計測風景
（川上泰雄氏提供）

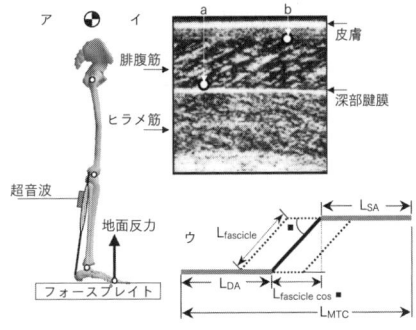

図12-5B 超音波法によって得られる情報
（Fukashiro et al., 2006）

-1）を生きているヒトの生体で，しかも運動中の動態を知ることができる．生体腱は屍体よりも若干軟らかいことが報告されている．また，腱の横断面積を超音波横断画像で測定することによって，単位断面積を考慮した力（ヤング率）を求めることもできる．このように，超音波法による筋と腱の縦断観測は，ヒト生体を対象として用いながら，MTCおよび筋と腱の力学特性を論じることを可能にした画期的な方法なのである．

超音波を用いた腱の弾性特性の測定法は，歩行や跳躍といったヒトの自然な運動において応用され，さまざまな興味深い知見が得られている．歩行・垂直跳び・足関節屈伸などの運動では，主働筋のMTC全長でみると伸張－短縮が行われているが，筋と腱を分けてみると，筋は力－長さ・力－速度関係において効果的に力を発揮できる領域（力－長さ関係では至適長域，力－速度関係では筋収縮速度の遅い域）で活動していて，逆に筋が働くのに効率的でない部分は腱がそれを補うという相互作用が行われている（Fukashiro et al., 2006）．

Lecture 12-6　ヴァーチャル身体運動！？
〜シミュレーション〜

【例題】コンピュータシミュレーションを行ううえで必要なものは？
　ア）コンピュータ　　イ）実験機材
　ウ）数学モデル　　　エ）ロボット

【解答】
　ア）コンピュータ
　ウ）数学モデル

―― 12-6 KEY POINT ――
● 身体運動を模型あるいは数式などで模式化することを**モデリング**という．
● 数学モデルをもとに，特定の条件を変化させて，さまざまな状態を推定することを**シミュレーション**という．
● シミュレーションには，実験をしなくても，ある条件を変化させたときの身体運動の変化を具体的に知り得るという利点がある．

【解説】　一般に，ある運動を模型あるいは数式などで模式化することを**モデリング**といい，それをもとに特定の条件を変化させて，さまざまな状態を推定することを**シミュレーション**という．

　人体模型など形あるものを用いた場合を**物理モデル**，形のない数式によるものを**数学モデル**あるいは**計算モデル**と呼ぶ．物理モデルの典型はロボットで，数学モデルの典型は**コンピュータシミュレーション**である．身体運動のモデリングは，まず身体の前腕や上腕といった各セグメントを剛体とみなして質点系のリンクモデルをつくる（図12-6A）．次に運動中の各セグメントの動きを運動方程式（Lec. 3-1，Lec. 4-6）によって表し，運動方程式の定数項に実験で得られたデータを代入して，各種変数を算出する．そして，目的にそって，モデルや数式の改良を繰り返し，モデリングをより適切なものに近づける．シミュレーションでは，完成したモデリングをもとに各種動作を変化させてみる．

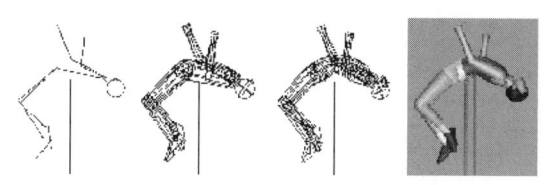

図 12-6A　各種身体モデル（Dapena, 2000）

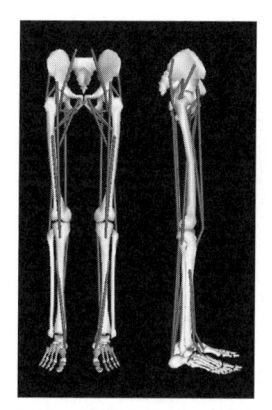

図 12-6B　骨格筋モデルの例
（Nagano et al., 2005）

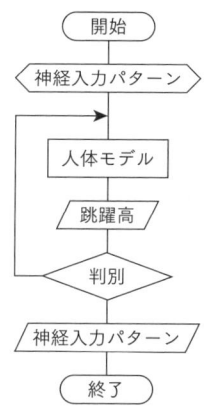

図 12-6C　垂直跳びのシミュレーションフローチャート
（Yoshioka et al., 2010）

　これは，ビデオなどを用いた動作解析から，関節トルクや筋張力を計算する**逆ダイナミクス**（inverse dynamic approach）に対して，**順ダイナミクス**（direct dynamic approach, forward solution, synthesis）と呼ばれている．シミュレーションは，ある特定の条件を変化させたときの，身体の動きの変化を具体的に知り得るという利点がある．また，すでに生存しなくなった祖先の化石をもとに，祖先の歩行動作をシミュレートすること（Nagano et al., 2005）などもでき，さまざまな可能性がある．

　スポーツの跳躍場面において，身体が空中に投射されると，身体への外力は重力と空気抵抗だけなので，運動を簡略化して考えやすく，空中動作のシミュレーションは容易である．そこで，シミュレーションの初期には，走り幅跳びの踏み切りでの前方回転を，空中でどのように打ち消し，望ましい着地姿勢を

第 12 講　動きをとらえよ！　　233

図 12-6D 垂直跳びのシミュレーション結果の例
(Nagano *et al.*, 2007)

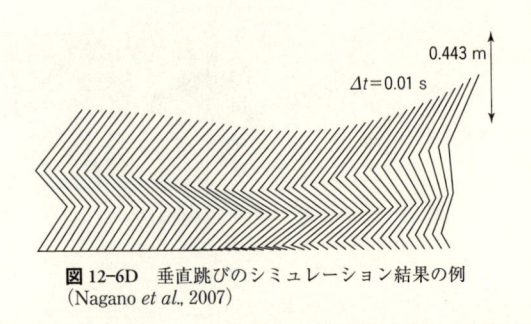

とるかといった研究（Ramey, 1973）や，走り高跳びの背面跳びの空中動作を検討し，空中動作の改善だけで，パフォーマンスが 2.08 m から 2.14 m へと 0.06 m の増大が認められたという研究（Dapena, 1981）などが行われてきた．

最近では，空中姿勢だけではなく，跳躍でもっとも重要な踏み切りのシミュレーションも行われている．ヒトの下肢 3 次元神経筋骨格モデルに神経入力パターンを入力し，動作シミュレーションを行うというものである（図 12-6B-図 12-6D）．骨格モデルは，上半身と左右の大腿，下腿，足の計 7 セグメントから構成されていて，隣り合うセグメントは関節によって結合されている．関節構造は，股関節が球関節，膝関節が単軸関節，足関節が二軸関節である（Lec. 6-5）．筋腱複合体モデルでは，筋の収縮要素・弾性要素・粘性要素，そして腱の弾性要素を組み合わせることで 1 つの筋腱複合体モデルを構築している（Hill タイプのモデルと呼ばれる．図 12-6B）．神経モデルは動作指令から力発揮までの時間の遅れをモデル化している．神経入力パターンを各種検索して，この場合はもっとも高く跳躍するという目的にそった動作をみつけていくことになる（図 12-6C）．神経入力パターン生成のための最適化処理はさまざまな方法がある（たとえば，Bremermann, 1970）が，この最適化はコンピュータの動作学習と呼べるものである．シミュレーション動作の例としては，垂直跳び（図 12-6D）や歩行のシミュレーションが成功している（Fukashiro *et al.*, 2006, Nagano *et al.*, 2007）．

Lecture 12-7　アトムをつくれ！　〜ロボット〜

【例題】　シミュレーションを物理的に現実化してくれるものは何？
　ア）モーションキャプチャ　　イ）ロボット
　ウ）ロケット

【解答】
　イ）ロボット

―― 12-7 KEY POINT ――
●シミュレーションを物理モデルによって現実化したものがロボット．

【解説】　コンピュータシミュレーションのみならず，シミュレーションを具現する物理モデルであるロボットの発展は著しい．数年前までのロボットは，とかくぎこちない動きであったが，たとえば，最近の会津磐梯山踊りを模倣するロボット（東京大学大学院情報学環池内研究室）では，'科(しな)'までつくるのである（図12-7A）．この踊りを模倣するロボットの作成過程において，研究段階の当初，モーションキャプチャで分析した踊りの師匠の関節トルクをロボットに入力しても，人間とロボットで骨格モデルが異なるために転倒してしまう．そこで，師匠の手の動きが止まる瞬間と音楽の拍子が一致する部分の姿勢だけを真似させたところ，ロボットは転倒せずに師匠ときわめて類似して踊ることができた（図12-7B）．ロボットによる踊りの再現によって，もしも伝承者が途絶えたとしても，ロボットが師匠になって踊りを伝えることが可能となる．また，うまく踊れない人にロボットと同じポイントを押さえさせることによって上達させる，つまり，踊りを伝授するときのコツがデジタルアーカイブすることによってみつけられるのである．この方法がスポーツに応用されれば，パフォーマンス向上のためのスキル獲得に関してもきわめて有用な情報源となるであろう．
　コンピュータシミュレーションであれ，ロボットであれ，急速な発展をみせ

図 12-7A '科' をつくるロボット
（東京大学，池内研究室提供）

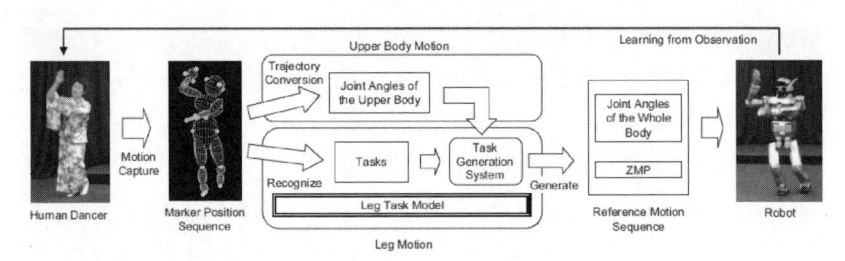

図 12-7B ロボットによる舞踊動作生成の流れ（池内ほか，2006）

ており，スポーツバイオメカニクスの分野の強力なツールになることはまちがいない．これらのハードウェアとしてのツールが実用段階を迎えたときは，その使い方，つまりソフトウェアが重要になるであろう．そのときこそ，バイオメカニクス研究者とスポーツ現場のコーチのギャップが埋まるであろう．

Lecture 12 確認テスト

問題 1 ビデオ撮影やモーションキャプチャによるスポーツ動作の計測および分析について，以下の空欄を埋めよ．
(1) 2次元分析ではカメラ1台でもよく，3次元分析を行う場合は，[①] 台以上のカメラが必要である．
(2) カメラの画角上での長さと実空間距離との対応をとる作業を [②] という．
(3) 各コマの画像上のある点の座標値を得る作業を [③] という．
(4) 身体位置座標データからは，身体速度や関節 [④] などの運動学的データを算出できる．これらのデータは，関節 [⑤] などの運動力学的データを求めるうえでの基礎資料ともなる．

問題 2 フォースプレートの使用方法について，以下の空欄を埋めよ．
(1) フォースプレートを利用すると，力の [①] 成分と [②] 位置を計測できる．
(2) 地面反力のピーク値を検出することで [③] の大きさを定量化できる．
(3) 地面反力の各成分を時間で [④] すると，身体重心の速度変化や変位が求まる．
(4) 安静立位での COP 動揺は，[⑤] 機能の評価指標として一般的である．

問題 3 筋電図の計測と分析に関する以下の記述のうち，正しいものはどれか？
(a) 筋電図の英語略名を MEG という．
(b) 筋放電は微弱であるため，増幅器（アンプ）で増幅する必要がある．
(c) 身体運動中の筋電図を計測することで，どの筋がどのタイミングで活動していたかを把握できる．
(d) 筋電図の絶対値を個人間で比較することで，筋活動様式の個人差を比較検討できる．

問題 4 超音波法による筋腱複合体の動きの観察について，以下の空欄を埋め

よ．
(1) 超音波のプローブを筋束に沿って当てると，筋と腱の［①］映像が得られる．
(2) 超音波法と関節角度分析を併用することによって，筋や腱の［②］変化がわかる．
(3) 超音波法と関節トルク分析を併用すると，身体運動中の筋腱の［③］関係を知ることができる．

問題5 コンピュータシミュレーションとロボットの同異点について，以下の空欄を埋めよ．
(1) ともに，ある運動を模型や数式などで模式化する［①］をベースとしている．
(2) シミュレーションは，［②］モデルを用いて，さまざまな状態を推定したり予測したりする．
(3) ロボットは［③］モデルを用いてシミュレーションを具現するものである．

解 答

問題 1
① 2   ② キャリブレーション   ③ デジタイズ   ④ 角度
⑤ トルク

問題 2
① 3   ② 圧力中心（COP）   ③ 衝撃   ④ 積分   ⑤ 平衡

問題 3
(a) ×

【解説】Electromyogram の略名で，EMG という．

(b) ○

(c) ○

(d) ×

【解説】筋電図の絶対値（絶対筋放電量）を，個人間や複数の筋間でそのまま比較することはできない．

問題 4
① 縦断   ② 長さ   ③ 長さ−力

問題 5
① モデリング   ② 数学（あるいは計算）   ③ 物理

第 13 講
バイオメカニクスの夢
歴史と展望

　ギリシャ時代の哲学者プラトンは，大著『国家』の中で，「教育に必要な科目は体育と音楽である」と述べ，身体と感性の教育を重んじた．こういった先人の考えを，身体の感性が鈍くなりつつある 21 世紀こそ，生かしたい．プラトンやその師ソクラテスは哲学者として有名であるが，アリストテレスなども含めて，彼らが筋骨隆々であったことはあまり知られていない．当時，自分の意見を他人に説くには，ひ弱な身体では説得力がなく，器自体もたくましくなければならなかったのだろう．かつて，東京大学の大河内一男総長は，昭和 39 年の卒業式で，「太ったブタより，痩せたソクラテスになれ」

図 13-1 ラファエロによる「アテナイの学堂」の一部 (1509)．問答しながら歩くプラトン（左）とその弟子アリストテレス（右）

と述べたとされ，「身体よりも知に長けよ！」という言葉で卒業生を激励したが，実はソクラテスは筋骨隆々であったし，21 世紀こそ「痩せた……ではなく，たくましいソクラテス」が望まれているのである．
　本講では，「温故知新」，バイオメカニクスの歴史を振り返って，先人の熱い思いにふれ，さまざまな可能性が広がってきたバイオメカニクスの将来について考えてみよう．

1. バイオメカニクスの萌芽

　バイオメカニクスは，科学の中でももっとも古い分野の 1 つである力学と機能解剖学にその基礎をおいた総合的な科学であるといえる．力学の基礎となる数学と物理はユークリッド（Euclid, c. 450-380BCE），アリストテレス（Aristotle, 384-322BCE），アルキメデス（Archimedes, 287-212BCE）まで，一方，解剖学的側面に関しては，ダ・ヴィンチ（da Vinci, 1452-1519）とボレリ（Borelli, 1608-1679）の研究までさかのぼる．

力学の基本法則に関してはニュートン（Newton, 1642-1727）の『自然哲学の数学的原理』（*Philosophiae Naturalis Principia Mathematica*, プリンキピア, 1687）が大きな役割を果たした．ただし，ニュートンの『プリンキピア』で用いられている方法は幾何学的な方法であり，発展性に欠けるうえに学ぶのに非常に困難をともなうものであった．これを，慣性・運動・作用反作用の法則という「ニュートン力学」の形式にまとめたのは，オイラー（Euler, 1707-1783）をはじめとするヨーロッパ大陸の物理学者や数学者であった．質点・質点系・剛体の力学もオイラーによって体系化された．つまり，ニュートン力学は，原理的にはプリンキピアを出発点としているが，彼のオリジナルのものではなく，彼の死後100年以上をかけて整備されたものなのである．また，プリンキピアをもとに，弾性体力学や流体力学など，連続体の力学も独自の発展をとげた．一方，ニュートンの運動方程式をより形式的かつ解析的に表そうという流れも起こった．これは，ラグランジェ（Lagrange, 1736-1813）やハミルトン（Hamilton, 1805-1865）らによる解析力学という形で結実する．こうして，古典力学の枠組みは完成し，当時の物理学者は自然界の法則をすべて手中にしたと思い込んだのである．

しかしながら，この力学体系はやがていくつもの内部矛盾を呈しはじめ，また実験技術の進歩もニュートン力学の適応限界を明らかにしはじめた．19世紀末から20世紀初頭にかけての多くの実験結果は，当時確立されたと信じられていた物理学を根底から揺るがした．この物理学最大の危機を救ったのが，「相対性理論」と「量子力学」であり，まさに初めてのパラダイムの変換であった．これらは，19世紀の古典力学に対して，現代物理学と呼ばれている．ただし，ヒトの運動のような身のまわりの力学現象を観察する場合には，ニュートン力学が適しており，スポーツバイオメカニクスはニュートン力学を基礎としている．

2. バイオメカニクスの研究史

　ニュートン力学を身体の運動に応用しようとする場合には，身体の解剖学的特徴を知る必要がある．ダ・ヴィンチやボレリらの多才な科学者は，人間の動きを解剖学的に分析するための基礎をつくった．そして，彼らの研究を土台にした動的な動きの研究は，ウエーバー兄弟（Weber Brothers, 1836）により，19世紀になって初めて行われた．しかし，画像を記録する手段がなかったこの時代は定量的な研究がほとんど不可能であった．

　フランスのマレー（Marey, 1830-1904）とアメリカのマイブリッジ（Muybridge, 1831-1904）は最初に人間と動物の動きをフィルム映像に記録するための手法を発達させた（図13-2）．マイブリッジによる12台のカメラを走路に平行に並べて行った疾走する馬の連続写真撮影の成功，そしてマレーによる棒高跳びの100分の1秒ごとの多重撮影や時計を画面内に同時に映しこむ手法など，これらはバイオメカニクス研究の萌芽と呼べるものである．それ以来，現在に至るまで，多くの手法，たとえばビデオや赤外線ビデオ，超音波の測定法などが，複雑な人間の動きを記述し，定量化するために洗練されてきた．最近は，実験室において，モーションキャプチャを用いて，身体各部の座標をリアルタイムで取得することも可能になった．

　この映像解析に，地面反力などの力量測定を加えることによって，動作の記述だけではなく動作の原因となっている力の情報を推定できるようになったことが，バイオメカニクスを大きく発展させた．20世紀初頭に，ブラウネとフィッシャー（Braune and Fischer, 1889）の研究をもとに，映画撮影機と人体測定データを用いて，フェン（Fenn, 1930）やエルフトマン（Elftman, 1939）は，人間の歩行の詳細な分析を行った．とくにエルフトマンはフォースプレートを用い，歩行やランニング中に発生する関節個々のトルクや，パワーを計算するための方法を提示した．その後デンプスター（Dempster, 1955）は，多くの屍体からボディセグメントの係数を算出し，人間の身体モデル，つまり今日でも使われているリンクセグメントのシステムを発達させた．それ以来多くの研究者が彼の手法を2次元および3次元動作分析に応用してきた．我が国では，松井（1958）がデンプスターと同様に屍体から，日本人の身体モデルを決定した．

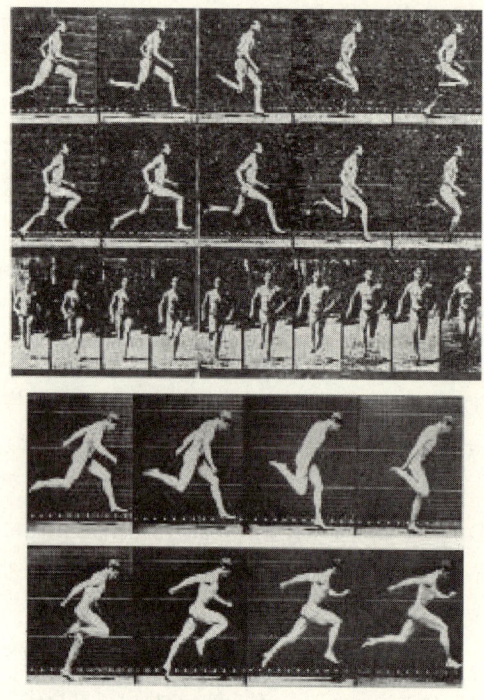

図 13-2　人類最初の連続写真（Muybridge, 1907）

3. 力学的原理を通してのスポーツへの応用

　スポーツバイオメカニクスにおいて，測定機器がそれほど発達しておらず，リアルタイムにデータを出力できなかった時代には，力学的原理を身体運動に当てはめて理屈でパフォーマンスに関係する要因を考えていた．その例をいくつかあげてみよう．

　地球上では，質量の大きな物体が高い位置にあるほど，大きな位置エネルギーをもつ（Lec. 3-6）．スポーツの中では位置エネルギーを有効利用することで高いパフォーマンスを発揮できることがある．ボーリングでは，バックスウィングでボールを高い位置へ振り上げることによって振り下ろしの際にボールスピードを楽に高められるために，動作はボールの方向やコントロールに集中

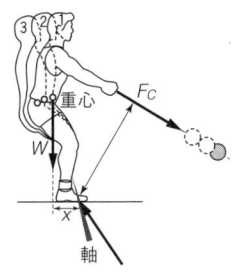

図 13-3 ハンマー投げの回転スピードの増加と身体の傾きの程度（Hay, 1973を改変）．W：重力，F_c：求心力．

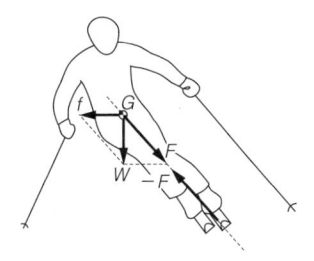

図 13-4 スキーにおける内傾と求心力．G：重心，F：重心とスキーを結ぶ方向の成分，$-F$：雪面からの反力，f：水平成分，W：重力．

できる．

　円運動しているヒトの身体には，外へ引っ張られる力（遠心力）が作用する．アテネオリンピックで室伏広治選手が金メダルを獲得したハンマー投げでは，回転速度が増すにつれて遠心力が大きくなり，そのまま手を離すとハンマーは外へと飛んでいってしまう．そこで選手は，遠心力に抗して中心へ向かう力（求心力）を発揮しなければならない．身体を支持脚よりもハンマーの反対側へと傾けて重心を回転軸から遠ざけることによって，重力を利用して求心力を得てスムーズに回転できる（図 13-3）．ハンマー投げのみならず，陸上競技でカーブを曲がる際にも，カーブの曲率に応じて身体を内傾することが求められる．より高速であるスケート競技では，氷面の状態やスピードに応じて，タイミングよく身体を内傾することがとくに重要になる．スキーでも，左右順々のターンにともなって適宜身体を傾斜させることが求められるうえ，高速ターンに耐え得る力強い脚筋力も必要となる（図 13-4）．

　ふだん意識することは少ないが，地球上での身体運動はもれなく流体（空気あるいは水）の中で行われる（Lec. 5-1）．一般に空気抵抗は，空気中を移動する物体の速度の 2 乗に比例して大きくなるため（Lec. 5-3），スキーやスケートなどの高速スポーツでは，空気抵抗がパフォーマンスに大きく影響する．また，陸上競技における風の影響も無視できない．これらのスポーツでは，競技中に受ける空気抵抗を小さくする姿勢や戦略をとることが重要である．一方で，空気抵抗を積極的に活用するスポーツ技術もある．その代表例はスキーの

ジャンプであるが，身近な技術としては野球の投球やサッカーのフリーキック，卓球のサーブなどの変化球がある．回転しながら飛行する物体では，物体の進む左右（あるいは上下）に圧力の違いが生じ，物体が横（あるいは縦）に動かされる．これをマグヌス効果と呼ぶ（Lec. 5-5）．近年，サッカーでは「無回転」のフリーキックが注目されており，意図的に無回転ボールを蹴る選手が増えている．無回転で飛行するボールは，空気抵抗の影響を受けて急激に落下するドラッグクライシスと呼ばれる現象などにより，不規則な飛行軌跡をたどる．一流スポーツ選手は，研ぎ澄まされた感覚と高い技術により，空気抵抗をも味方につけている．

スポーツでは，さまざまな衝突現象において，運動量と力積の関係（Lec. 3-4）を上手く活用している．たとえば，バレーボールのスパイクとフェイント，サッカーのシュートとトラップ，野球のヒッティングとバントなどである．スパイクやシュート，ヒッティングでは，ボールと身体および打具との接触時間，すなわち力の作用時間を短くすることで衝撃力を大きくできる．これはボールの速度を増すのに有効である．一方，フェイントやトラップ，バントでは，力の作用時間（接触時間）を長くすることで衝撃力を小さくできる．これによってボールの勢いを柔らかく吸収できる．この他，空手の瓦割りでは，力の作用時間を短くして衝撃力を大きくするのが有効である．一方，ジャンプからの着地では，膝を曲げて緩衝時間を長くすることによって，衝撃力を軽減できる．一流のスポーツ選手は，力の作用時間を介して衝撃力を調整する感覚にも優れているのである．

4. 測定データを通してのスポーツへの応用

最近は，前述したような理屈を，実際の競技動作を分析することで，個々人の特徴をデータとしてとらえられるようになった．たとえば，室伏選手のハンマー投げでは，ハンマーの初速を決定する力積（ハンマーの遠心力と時間の積）の中の遠心力がリリース直前に 350 kgw を超え，それに耐える求心力を発揮しているなどである．

一方，リンクセグメントモデルを用いた身体運動の逆ダイナミクス解析によって，走・跳・投などさまざまな運動中の関節発揮トルクが明らかになり，運

動の本質，つまり動作のどの局面でどのような関節トルクを発揮すればパフォーマンスがあがるのかがわかってきた（深代ほか，2000）．たとえば，スプリント走で股関節が大事だということは，我々の一連の動作解析から得た知見で，現在では日本の陸上短距離コーチのほとんどが認識するようになり，競技力向上にきわめて大きな貢献をした．

　そして，20世紀の後半から現在まで，コンピュータのハードウェア・ソフトウェアとともに，動作解析にかかわる科学技術が飛躍的に発展し，条件さえ整えれば，動作を撮影した後すぐに結果を出力できるようになってきた．つまり，競技上のようなフィールド実験ではなく，実験室ならばモーションキャプチャシステムによって，運動中の身体各部の座標をリアルタイムで測定できるようになった．これに地面反力の測定を加えれば，運動中の関節トルクを時間遅れなく得ることができる．さらに，逆ダイナミクスを用いて求められた運動中の関節トルクをもとに，モーメントアームやPCSA（生理学的筋横断面積）を考慮して，主働筋や共同筋の張力を推定する方法も提示されている．

　運動指導やコーチングの場では，運動は主観で，とくに筋感覚で構築されると認識されている．バイオメカニクスの動作解析で，運動中の関節トルクや主働筋張力をリアルタイムで知ることができれば，筋感覚で運動を構築する運動指導やコーチングに大きく役立つ武器となる．というのは，運動を行っている本人の感覚と関節トルク（あるいは筋張力）が同じ次元で話ができ，つまり主観と客観を照らし合わせたうえで，動作構築ができるからである．このような試みは，財団法人スポーツ医・科学研究所，横浜市立スポーツ医科学センターのシステムを土台に，すでに国立スポーツ科学センター（JISS）で始められている．

　さらに，ここ数年で，コンピュータシミュレーションの技術が大きく発展した．仮想の人間モデルをコンピュータ上に作成し，垂直跳びや歩行を行わせることが可能となっている（Fukashiro *et al.*, 2006）．これらの発展は，スポーツ科学の応用を考えるときに，バイオメカニクスに大きな可能性を与えるものである．つまり，予測で行うコーチングを，シミュレーションを用いて結果を確かめてから，実際の選手に適応できるからである．

5. バイオメカニクスの方向

　ここまで，バイオメカニクスという分野の歴史，学問領域，方法論，親学問（力学や機能解剖学）からの応用，そしてスポーツ現場などへの応用を概説してきた．読者のみなさんは，我々著者をとりこにした「バイオメカニクス」の魅力にふれていただけただろうか？　確かに，計算や数式などがあったり，覚えなくてはならない身体の仕組みがあったりするが，バイオメカニクスを通して身体運動をみると，運動の本質や個人差を理屈や客観的データで，なるほど！と納得しやすくなるのである．

　スポーツ技術を習得するときの筋感覚や，体力トレーニングのときの苦しさなど，身体運動の実践には感覚が大きく影響している．したがって，スポーツや身体運動に関して，感覚をもとにした指導法ができあがり，1つの大きな文化になっている．ただ，そこには時として錯覚や誤解が含まれることがある．感覚と客観的事実とは似て非なることがあるからである．対象とした身体運動において，100人いれば100通りの感覚がある（つまりさまざまな感覚や主観がある）が，力学的そして解剖学的にみた本質は1つしかない．さまざまな錯覚や誤解，あるいは憶測がつきまとう身体運動を，バイオメカニクスからみると客観的に理屈でわかり，溜飲が下がる．このようなところに我々は魅せられているのである．

　ただ，スポーツ科学が究極まで発展したらどうなるだろうか？　スポーツのルールや倫理の範囲内で考えてみると，科学サポートによって，障害が起きず，個々人に最適なトレーニングや動作改善が与えられ，個人のもっている能力が十分に引き出されれば，その結果，その個人がもともともっている特質，つまり遺伝子勝負になるということができる．しかし，そこに至るまでにはさまざまな予測できない外的要因が出現して，どのような方法をとろうとも究極までは行き着かないであろう．というのは，あまたある自然現象のうち再現可能なものを選び出し，その現象から数値で表すことのできる性質を抜き出して対象にすることが，科学の本質であり，また限界もそこにあるからである．人間や身体運動を含めた自然現象が最初から数値化できるものとして用意されているわけではなく，人間が自然現象を数値で表せるようにある意味都合よく認識し

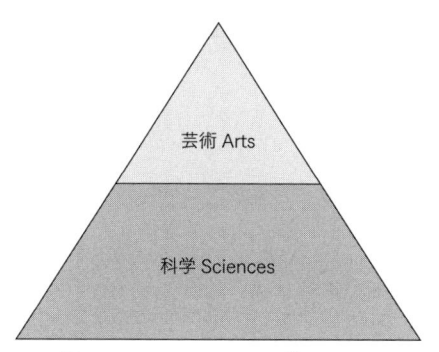

図 13-5　スポーツにおける科学と芸術

ようというのである．自然現象の中で，もっとも科学しにくい対象が人間や身体運動であり，そこにバイオメカニクスを含めたスポーツ科学の難しさと興味深さがある．

スポーツの中の科学の役割は，科学的な側面と芸術的な側面との共存（図13-5）ということで説明できよう．すなわち，誰にでも当てはまる科学的なベースのうえに立って，筋感覚やコーチングの芸術性があるのである．この両方の立場を理解しあえるようなチームを組むことが，応用科学としてのバイオメカニクスの方向性である．また，この本で述べてきたバイオメカニクスの利点は，単にスポーツだけにとどまらず，舞踊やダンスあるいは音楽などにかかわる身体運動，あるいはコンピュータゲームや映画のCG，そしてロボットなどへの応用も期待でき，その広がりも大きな魅力となっている．

発展編

【跳躍に対する重力の影響のシミュレーション】

重力は，地球の中心から離れる高地ほど，また赤道に近いほど小さくなる（遠心力の働き）．重力加速度は，東京八王子（標高105 m）で9.797 m/s^2，メキシコシティと同程度の高さである草津横手山（標高2304 m）で9.793 m/s^{2}である．
　この差が走り幅跳びの跳躍距離にどの程度影響するかシミュレーションしてみよう．（Lec. 5-6）

© Tony Duffy / Getty Images Sport / Getty Images

【解説】　シミュレーションのポイントは2つある．1つは，重力の差が踏み切りの垂直速度に影響することだ，2つめは，重力の差が滞空時間に影響することである．
　走り幅跳びでは，踏み切り時と着地時で身体重心の高さが違うため，地面から飛び出した質量70 kgの質点が9 m近く跳ぶ場合を考えてみる．
　質量70 kg，水平速度10.13 m/s，踏み切り時間0.12秒，垂直方向の平均地面反力3193 N（325.8 kgw）とする．なお，計算上の有効桁数は無視する．

垂直速度のシミュレーション

　運動方程式 $F=ma$（Lec. 3-1）から，加速度は力÷質量となる．したがって，垂直上方向の加速度は3193/70＝45.614 m/s^{2}となる．この上方加速度に対して重力加速度がマイナスに働く．それぞれの標高での踏み切り時の垂直速度（＝加速度×踏み切り時間）を算出すると，

　　　　　　　八王子：$(45.614-9.797)\times 0.12 = 4.2981$ m/s
　　　　　　　横手山：$(45.614-9.793)\times 0.12 = 4.2986$ m/s

となる．

滞空時間のシミュレーション

　次に滞空時間を算出する．ここでも，重力加速度による差が生じる．垂直速

表 A-1 標高の差が走り幅跳びの跳躍距離に及ぼす影響のシミュレーション

(単位)	重力加速度 (m/s^2)	初速度 (m/s)	角度 (deg)	水平速度 (m/s)	垂直速度 (m/s)	滞空時間 (s)	最高到達点 (m)	距離 (m)
八王子	9.797	11.0041	22.991	10.13	4.2981	0.8774	1.886	8.888
横手山	9.793	11.0043	22.994	10.13	4.2986	0.8779	1.887	8.893

度を重力加速度で除せば，最高点までの経過時間となるため，滞空時間はその2倍で，

$$八王子：(4.2981/9.797) \times 2 = 0.8774 \text{ 秒}$$

$$横手山：(4.2986/9.793) \times 2 = 0.8779 \text{ 秒}$$

となる．

跳躍距離のシミュレーション

この滞空時間分だけ，水平速度で移動するため，

$$八王子：10.13 \times 0.8774 = 8.888 \text{ m}$$

$$横手山：10.13 \times 0.8779 = 8.893 \text{ m}$$

となる．

すなわち，空気抵抗を無視して重力の標高の違いによる影響をシミュレートしてみると，5 mm の違いしか生じない（表 A-1）．

【空気抵抗を受ける物体の運動】

Lec.3-3 では，空気抵抗を無視して投げ出されたボールの運動を考えたが，ここでは，空気抵抗が速度の2乗に比例すると考えて，投げ出されたボールの放物運動を考えてみよう．

まず，ボールの運動を水平方向と鉛直方向に分けて考える．それぞれの方向について，ボールの運動方程式を立てると，

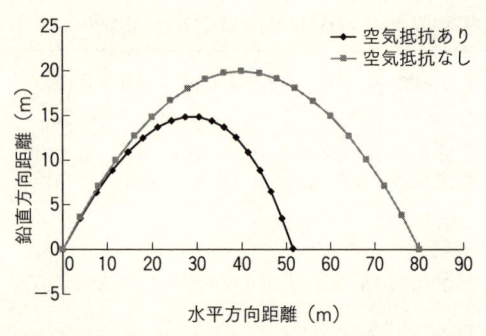

図 A-1 水平速度 20 m/s, 鉛直方向速度 20 m/s で投げ出されたボールの軌跡

$$\text{水平方向}: ma_x = -F_{dx} = -\frac{1}{2}C_d \rho A v v_x$$

$$\text{鉛直方向}: ma_y = mg - F_{dy} = mg - \frac{1}{2}C_d \rho A v v_y$$

となる.ここで,水平方向を x, 鉛直方向を y とし,初速度を $v\left(v = \sqrt{v_x^2 + v_y^2}\right)$, 空気抵抗を F_d, C_d を抗力係数, ρ を空気の密度, A をボールの断面積とした.

上式を用いて水平方向速度,鉛直方向速度ともに 20 m/s で投げ出されたボールの軌跡を求めると,図 A-1 のようになる.

空気抵抗を考慮した場合には,水平方向距離,鉛直方向距離ともに小さくなることがわかる.

また,物体の自由落下などの場合のように,物体が空気抵抗を受けて等速になると仮定すると,鉛直方向の加速度 a_y が 0 になるので,

$$ma_y = mg - F_{dy} = mg - \frac{1}{2}C_d \rho A v v_y$$

$$a_y = g - \frac{C_d \rho A}{2m}v v_y = 0$$

となり,自由落下なので $v_x = 0$ より $v = v_y$. よって, $v_y = \sqrt{\dfrac{2mg}{C_d \rho A}}$ から最終速度を求めることができる.

【反発係数】

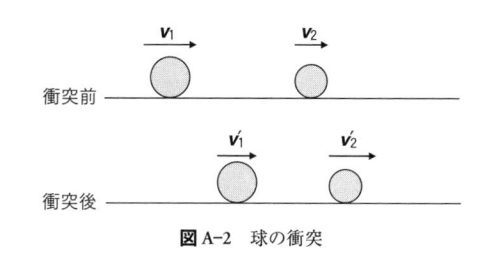

物体の衝突を扱う場合，運動量と力積の関係を用いるケース以外に，"反発係数"の概念を使うことが多い．いま，速度 v_1，v_2 で運動していた質量 m_1，m_2 の2つの球が衝突し，速度 v_1'，v_2' に変化したとする（図 A-2）．衝突の際に外力が作用しないとすると，運動量保存の法則が成り立つので，$m_1 v_1 + m_2 v_2 = m_1 v_1' + m_2 v_2'$ となる．また，衝突前後の相対速度の比 $v_2 - v_1 : v_2' - v_1'$ は物体の組み合わせにより変化し，物体の組み合わせが同じであれば一定の値をとることが知られている．この衝突前後の相対速度の比 $v_2 - v_1 : v_2' - v_1'$ を反発係数 e と呼んでいる $\left(e = \dfrac{v_2' - v_1'}{v_2 - v_1}\right)$．$e$ の大きさは $0 \leq e \leq 1$ である．$e=1$ の場合を弾性衝突，$0 < e < 1$ の場合を非弾性衝突，$e=0$ の場合を完全非弾性衝突と呼ぶ．実際の衝突現象は $0 < e < 1$ である．

図 A-2 球の衝突

ここまでは1次元のものとして扱ったが，床に入射角をもってボールをバウンドさせた場合などの2次元での衝突を扱う場合は，さらに複雑となる．一般にこうした場合には，衝突の際の外力が無視できなくなり（ボールのバウンドの例ではボールと床面との間に働く摩擦力が外力である），反発係数以外の要素を考慮する必要が生じる．現実に起こっている物体の衝突現象を記述することは難しく，それゆえ速度を実測する（実際に衝突前後の物体の速度を計測する）意味が生ずる．

【慣性モーメントの導出】

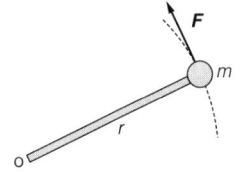

図 A-3 にあるように，質量 m の球が軸 O から r の距離に軽い棒（重さの無視できる棒）で取り付けられており，軸を中心に半径 r の円運動をしているとする．円の接線方向に力 F を加えると，

図 A-3 円運動している物体

ニュートンの第2法則より，

$$F = ma$$

となる．ここで，a は接線方向の物体の加速度の大きさである．接線方向の加速度 a を軸まわりの角加速度 β で表すと，

$$a = r\beta$$

となる．したがって，

$$F = ma = mr\beta$$

一方，軸まわりの力のモーメント N を考えると，

$$N = rF$$

となるので，結局，

$$N = rF = r(mr\beta) = mr^2\beta$$

を得る．ここで，$N = I\beta$ であることを思い出せば，$I = mr^2$ となる．この I は慣性モーメントと呼ばれる物理量であり，物体が軸からどれくらい遠いところに，どれくらいの質量をもつかによって決まり，大きな質量が軸から遠いところに存在すれば大きな値をとる（$I = mr^2$ より自明）．

棒や円柱など大きさをもつ物体の慣性モーメントは，より一般化されたかたちでの慣性モーメントの表現が必要となる．軸からの距離が $r_1, \cdots, r_n$ のところに，質量 $m_1, \cdots, m_n$ の物体が分布している物体の慣性モーメント I は，以下のように定義される．

$$I = m_1 r_1^2 + \cdots + m_n r_n^2 = \sum_{i=1}^{n} m_i r_i^2$$

ここで，長さ L，質量 M の棒の一端を通る軸を中心にまわる場合の慣性モーメントを考えてみよう．棒の微小区間 Δx における，微小質量 Δm は，$\Delta m = M \dfrac{\Delta x}{L}$ となる．したがって，

$$I = m_1 r_1^2 + \cdots + m_n r_n^2 = \sum_{i=1}^{n} m_i r_i^2$$

$$= \int_0^L x^2 dm = \int_0^L x^2 M \frac{dx}{L} = \frac{M}{L} \int_0^L x^2 dx$$

$$= \frac{M}{L} \left[\frac{x^3}{3} \right]_0^L = \frac{1}{3} ML^2$$

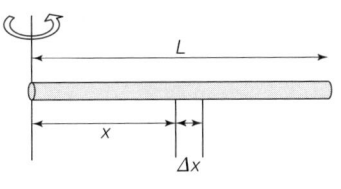

図 A-4 棒の慣性モーメント

となる．

ここでは，棒の一端を軸としたが，棒の中心を軸とした場合も，まったく同様にして，

$$I = \frac{1}{12} ML^2$$

を導くことができる．

【回転の運動エネルギー】

並進運動における運動エネルギー $\frac{1}{2}mv^2$ に対して，回転の運動エネルギーは，$\frac{1}{2}I\omega^2$ となる (Lec. 4-1)．これは，軸から半径 r_i のところにある点の速度の大きさは $r_i\omega$ であることから，全体の運動エネルギーは，

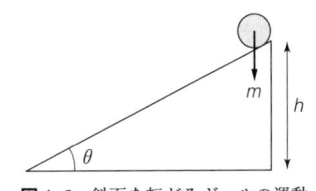

図 A-5 斜面を転がるボールの運動

$$\frac{1}{2} \sum_{i=1}^{n} m_i v_i^2 = \frac{1}{2} \sum_{i=1}^{n} m_i (r_i \omega)^2$$

となり，ω はすべての点に対して同じなので，

$$\frac{1}{2} \sum_{i=1}^{n} m_i (r_i \omega)^2 = \frac{1}{2} \omega^2 \sum_{i=1}^{n} m_i r_i^2 = \frac{1}{2} I \omega^2$$

となることより理解できる．

ここで，高さ h のところから斜面を回転しながら落ちていく半径 r，質量 m のボールの運動を考えよう（図 A-5）．

機械的エネルギーの総和は，$\frac{1}{2}mv^2 + mgh + \frac{1}{2}I\omega^2$ となる．スタート時と水

平面到着時の機械的エネルギーの総和は等しくなるはずであるので（エネルギー保存則），

$$mgh = \frac{1}{2}mv^2 + \frac{1}{2}I\omega^2, \quad I = \frac{2}{5}mr^2, \quad \omega = \frac{v}{r}$$

より，

$$mgh = \frac{1}{2}mv^2 + \frac{1}{2}\left(\frac{2}{5}mr^2\right)\left(\frac{v}{r}\right)^2$$

となり，結局 $v = \sqrt{\frac{10}{7}gh}$ となる．

　スポーツバイオメカニクスでは身体各部をセグメントという剛体としてモデリングした場合などに，各セグメントのもつ回転の運動エネルギーを計算し，セグメント間で比較するといった場合に，回転の運動エネルギーを用いる．たとえば，足，下腿，大腿をそれぞれ別のセグメントと考え，それぞれの回転の運動エネルギーを求め比較する場合などが具体例である．

【関節トルクの計算方法】

　身体の関節中心まわりに作用する力のモーメント（関節トルクと呼ぶ）を計算する具体例として，足関節に作用する力やトルクを計算する方法を考える．一般に関節トルクを計算する場合には，身体の各部位を剛体（セグメント）と仮定し，また，関節中心は一点であるとする．こうした仮定のもとに算出される関節トルクは，関節のまわりに作用するある単独の筋肉に由来するものであるということにはならない．ここで，計算される関節トルクは，あくまでも関節まわりに作用するいくつかの筋肉が発揮する力によるモーメントを合成した結果としてのトルクということになる．

　図A-6にあるように，下肢を足，下腿，大腿の3つのセグメントと仮定する．次に，まず足の部分の並進運動，回転運動について，それぞれ作用する力と力のモーメントを考える．並進運動，回転運動についてそれぞれ運動方程式を立てれば，足関節に作用する力，および足関節まわりのトルク（関節トルク）を計算することができる．また，同様にして，下腿，大腿についても順次，並進運動，回転運動の運動方程式を立てれば，膝関節まわり，および股関節ま

並進運動　　　　　回転運動

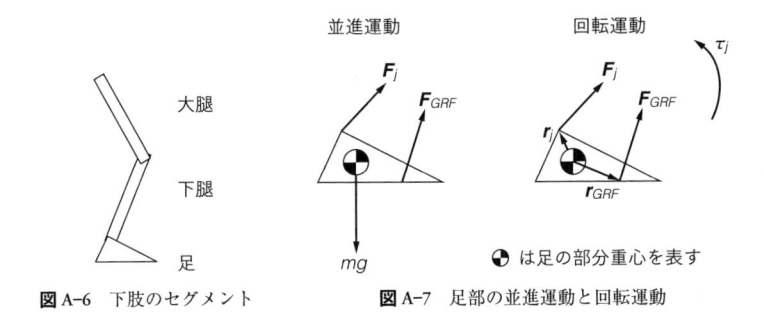

図 A-6　下肢のセグメント　　図 A-7　足部の並進運動と回転運動

わりの関節トルクを計算することができる．

足部のセグメントを拡大し，作用する力とその位置ベクトルを示したものが図 A-7 である．ここで，

- r_j　　足の部分重心を基準とした関節間力の位置ベクトル
- F_j　　足関節に作用する関節間力
- r_{GRF}　足の部分重心を基準とした地面反力作用点の位置ベクトル
- F_{GRF}　地面反力
- τ_j　　足関節まわりの関節トルク
- g　　重力

である．

足のセグメントの並進運動，および回転運動の運動方程式は，以下のようになる．

$$\text{並進運動} \quad ma = F_j + F_{GRF} + mg$$
$$\text{回転運動} \quad I\beta = \tau_j + r_{GRF} + F_{GRF} + r_j \times F_j$$

実際に運動を分析する際には，足関節中心の位置，足部の加速度，角加速度は画像分析により求め，足のセグメントの質量や慣性モーメント，部分重心の位置は先行研究の値より計算する．地面反力，およびその作用点の位置ベクトルは床反力計などを用いて実測する必要がある．こうした数値を上式に代入することにより，結果的に未知である関節トルクを計算により求めることができる．具体的な手順としては，まず，並進運動の方程式より関節間力を求め，さ

らに，それを回転運動の方程式に代入し，関節トルクを計算することになる．

【関節トルクのシミュレーションと３種のてこ】

力のモーメント

　静止している物体（剛体）の重心方向に力を加えると，物体は力を加えた方向に並進運動を行う．しかし，重心から離れた方向に力を加えたり，関節軸などの回転中心が存在すると，物体は回転運動（あるいは並進と回転の複合運動）を行う．この，物体を回転させる能力を，「力のモーメント」あるいは「トルク」と呼ぶ．

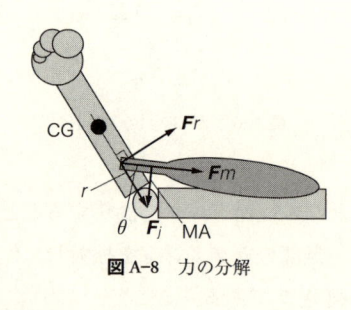

図 A-8 力の分解

　力のモーメントは，回転中心（重心あるいは軸）から力の作用点までの距離（MA：モーメントアーム）と，力の大きさとの積で決定される．図 A-8 では，

$$\text{力のモーメント（トルク）：回転軸からの距離} \times \text{力}$$
$$= MA \times Fm$$
$$= r \times \sin\theta \times Fm$$

ここで，Fm に $\sin\theta$ を乗じたと考えれば $Fm \cdot \sin\theta = Fr$ となり，力の大きさは「回転の接線方向分力」である（図 A-8）．また，$Fr (= Fm \cdot \cos\theta)$ は関節を押す力（関節間力）である．

てこ

　「てこ」とは，トルクの発生機構であり，「てこ比」によっては物体の重量よりも小さな力で物体を挙上させることができる（**てこの原理**）．

【問題】　図 A-9 のようなシーソーの荷重点に体重 50 kgw の人が乗っている．L1 の 2 倍の長さ（てこ比 1：2）にある力点には，何 kgw のおもりを加えれば平衡が保たれるか？（ただし，シーソー自体の質量はゼロと仮定）

図 A-9 てこの原理

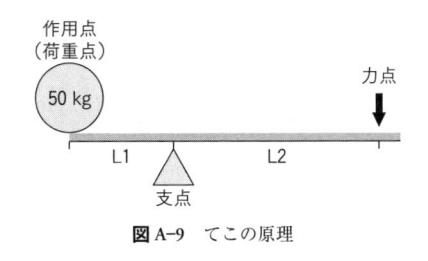

【解説】

$1 \times 50 = 2 \times x$, $x = 25$, よって 25 kgw (245 N).

てこを水平位で維持するとき，支点からの距離と力（重量）をかけたトルクが等しければ釣り合う．

関節角度の変化に対する，関節トルクと発揮筋力のシミュレーション

関節トルクを算出する際，支点から力点までの距離は関節軸から筋の停止までの距離でなく，支点から力ベクトルへの垂線を結んだ距離（モーメントアーム）となる．関節角度によって，このモーメントアームが変化するため，実際に筋が発揮した力の計算には三角関数が必要となる．

10kgw のおもりを手にもって，肘を 90 度から 30 度で保持する場合の，上腕二頭筋（他の肘屈曲筋はないとみなす）の発揮トルクと発揮筋力をシミュレ

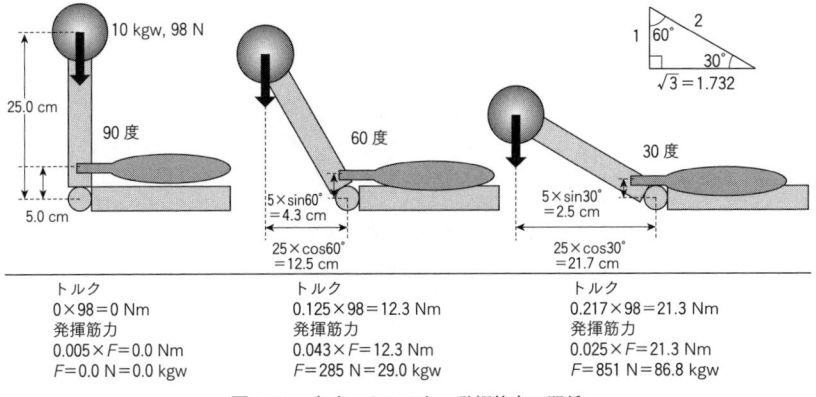

トルク
$0 \times 98 = 0$ Nm
発揮筋力
$0.005 \times F = 0.0$ Nm
$F = 0.0$ N $= 0.0$ kgw

トルク
$0.125 \times 98 = 12.3$ Nm
発揮筋力
$0.043 \times F = 12.3$ Nm
$F = 285$ N $= 29.0$ kgw

トルク
$0.217 \times 98 = 21.3$ Nm
発揮筋力
$0.025 \times F = 21.3$ Nm
$F = 851$ N $= 86.8$ kgw

図 A-10　角度，トルクと，発揮筋力の関係

ートしてみた（図 A-10；筋はつねに上腕骨と平行と仮定）．肘関節 90 度では 5.0 cm であったモーメントアームが，60 度では 4.3 cm，30 度では 2.5 cm となる（距離が短いほどトルク発揮に不利）．一方，支点から作用点までの水平距離は 0 cm から 12.5 cm，21.7 cm と増加する．このため，発揮筋力は，0 N，285 N，851 N と，関節角度によってきわめて大きな差が生じることがわかる．

3 種のてこ

　てこには，3 つの種類があり，人体の関節と筋の関係のほぼすべてが，この 3 つのてこにあてはまる（図 A-11）．第 1 のてこは，シーソー型で，安定性がよい（安定のてこ）．第 2 のてこは，小さな力で大きなトルクを発揮できる（力のてこ）．第 3 のてこは，大きな力が必要だが，力点の小さい移動で，作用点の大きな移動を生み出す（運動のてこ）．人体の関節の多くは，この第 3 のてこ構造であり，素早い動きに適している．

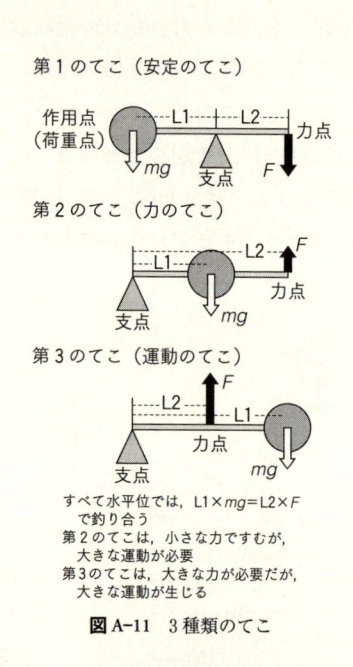

第 1 のてこ（安定のてこ）

第 2 のてこ（力のてこ）

第 3 のてこ（運動のてこ）

すべて水平位では，L1×mg=L2×F で釣り合う
第 2 のてこは，小さな力ですが，大きな運動が必要
第 3 のてこは，大きな力が必要だが，大きな運動が生じる

図 A-11 3 種類のてこ

3種のてこにあてはめることの問題点

人体での実例を図A-12に例示した．これらは，あくまで簡易化したモデルであり，筋の走行方向などを考慮すると，より複雑となる．さらに，人体の関節をてこにあてはめることには，いくつかの問題がある．

つま先立ち（足関節底屈）によって身体重心を持ち上げることを考える場合，足関節を支点とした足底屈の反作用によって重心が持ち上がると考えれば「第1のてこ」となる（閉じた系）．しかし，母指球部分をてことして重心を持ち上げると考えれば「第2のてこ」となる（開いた系）．これらは，関節部分か全身かという，どちらを「系」とみなすかによって解釈が異なる例である．

また，大腿四頭筋については，膝蓋骨を滑車とみなし，その筋付着部を力点とみなすか，膝蓋腱の停止部を力点とみなすかによって，2つのモデルが考えられる．

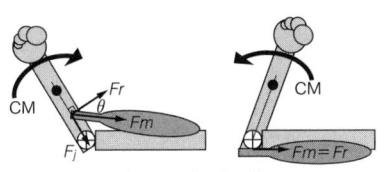

上腕二頭筋による肘屈曲：第3のてこ
上腕三頭筋による肘伸展：第1のてこ

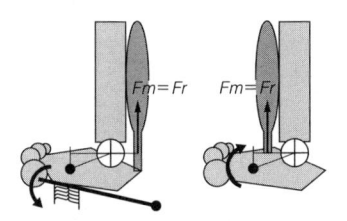

下腿三頭筋による足底屈：第1のてこ
（ペダルを，足部重心部で踏む）
前脛骨筋による足背屈：第2のてこ

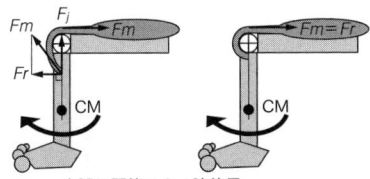

大腿四頭筋による膝伸展
左：腱停止部（脛骨粗面）を力点とした，第3のてこ
右：膝蓋骨−膝蓋腱を滑車とみなした，第1のてこ
（滑車とてこを混同できないが，支点が中心にあるとの解釈）

図A-12　3種類のてこの実例

付録

〈骨格系〉

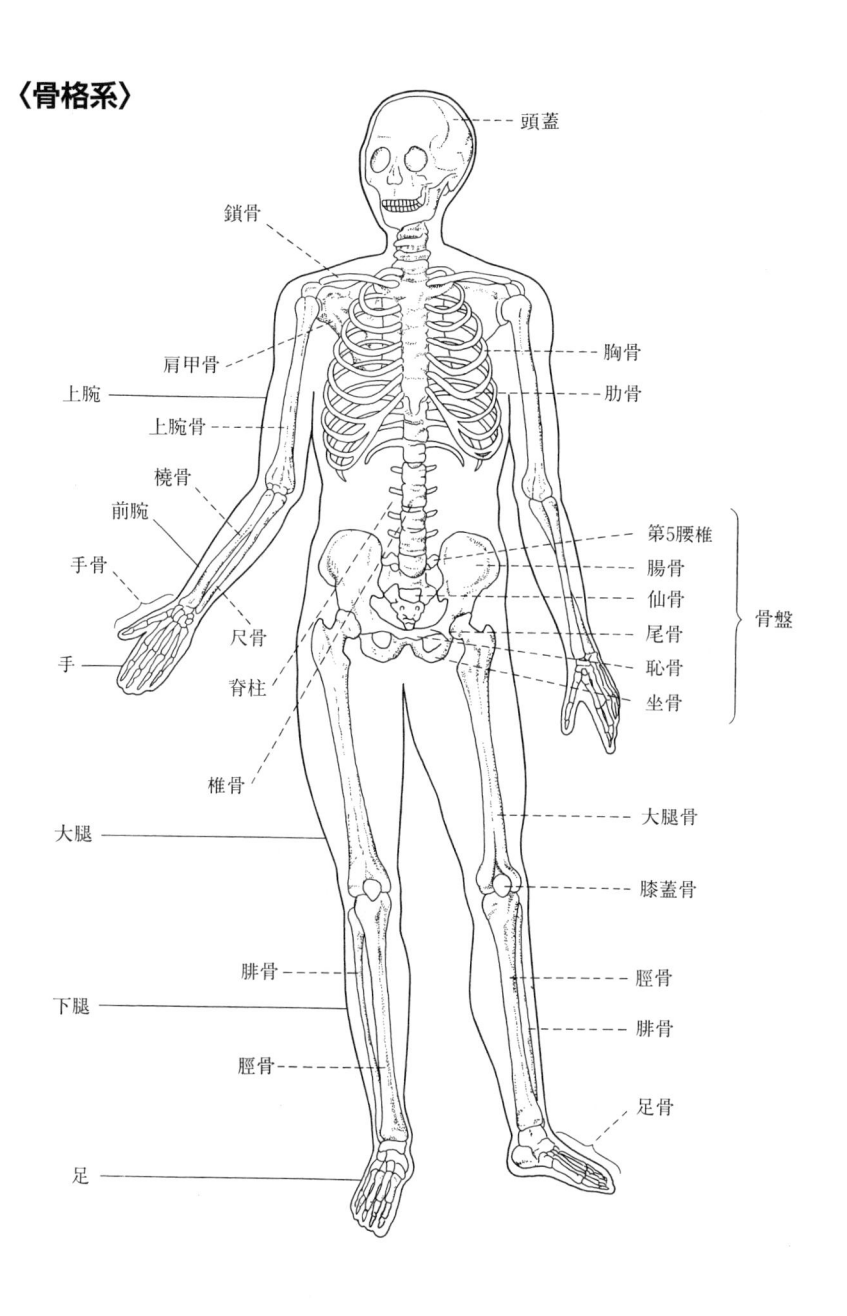

頭蓋
鎖骨
肩甲骨
上腕
上腕骨
橈骨
前腕
手骨
手
尺骨
脊柱
椎骨
大腿
下腿
腓骨
脛骨
足
胸骨
肋骨
第5腰椎
腸骨
仙骨
尾骨
恥骨
坐骨
骨盤
大腿骨
膝蓋骨
脛骨
腓骨
足骨

（近藤，1955）

付録　267

##〈筋系〉

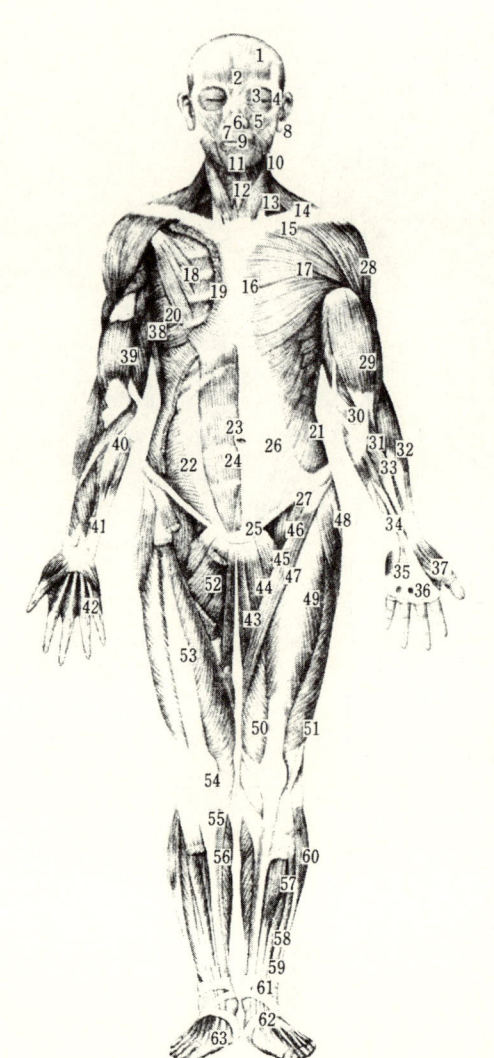

1. 帽状腱膜
2. 前頭筋
3. 鼻根筋
4. 眼輪筋
5. 鼻筋（横部）
6. 上唇鼻翼挙筋及び上唇挙筋
7. 小頬骨筋
8. 大頬骨筋
9. 口輪筋
10. 口角下制筋
11. 下唇下制筋
12. 胸骨舌骨筋
13. 胸鎖乳突筋
14. 僧帽筋
15. 鎖骨
16. 胸骨
17. 大胸筋
18. 小胸筋
19. 内肋間筋
20. 前鋸筋
21. 外腹斜筋
22. 内腹斜筋
23. 腹直筋
24. 腱画
25. 錐体筋
26. 腹直筋鞘前葉
27. 鼠径靱帯
28. 三角筋
29. 上腕二頭筋
30. 上腕筋
31. 上腕二頭筋腱膜
32. 腕橈骨筋
33. 橈側手根屈筋
34. 長掌筋
35. 短掌筋
36. 手掌腱膜
37. 短母指外転筋
38. 上腕三頭筋
39. 上腕筋
40. 円回内筋
41. 長母指屈筋
42. 指屈筋の腱
43. 薄筋
44. 長内転筋
45. 恥骨筋
46. 腸腰筋
47. 縫工筋
48. 大腿筋膜張筋
49. 大腿直筋
50. 内側広筋
51. 外側広筋
52. 短内転筋
53. 中間広筋
54. 膝蓋骨
55. 膝蓋靱帯
56. 脛骨
57. 前脛骨筋
58. 長母指伸筋
59. 長指伸筋
60. 長腓骨筋
61. 上伸筋支帯
62. 下伸筋支帯
63. 長母指伸筋

(前面)

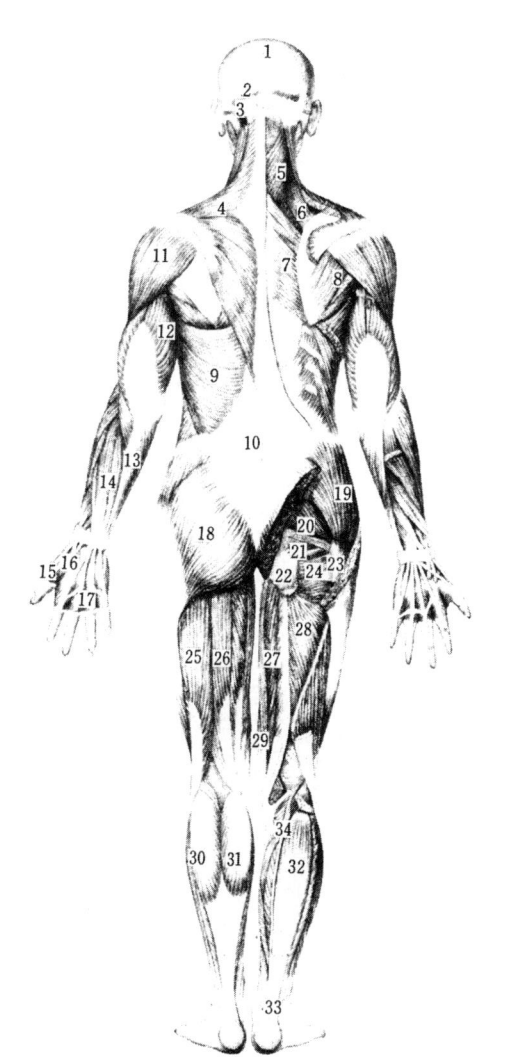

1. 帽状腱膜
2. 後頭筋
3. 後耳介筋
4. 僧帽筋
5. 頭板状筋
6. 肩甲挙筋
7. 大菱形筋
8. 棘下筋
9. 広背筋
10. 胸腰筋膜
11. 三角筋
12. 上腕三頭筋
13. 尺側手根伸筋
14. 〔総〕指伸筋
15. 短母指伸筋
16. 長母指伸筋
17. 腱間結合
18. 大殿筋
19. 中殿筋
20. 梨状筋
21. 内閉鎖筋
22. 坐骨結節
23. 大転子
24. 大腿方形筋
25. 大腿二頭筋(長頭)
26. 半腱様筋
27. 半膜様筋
28. 大内転筋
29. 薄筋
30. 腓腹筋(外側頭) ⎫
31. 腓腹筋(内側頭) ⎬ 下腿三頭筋
32. ヒラメ筋 ⎭
33. 踵骨腱
　　(アキレス腱)
34. 足底筋

(後面)

(新井, 2004)

【SI 単位系】

SI 単位について

　1954 年第 10 回国際度量衡総会において，それまで使われてきた単位も使うことのできる，6 つの基本的な単位系の導入が決定された．そして，学問分野の拡大や産業分野の著しい発展に対応し，統一的で合理的な単位系として，それまでのメートル法に代わる国際単位系と呼ばれる新しい体系の採用が決定したのは，1960 年第 11 回交際度量衡総会である（国際単位系の正式名称：SI＝System International）．

　これらの単位系の適用範囲の規格は，国際単位系（SI）の中で合理的に使用するための用い方や，併用してもよい単位，あるいは，しばらくの間使用していてもよい単位などについて規定されている．

　この規格の中で用いる SI 単位とは，SI の中の基本単位，補助単位および組立単位の総称である．また，非 SI 単位とは，SI に含まれない単位を称していうが，非 SI であっても実用上重要な単位で，長年使われてきているものは，SI 単位と併用することが認められている．SI 併用単位と医学における SI 単位も例外ではなく，取り扱う生体成分の量を表す単位の換算においては，各成分の分子量などで算出される換算係数を用い，国際単位系の規格にしたがって行われる．

表 B-1　単位に乗せられる接頭語

倍数	名称	記号
10^{24}	ヨタ	Y
10^{21}	ゼタ	Z
10^{18}	エクサ	E
10^{15}	ペタ	P
10^{12}	テラ	T
10^{9}	ギガ	G
10^{6}	メガ	M
10^{3}	キロ	k
10^{2}	ヘクト	h
10	デカ	da
10^{-1}	デシ	d
10^{-2}	センチ	c
10^{-3}	ミリ	m
10^{-6}	マイクロ	μ
10^{-9}	ナノ	n
10^{-12}	ピコ	p
10^{-15}	フェムト	f
10^{-18}	アト	a
10^{-21}	ゼプト	z
10^{-24}	ヨクト	y

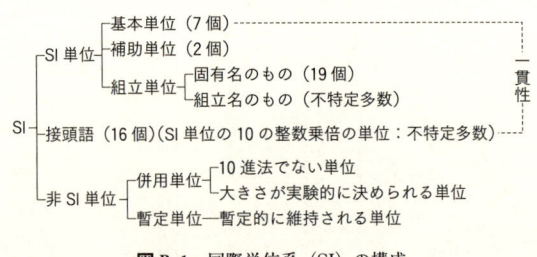

図 B-1　国際単位系（SI）の構成

表 B-2　バイオメカニクス，生理学で頻出する単位（SI 単位系と非 SI 単位系を抜粋）

量	名称	記号	定義
SI 単位			
長さ	メートル(meter)	m	1m は，光が真空中で 1/299792458 秒の間に進む距離
質量	キログラム(kilogram)	kg	kg は質量の単位（重量でも力でもない）．国際キログラム原器の質量に等しい
時間	秒(second)	s	1s は，セシウム 133 の原子の基底状態の 2 つの超微細単位の間の遷移に対応する放射の 9192631770 の周期の継続時間
熱力学温度（絶対温度）	ケルビン(kelvin)	K	1K は，水の三重点の熱力学温度の 1/273（−273 度は絶対 0 度）．1℃ と温度間隔は同等
電流	アンペア(ampere)	A	1A は，真空中に 1m の間隔で平行に置かれた，無限に小さい円形断面積を有する無限に長い 2 本の直線状導体のそれぞれを流れ，これらの導体の長さ 1m ごとに $2×10^{-7}$ ニュートンの力を及ぼし合う不変の電流
物質量	モル(mole)	mol	1 mol は，0.012kg の炭素 12 の中に存在する原子の数と等しい数の要素粒子または要素粒子の集合体で構成された系の物質量．要素粒子または要素粒子の集合体を特定して使用する
SI 補助単位			
平面角	ラジアン(radian)	rad	ラジアンは，円の周上でその半径の長さに等しい長さの弧を切り取る 2 本の半径の間に挟まれる平面角である．360° は $2π$rad であり，1rad は，約 57.3°
SI 組立単位			
面積	平方メートル(square meter)	m^2	$1m^2$ は，縦・横 1m 四方の平面の面積
体積	立方メートル(cubic meter)	m^3	$1m^3$ は，縦・横・高さ 1m の立体の体積
速さ	メートル毎秒	m/s	1m/s は，1 秒間に 1m を進む速さ
加速度	メートル毎秒毎秒	m/s^2	$1m/s^2$ は，1 秒毎に 1m/s ずつ速度が増す加速度．地球上の重力加速度は $9.8m/s^2$
角速度	ラジアン毎秒	rad/s	1rad/s は，毎秒約 57 度(57deg/s)の回転角速度
角加速度	ラジアン毎秒毎秒	rad/s^2	$1rad/s^2$ は，1 秒毎に約 57deg/s の回転角速度を増加させる角加速度
濃度	モル毎立方メートル	mol/m^3	$1mol/m^3$ は，溶液 $1m^3$ 中に物質量 1mol を含有する溶液の濃度
固有の名称をもつ SI 組立単位			
周波数	ヘルツ(hertz)	Hz	1Hz は，周期的現象が 1 秒間に 1 回繰り返される周波数
力	ニュートン(newton)	N	1N=1kg·m/s²，質量 1kg の物体に $1m/s^2$ の加速度を生じさせる力．地球上で，質量 1kg の物体に働く重力は 9.8N
圧力, 応力	パスカル(pascal)	Pa	$1Pa=1N/m^2$，$1m^2$ に 1N の力が作用する時の圧力及び応力．気圧表示には hPa（ヘクトパスカル $=10^2$ Pa）が用いられる
エネルギー, 仕事, 熱量	ジュール(joule)	J	1J=1N·m，1N の力がその方向に物体を 1m 動かす時の仕事
仕事率, 電力	ワット(watt)	W	1W=1J/s，1 秒毎に 1J の仕事をさせる割合．1W=1J/s=1A·V，1V の電圧で 1A の電流により毎秒消費される電気エネルギー
電圧, 電位	ボルト(volt)	V	1V=1W/A，1A の電流が流れる導体の 2 点間で消費される電力が 1W の時，その 2 点間の電圧
電気抵抗	オーム(ohm)	Ω	1 Ω =1V/A，1A の電流が流れる導体の 2 点間の電圧が 1V の時のその 2 点間の電気抵抗
電気量	クーロン(coulomb)	C	1C=A·s，1A の電流によって 1 秒間に運ばれる電気量
セルシウス温度	セルシウス度または度 (degree Celsius)	℃	通常「摂氏」という．摂氏 0 度(0℃)は絶対温度では 273K
SI 単位と併用してよい非 SI 単位			
時間	分(minute)	min	1min=60s
	時(hour)	h	1h=60min
平面角	度(degree)	°	$1°=(π/180)$rad
体積	リットル(liter)	l	$1l=1000ml=1000cm^3=0.001m^3$
質量	トン(ton)	t	$1t=10^3$kg
SI 単位と暫定的に用いられる非 SI 単位			
長さ	オングストローム(angstrom)	Å	$1Å=10^{-10}$ m，光学・結晶学の分野で用いる
自然科学系で慣例的に用いられる非 SI 単位			
長さ	ミクロン	$μ$	細胞や筋線維の大きさなど．$1μm=10^{-6}$ m，1mm の $10^{-3}=1/1000$ の長さ
重量単位	重量キログラム (kilogram weight)	kgw.kgf	体重などの重量．1kgw=9.8N
圧力(血圧)	ミリメートル水銀柱 (mili-meter of mercury)	mmHg	血圧・脈圧．1 気圧 =760mmHg=1013hPa
流量	リットル毎分	l/min	酸素摂取量，換気量，心拍出量など．1 分間あたりの流量（体積）
	ミリリットル毎分	ml/min	
回転速度	回転毎分 (revolution per minute)	rpm	自転車エルゴメータのペダル回転速度．1 分間あたりの回転数
心拍数	拍毎分(beat per minute)	bpm	1 分間あたりの脈拍数(拍/分)
熱量	カロリー(calorie)	cal	1cal=4.2J(1j=0.239cal)，1cal は水 1g を 14.5℃ から 15.5℃ へ上昇させるのに必要な熱量（栄養学で用いる 1Cal は 1kcal=1000cal）
濃度	ミリグラム毎リットル	mg/l	血中グルコース濃度など
	ミリモル毎リットル	mmol/l	血中乳酸濃度など，mM と略すことがある
イオン濃度	ペーハー(power of H^+)	pH	水素イオン濃度(1l 中のモル数として測定される)の逆数の対数をとった値．溶液は 22℃，pH7.0(1l 当たりの水素の $1×10^{-7}$ g 分子量)で中性（すなわち $[H^+]=[OH^-]$），pH7.0 以上でアルカリ性，pH7.0 未満では酸性

【ピタゴラスの定理】

直角三角形の斜辺 c の長さの平方は，残りの 2 辺の平方の和に等しい．これをピタゴラスの定理という．

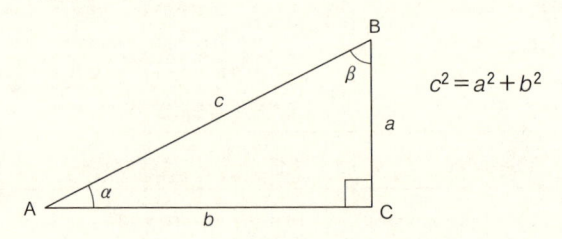

$$c^2 = a^2 + b^2$$

【三角比】

次のような直角三角形 ABC を考えた場合，1 つの角度 α を決めれば，直角ではないもう 1 つの角度 β は $90°-\alpha$ と決まる．このとき，角度 α をはさむ斜辺 c と隣辺 b，および対辺 a の比は，三角形の大きさによらず一定である．角度 α によって決まる 2 組の辺の比を三角比と呼ぶ．

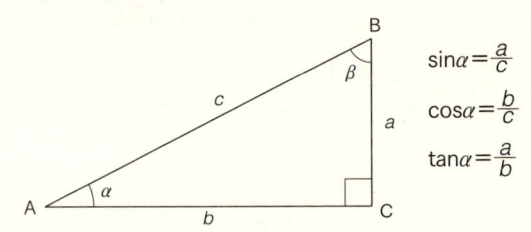

$$\sin\alpha = \frac{a}{c}$$
$$\cos\alpha = \frac{b}{c}$$
$$\tan\alpha = \frac{a}{b}$$

【余弦定理】

一般に三角形 ABC において以下の関係（第 2 余弦定理）が成り立つ．

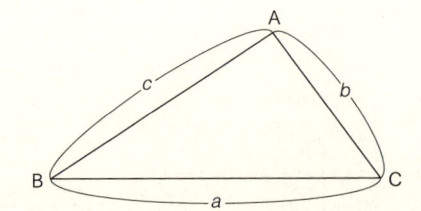

$$a^2 = b^2 + c^2 - 2bc\cos A$$
$$b^2 = c^2 + a^2 - 2ca\cos B$$
$$c^2 = a^2 + b^2 - 2ab\cos C$$

【ベクトルの内積】

2つのベクトル a と b の内積は，$|a||b|\cos\theta$ により定義される．ここで，θ はベクトル a, b のなす角である．a と b の内積を $a \cdot b$ と書くので，

$$a \cdot b = |a||b|\cos\theta$$

となる．上式の右辺はスカラー量である．つまり，2つのベクトルの内積は，ベクトル量ではなく，スカラー量になる．

一方，内積を幾何学的に考えると，右上図のようになる．ここで，

$$|\mathrm{OA}| = |a| = a$$
$$|\mathrm{OB}| = |b| = b$$

とすると，

$$|\mathrm{OB'}| = b\cos\theta$$

となることに注意が必要である．したがって，2つのベクトル a と b の内積 $a \cdot b$ は，結局，ベクトル a の大きさ a に，ベクトル b の a 方向成分 $b\cos\theta$ をかけたものとなる．

【ベクトルの外積】

ベクトル a とベクトル b の外積を c とすると，c は，

$$c = a \times b$$

と表される．上式において，左辺 c はベクトル量であるという点に注意が必要である．ベクトル a とベクトル b の内積はスカラー量になったが，2つのベクトルの外積はベクトル量になるのである．c はベクトル量であるので，向きと大きさをもつ．c の向きは，ベクトル a からベクトル b の向きに右ねじを回したときに，右ねじの進む方向と定義される．よって，c はベクトル a とベクトル b がなす平面に垂直な方向を向くことになる．一方，c の大きさは，a と b のなす角を θ とした場合，$|a||b|\sin\theta$ となる．つまり，

$$|c|=|a||b|\sin\theta$$

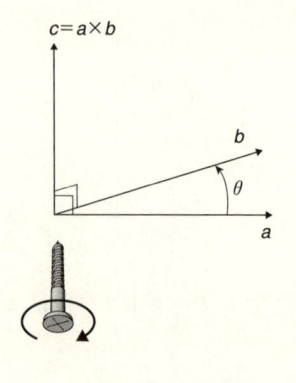

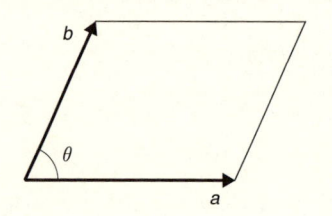

である.

　ここで，外積を幾何学的に考えてみよう．$a\times b$ の外積である c の向きは，左図（上）にあるように，ベクトル a からベクトル b の向きに右ねじを回したときに，右ねじの進む方向となるので，c は鉛直上向きとなる．一方，$b\times a$ の外積は $-c$（c と逆の向き）となることが，図から理解できよう．ベクトルの外積では，内積とは異なり，ベクトルの順番が問題となる．$a\times b$ と $b\times a$ により得られるベクトル量は同じではない．

　一方，c の大きさについては，左図（下）における2つのベクトル a とベクトル b によりつくられる平行四辺形を考える．平行四辺形の面積は，底辺×高さであるので，外積 c の大きさ $|a||b|\sin\theta$ は，まさしく，平行四辺形の面積そのものである（平行四辺形の底辺は $|a|$，高さは $|b|\sin\theta$ となることを確認せよ）．

【微分】

　ある関数 $y=f(x)$ の $x=x_1$ から $x=x_2$（$=x+\Delta x$）までの平均変化率は以下の式により求めることができる．

$$\frac{\Delta y}{\Delta x}=\frac{f(x_2)-f(x_1)}{x_2-x_1}=\frac{f(x_1+\Delta x)-f(x_1)}{\Delta x}$$

　いま，物体の位置 s が時間 t_1 から t_2 の間に，s_1 から s_2 に移動したとする．すると，位置の変化量は s_2-s_1，それに要した時間は t_2-t_1 ということになる．ここで，位置 s の平均変化率を計算してみると，

$$\frac{\Delta s}{\Delta t}=\frac{s(t_2)-s(t_1)}{t_2-t_1}=\frac{s(t_1+\Delta t)-s(t_1)}{\Delta t}$$

となる．上式は，ある時間にどれくらい位置が変化したかということを示している．これは Δt の間の平均速度ということになる．つまり，Δt の間の平均変化率は平均速度に等しい．

次に，Δt を限りなく 0 に近づけた場合を考える．つまり，

$$\lim_{\Delta t \to 0}\frac{s(t_1+\Delta t)-s(t_1)}{\Delta t}$$

時刻 t_1 における極限値が存在するとき，その値を時刻 t_1 における瞬間の速度と呼ぶ．

一般に時刻 t における速度を $v(t)$ とすると，

$$v(t)=\lim_{\Delta t \to 0}\frac{s(t+\Delta t)-s(t)}{\Delta t}=\lim_{\Delta t \to 0}\frac{\Delta s}{\Delta t}=\frac{ds(t)}{dt}=\frac{d}{dt}s(t)=s'(t)=\dot{s}$$

となる．このように，ある時刻における瞬間の変化を調べる（$\Delta t \to 0$ の極限値を調べる）方法を微分法と呼ぶ．微分法は位置から速度を算出する場合ばかりでなく，速度から加速度を求める際にも利用される．位置を時間の関数として，ある時刻 t における瞬間の変化を調べることを微分すると呼び，ある関数を時間で微分することをその関数の時間微分という．時間の関数である位置を時間で微分する場合，位置の時間微分と呼んだりする．つまり，速度は位置の時間微分により求めることができる．

最初の例では，$\lim_{\Delta x \to 0}\frac{\Delta y}{\Delta x}$ が関数 $y=f(x)$ を微分するということになるが，この $\lim_{\Delta x \to 0}\frac{\Delta y}{\Delta x}$ を微分係数と呼ぶ．

ここで，微分の幾何学的な意味を考えてみよう．$y=f(x)$ 上の2点を $P(x_1, y_1)$，$Q(x_2, y_2)$ とすると，$x=x_1$ から $x=x_2$ までの平均変化率は直線PQの傾きを表し，微分係数は点Pにおける接線の傾きを表す．

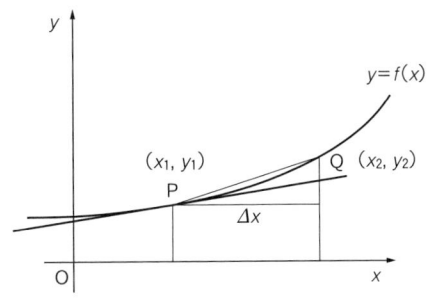

【積分】

　微分のところで述べたように，速度が位置の時間変化率であるとすると，もしも速度が一定であれば，時間 t の間に物体が移動する距離は vt ということになる．しかし，速度が一定でない場合には，積分という方法を用いて移動距離を求めることになる．

　いま，速度が時間の関数であり，下図のように表すことができるとしよう．

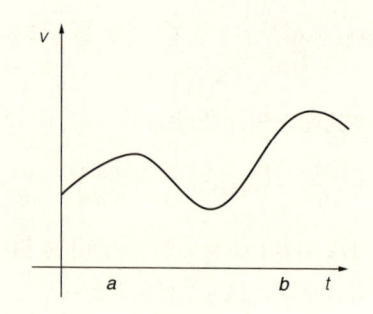

　ここで，まず，時刻 a から時刻 b までの間，速度が v_c で一定の場合を考えよう．先にも述べたように，速度が一定であれば，時間 t（ここでは，$t=b-a$）の間に物体が移動する距離は $v_c t$ となる．

　下図では，網がけされた部分の面積が $v_c t$ である．つまり，速度が一定の場合，物体が移動する距離は速度曲線と時間軸によってつくられる面積に等しいということである．

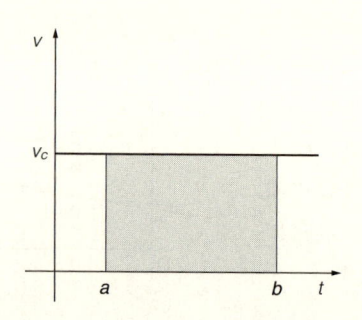

さて，最初の図のように速度が一定でない場合，まず，速度のグラフを一定区間ごとに分割してみよう．

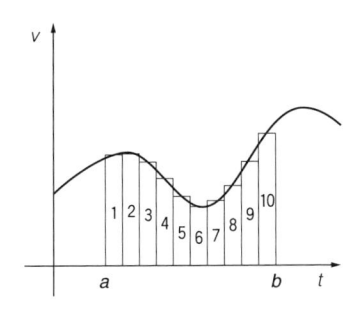

ここでは，時刻 a と時刻 b の間を 10 等分し，各区間における速度の値は，その区間の平均値に等しいとする．すると，各区間の面積は $v_i \times \Delta t$ となる．ここで，v_i は各区間の平均速度，$\Delta t = \dfrac{b-a}{10}$ とする．速度曲線が横軸とつくる面積 S は，

$$v_1 \times \Delta t + v_2 \times \Delta t + \cdots + v_{10} \times \Delta t = (v_1 + v_2 + \cdots + v_{10}) \times \Delta t$$

となる．つまり，

$$S = \sum_{i=1}^{10} v_i \Delta t$$

この例では，10等分しているが，分割する区間を無限大にすれば（$\Delta t = \dfrac{b-a}{10}$ の分母を無限大にするということ），時刻 a から時刻 b までの速度曲線の面積を求めることができる．こうした手続きを積分と呼び，以下のように表記する．

$$\lim_{n \to \infty} S = \sum_{i=1}^{n} v_i \Delta t = \int_a^b v dt$$

速度を時間で積分すると物体の位置を知ることができ，また，加速度を時間で積分することにより速度を知ることができる．

引用文献

阿江通良ほか『身体運動の科学Ⅳ』日本バイオメカニクス学会編，杏林書院，pp. 45-57, 1983.
阿江通良ほか『筑波大学体育科系紀要』，9, 229-239, 1986.
阿江通良ほか『バイオメカニズム 11』バイオメカニズム学会編，東京大学出版会，pp. 22-33, 1992.
阿江通良ほか『世界一流陸上競技者の技術』日本陸上競技連盟強化本部バイオメカニクス研究班編，pp. 14-28, ベースボール・マガジン社, 1994.
阿江通良・藤井範久『スポーツバイオメカニクス 20 講』朝倉書店, 2002.
新井正治『透視人体解剖図』金原出版, 2004.
浅井武監修『サッカーファンタジスタの科学』光文社, 2002.
馬場崇豪ほか『体育学研究』45, 186-200, 2000.
Baumann, O., The Biomechanical Study of Ski-Jumping. Proceedings of International Symposium on Science of Skiing in the 11th Interski, Zao, 1979.
Bobbert, M. F. et al., *J. Biomech.* **19**, 887-898, 1986a.
Bobbert, M. F. et al., *J. Biomech.* **19**, 899-906, 1986b.
Braune W. and Fischer O., *Uber den Schwerpunkt des menschlichen Korpers mit Rucksicht auf die Ausrustung des deutschen Infanteristen.* [translated in : Maquet P. G. J. and Furlong R., *On the Centre of Gravity of the Human Body*, Springer-Verlag, Berlin], 1985.
Bremermann, H. J., *Mathematical Biosciences* **9**, 1-15, 1970.
Cailliet, R.『足と足関節の痛み』荻島秀男訳, 医歯薬出版, 1985.
Cavagna, G. A. and Margaria, R., *J. Appl. Physiol.* **21**, 271-278. 1966.
Dapena, J., *J. Biomech.* **14**, 81-89, 1981.
Dapena, J., 2000. http://www.indiana.edu/~sportbm/research.html
Dempster Space requirements of the seated operator. WADC TR 55-159 1955.
Elftman, H. O., *Arbeitsphysiologie* **10**, 485-491. 1939.
Fenn, W. O., *Am. J. Physiol.* **92**, 583-611. 1930.
Finlay, F. R. and Cody, K. A., *Archives of Physical Medicine and Rehabilitation* **51**, 423-426, 1970.
Fukashiro, S., *J. J. Sports Sci.*, 2-8, 600-613, 1983.
Fukashiro, S., *Biomechanics XI-B*, G. D. Groot, et al. (eds.), Free University Press, 938-942, 1988.
Fukashiro, S., *J. J. Sports Sci.* **14**, 509-510, 1995.
深代千之『運動会で1番になる方法──1ヶ月で足が速くなる』アスキー・メディアワークス, 2004.
深代千之・武藤芳照『じょうずになろうとぶこと』宮下充正監修, 評論社, 1982.
深代千之・山際哲夫『跳ぶ科学』(スポーツ科学ライブラリー), 大修館書店, 1990.
深代千之ほか編『スポーツバイオメカニクス』朝倉書店, 2000.
Fukashiro, S. et al., *J. Appl. Biomech.* **22**, 131-147, 2006.
福田精『運動と平衡の反射生理』医学書院, 1957.
Fukuda, T., *Statokinetic Reflexes in Equilibrium and Movement*, University of Tokyo Press,

1984.
福永哲夫・湯浅景元『コーチングの科学』朝倉書店, 1986.
Gordon, A. M. et al., *J. Physiol.* **184**, 170-192, 1966.
Gordon, D. et al., *Human Kinetics Research Methods in Biomechanics*, 2004.
後藤幸弘『体育科学』**30**, 83-101, 2001.
Gray, J., *How Animals Move*, Cambridge University Press, 1953.
Hara, M. et al., *J. Biomech.* **39**, 2503-2511, 2006.
八田秀雄『乳酸を活かしたスポーツトレーニング』講談社サイエンティフィク, 2001.
Hay, J. *The Biomechanics of Sports Techniques*, Benjamin Cummings, 1973.
Hill, A. V., *Proc. Roy. Soc. B*, **126**, 136-195, 1938.
平野裕一・宮下充正『身体運動の科学Ⅴ——スポーツ・バイオメカニクスへの挑戦』日本バイオメカニクス学会編, 杏林書院, pp. 260-267. 1983.
Huxley, H. E., *Scientific American* **199**, 66-73, 1958.
猪飼道夫・石井喜八『体育学研究』**6**, 154-165, 1961.
池上久子ほか『ゴルフの科学』**12**, 52-62, 1999.
池内克史・工藤俊亮ほか『バイオメカニクス研究』**10**, 190-202, 2006.
金子公宥『スポーツバイオメカニクス入門』杏林書院, 2006.
金子公宥・渕本隆文「腕屈筋の力・速度・パワーにおける性差と運動種目差」,『日本体育学会第32回大会号』, 1981.
金子公宥・福永哲夫『バイオメカニクス——身体運動の科学的基礎』杏林書院, 2004.
Katoh, K. et al., A follow-up study on the development from the walking to running motion in infancy. *18th Cogress of the International Society of Biomechanics, book of abstract*, 86-87, Proceedings (CD-ROM) 2001.
勝田茂・大石康晴『運動生理学20講』朝倉書店, 1993.
河端正也『腰痛テキスト——正しい理解と予防のために』南江堂, 1989.
Kawamoto, R. et al., *International Journal of Sport and Health Science* **1** (1), 24-33, 2003.
川本竜史『サッカーテクニックバイブル——スポーツ科学でうまくなる』ベースボール・マガジン社, 2006.
川本竜史ほか『第2回日本フットボール学会プログラム・抄録集』, p.73, 2005.
木村邦彦『人体解剖学』(現代保健体育学大系;18) 大修館書店, 1969.
Komi, Y. et al., *Acta Physiol. Scand.* **100**, 385-392, 1977.
近藤宏二『人体生理学』朝倉書店, 1955.
Kreigbaum, E. and Barthels, K. M., *Biomechanics*: *A Qualitative Approach for Studying Human Movement.*, Allyn and Bacon, 596-636, 1996.
Landry, F. and Orban W. A. R (eds.), *3rd International Symposium on. Biochemistry of Exercise*, Symposia Specialists Inc., 1978.
Lapp, V. W., *Res. Quant.* **6**, 134-144, 1935.
松井秀治『運動と身体の重心——各種姿勢の重心位置に関する研究』杏林書院, 1958.
宮丸凱史編『疾走能力の発達』杏林書院, 2001.
宮永豊ほか編『アスレチックトレーナーのためのスポーツ医学』文光堂, 1998.
宮下充正『スポーツスキルの科学——巧みさを究明する』大修館書店, 1985.
宮下充正・石井喜八『運動生理学概論』大修館書店, 1983.
Murray, M. P., *Am. J. Phys. Med.* **46**, 290-333, 1967.
Muybridge, E., *The Human Figure in Motion*, Chapman & Hall, 1907.
Nachemson, A., *Clin. Orthop.* **45**, 107, 1966.

Nagano, A. *et al.*, *Bio Medical Engineering OnLine*, Sep 6；4：52, 2005.
Nagano, A. *et al.*, *Bio Medical Engineering OnLine*, Jun 1；6：20. 2007.
ナックイメージテクノロジー：http://www.nacinc.jp/
中村隆一ほか『基礎運動学』医歯薬出版，2003.
日本体育協会『公認スポーツ指導者養成テキスト共通科目 I, III』2005.
野口三千三『野口体操・からだに貞く』柏樹社，1977.
Noguchi, H., *International Journal of Sport and Health Science*, 2, 8-24, 2004.
大築立志『たくみの科学』（現代の体育・スポーツ科学）朝倉書店，1988.
大築立志ほか『動きのコツを探る：第8回日本バイオメカニクス学会大会論集』石井喜八編，130-134，日本バイオメカニクス学会，1986.
Penfield, W. and Ramussen, T., *The Cerebral Cortex of Man*, MacMillan, 1951.
Ramey, M. R., *Research. Quarterly for Exercise and Sport*, 44, 488-497, 1973.
桜井伸二ほか『デサントスポーツ科学』，63-72，1990.
Scammon, R. E. eds., *The Measurement of Man.*, University of Minnesota Press, 1930.
嶋田一志「野球投球動作における力学的エネルギーの流れ」，2002.（未発表資料）
清水幸丸ほか『日本機械学会論文集』66（644）B編，1112-1119，2000.
高木公三郎「人体の構造」，『身体運動の科学』宮畑虎彦ほか，学芸出版社，1960.
立石昭夫ほか『知っておきたいファーストエイド――役立つ応急処置法』二宮書店，1991.
友末亮三・岡崎宏美，『臨床スポーツ医学』18，43-47，2001.
東京大学身体運動科学研究室編『教養としてのスポーツ・身体運動』東京大学出版会，2000.
Ward-Smith, A. J., *Journal of Sports Sciences*, 4, 89-99, 1986.
渡部和彦・大築立志『体育の科学』22，270-276，1972.
Weber, W. and Weber, E., *Mechanik der menschlichen Gehwerkzeuge*, Dieterich, 1836.
Wickstrom, R. L., *Exerc. Sport Sci. Rev.* 3, 163-192, 1975.
Winter, A. D., *Biomechanics and Motor Control of Human Movement*, 3rd ed., Jhon Wiley & Sons, Inc., 2005.
Wirhed, R.『目で見る動きの解剖学』金子公宥・松本道子訳，大修館書店，1986.
山本利春『測定と評価――現場に活かすコンディショニングの科学』ブックハウス HD，2004.
Yoshioka, S. *et al.*, *J. Sports Sci.* 28, 209-218, 2010.
Zatsiorsky, V. M., *Biomechanics in Sport*：*Performance enhancement and injury prevention.*, Blackwell Science, 2000.

索引

ア 行

アイソトニック収縮　107
アイソメトリック収縮　107
アクチン　104
圧力中心位置　227
アデノシン三リン酸　110
アライメント　205
アルキメデスの原理　97
安定性　133
位置エネルギー　53
移動座標系　23
インパルス　105
羽状筋　108
運動エネルギー　53
運動神経　121
運動方程式　43
運動量　49
運動連鎖　188
エクセントリック収縮　107
エネルギー供給系　110
遠心性神経　122
遠心力　78
オイラーの運動方程式　65

カ 行

外旋　117
外転　117
回転運動　28
回転の運動エネルギー　74
回転の運動方程式　76
解糖系　110, 111
外力　44
角運動　34
　——量　65, 72
　——量保存の法則　72
角加速度　28, 35
角スピード　35
角速度　28, 35

角度位置　34
角変位　34
下肢　112
　——帯　113
加速度　28, 33
から竿の動き　188
感覚神経　121
慣性　42
　——系　23
　——の法則　42
慣性モーメント　65, 70
関節　114
　——可動域　117
　——トルク　68
起始部　119
機能局在　123
逆ダイナミクス　233
キャリブレーション　221
求心（向心）加速度　36
求心性神経　121
求心力　78
急性外傷　200
距離　32
筋原線維　104
筋腱複合体　175
筋節　105
筋線維　104, 119
　——組成　108
筋電図　228
空気抵抗　164
屈曲　117
系　44
計算モデル　232
ケイデンス　142
腱　119
交感神経　122
抗重力筋　135
向心力　78
合成　18

――重心　129
剛体　63
興奮　105
　　――収縮連関　105
抗力　84
骨格筋　104
骨盤（帯）　113
コンセントリック収縮　107
コンピュータシミュレーション　232

サ 行

座標系　22
作用・反作用の法則　43
サルコメア　105
酸化系　110, 111
視覚　137
仕事　51
　　――率　55
支持基底面　133
姿勢角　84, 85
質量　43, 64
シミュレーション　232
地面反力　164
自由下肢骨　113
収縮要素　175
自由上肢骨　113
重心　97
重量　43
重力　164
　　――加速度　43, 95
瞬間角加速度　35
瞬間角速度　35
瞬間加速度　33
瞬間速度　33
順ダイナミクス　233
上肢　112
　　――帯　113
情動動作　122
自律神経　121
　　――系　121
神経系　121
靱帯　114
身体重心　128
身体部分慣性係数　130
伸張性収縮　107

伸展　118
心理的限界　109
水圧　94
随意運動　185
随意筋　104
随意動作　122
推進力　91
数学モデル　232
スカラー量　16
スキル　182
ストライド　142
スピード　32
静止摩擦係数　88
静的アライメント　205
成分　20
生理的限界　109
脊柱　113
接線過加速度　36
絶対筋力　108
足圧中心　137
速筋（FT）線維　108
速度　28, 32

タ 行

体幹　112
大気圧　94
体肢　112
体性感覚　137
体性神経系　121
大脳皮質　123
大脳辺縁系　123
単位　14
短縮性収縮　107
弾性エネルギー　175
弾性要素　175
力　64
　　――のモーメント　64, 66
遅筋（ST）線維　108
中枢神経系　121
重複歩　142
直交座標系　22, 22
抵抗　84
停止部　120
てこの原理　260
デジタイズ　221

投影面積　88, 90
投射角　84, 85
等尺性収縮　107
投射断面積　89
等速直線運動　46
動的アライメント　205
等張性収縮　107
動摩擦係数　88
トルク　64, 66

ナ 行

内旋　117
内臓筋　104
内転　117
内力　44
二関節筋　119
ニュートンの運動の法則　42
粘性　86
　　──抵抗　88, 90

ハ 行

はくり流れ　91
抜重　168
速さ　32
パワー　55
反射運動　185
反射動作　122
比重　99
ピタゴラスの定理　19
副交感神経　122
浮心　98
不随意筋　104
物理モデル　234
物理量　15
部分重心　128
振り子　146
浮力　97
分解　20
平均角加速度　35
平均角速度　35
平均加速度　33
平均速度　33
平衡感覚　137
並進運動　28
ヘクトパスカル　94

ベクトルの外積　67
ベクトルの合成　18
ベクトルの成分　20
ベクトルの内積　51
ベクトル量　16
ベルヌーイの定理　92
変位　32
紡錘筋　108
歩行周期　142
歩行率　142
歩幅　142

マ 行

マグヌス効果　92, 93
マグヌス力　93
摩擦係数　88
摩擦抵抗　88
末梢神経系　121
慢性外傷　200
ミオシン　104
右手系　22
迎え角　84, 85
ムチ動作　188
モデリング　232
モーメント　64, 66
　　──アーム　67

ヤ 行

遊脚相　142
揚力　85, 93
余弦定理　19

ラ 行

力学的エネルギー　52, 53
力学的仕事　51
力積　49
立脚相　142
流体　84
　　──密度　88
　　──力学　84
両脚支持相　142
両脚同時遊脚相　142
リンクセグメントモデル　69

ABC

ATP → アデノシン三リン酸
ATP-CP 系　110

COP → 足圧中心
RICE 処置　218
SI 単位系　15

著者略歴

深代千之（ふかしろ・せんし）

1955年生まれ．東京大学大学院教育学研究科博士課程修了．
現在，東京大学大学院総合文化研究科教授．教育学博士．
主要著書：『跳ぶ科学』（大修館書店，1990），『スポーツバイオメカニクス』（編著，朝倉書店，2000），『運動会で一番になる方法』（アスキー，2004）ほか．

川本竜史（かわもと・りゅうじ）

1973年生まれ．東京大学大学院総合文化研究科博士課程修了．
現在，大東文化大学スポーツ・健康科学部准教授．博士（学術）．
主要著書：『サッカーテクニックバイブル』（監修・著，ベースボール・マガジン社，2006），『SPSSとExcelによる「統計力」トレーニング』（東京図書，2004）ほか．

石毛勇介（いしげ・ゆうすけ）

1966年生まれ．東京大学大学院教育学研究科修士課程修了．
現在，国立スポーツ科学センタースポーツ科学部．教育学修士．
主要著書：『バイオメカニクスと動作分析の原理』（監訳，ナップ，2008）ほか．

若山章信（わかやま・あきのぶ）

1964年生まれ．筑波大学大学院体育研究科修士課程修了．東京大学大学院総合文化研究科博士課程修了．
現在，東京女子体育大学体育学部教授．体育学修士，博士（学術）．
主要著書：『からだを動かすしくみ　第2版』（共著，杏林書院，2007）ほか．

スポーツ動作の科学
バイオメカニクスで読み解く

2010年4月30日初　版
2019年8月9日第5刷

［検印廃止］

著者　　深代千之・川本竜史
　　　　石毛勇介・若山章信
発行所　一般財団法人　東京大学出版会
代表者　吉見俊哉
153-0041　東京都目黒区駒場 4-5-29
電話　03-6407-1069　Fax　03-6407-1991
URL　http://www.utp.or.jp
振替　00160-6-59964
印刷所　株式会社三秀舎
製本所　牧製本印刷株式会社

© 2010 Senshi Fukashiro *et al.*
ISBN978-4-13-052705-7
Printed in Japan

JCOPY 〈出版者著作権管理機構　委託出版物〉

本書の無断複製は著作権法上での例外を除き禁じられています．複製される場合は，そのつど事前に，出版者著作権管理機構（電話 03-5244-5088，FAX 03-5244-5089, e-mail: info@jcopy.or.jp）の許諾を得てください．

教養としての身体運動・健康科学

東京大学身体運動科学研究室編　B5判・280頁・2400円

好評を博したテキスト『教養としてのスポーツ・身体運動』を全面改訂．さまざまなトレーニング方法，スポーツの歴史やルール，身体の仕組みや腰痛体操・救急処置法など，スポーツ，身体，そして健康に関する基礎知識をコンパクトに解説する．健康な毎日を送るために必須な情報が満載．

〈知的〉スポーツのすすめ　スキルアップのサイエンス

深代千之　四六判・240頁・2400円

どうしたら速く走れるようになるのか？　剛速球を投げるこつとは？　ゴルフのスコアをよくするための練習法とは？　スキルアップをめざす読者のために，運動の基本動作と身体の仕組みについて，最新の科学的成果をふまえ，図や写真とともにわかりやすく解説．

身体と動きで学ぶスポーツ科学
運動生理学とバイオメカニクスがパフォーマンスを変える

深代千之・内海良子　A5判・208頁・2800円

経験と勘でおこなわれてきたトレーニング．その生体内での効果を科学的に解明し，バイオメカニクスと結びつけることで，さらなるパフォーマンスの向上へ．高校で学んだ生物や物理の知識を活かし，日常の生活動作やスポーツという実践に応用してみよう．

ここに表示された価格は本体価格です．ご購入の際には消費税が加算されますのでご了承ください．